JURISPRUDÊNCIA TRABALHISTA
SELECIONADA E COMENTADA

IRANY FERRARI
Desembargador do Trabalho aposentado.

JURISPRUDÊNCIA TRABALHISTA SELECIONADA E COMENTADA

LTr 75

LTr
EDITORA LTDA.
© Todos os direitos reservados

Rua Jaguaribe, 571
CEP 01224-001
São Paulo, SP — Brasil

Fone (11) 2167-1101

Produção Gráfica e Editoração Eletrônica: FÁBIO GIGLIO
Projeto de Capa: FÁBIO GIGLIO
Impressão: PIMENTA GRÁFICA E EDITORA

LTr 4476.1
Junho, 2011

Visite nosso site
www.ltr.com.br

Dados Internacionais de Catalogação na Publicação (CIP)
(Câmara Brasileira do Livro, SP, Brasil)

Ferrari, Irany
    Jurisprudência trabalhista: selecionada e comentada / Irany Ferrari. — São Paulo : LTr, 2011.

    ISBN 978-85-361-1746-1

    1. Direito do trabalho - Jurisprudência - Brasil 2. Direito processual do trabalho - Jurisprudência - Brasil I. Título

11-04883

CDU-34:331(81) (094.56)
-347.9:331(81) (094.56)

Índice para catálogo sistemático:

1. Brasil : Jurisprudência: Comentários:
    Direito do Trabalho 34:331(81) (094.56)
2. Brasil: Jurisprudência: Comentários:
    Processo do trabalho 347.9:331(81) (094.56)

JURISPRUDÊNCIA TRABALHISTA SELECIONADA E COMENTADA

NOTA EXPLICATIVA

O título acima está a revelar a importância do Direito do Trabalho examinado pelos Tribunais Regionais, cujos temas selecionados são do maior interesse para os que enfrentam diuturnamente o trabalho de RH.

A partir desse interesse a nós manifestado nasceu a ideia de compilar toda a matéria publicada no Suplemento Trabalhista da LTr, (de 2005 a 2010) reunindo-o num só opúsculo, por ordem de assunto, para maior facilidade de manuseio.

Como se sabe, as questões desse ramo do direito recebem sempre interpretações judiciais não convergentes e que por essa razão dão ensejo à interposição de recursos de revista para o Tribunal Superior do Trabalho (art. 896, *a*, da CLT).

Daí a importância vital das decisões dos Tribunais Regionais para a subida dos processos para o Tribunal Superior do Trabalho quando divergentes sobre a mesma matéria, e também para que venham a servir de guia aos aplicadores do direito nos casos concretos do dia a dia e nos casos futuros.

Espero que os comentários publicados nos Suplementos Trabalhistas da LTr, e aqui reproduzidos, sejam bastante úteis a todos os que se interessam em conhecer decisões sobre os temas retirados dos Suplementos de Jurisprudência, sob a responsabilidade do autor e de Melchíades Rodrigues Martins.

ÍNDICE

Adicional de transferência
    Transferência que durou dezesseis anos. Adicional indevido........... 17

Arrematação
    Nulidade. Alienação judicial com oferta parcial em dinheiro e em debêntures......... 17
    Penhora de bens particulares. Sócio minoritário. Inviabilidade............. 18
    Penhora sobre bem imóvel doado a descendentes............ 19

Bancário
    Cargo de confiança.
        Art. 62, II da CLT............ 20
        Configuração do cargo de gerente em posição ao de gerente fiscalizador............ 20
        Funções técnicas............ 21
        Meio bancário. Súmulas ns. 102 e 287 do TST............ 22
    Engenheiro. Enquadramento como bancário. Impossibilidade............ 22
    Gerente de agência. Art. 62, II, da CLT............ 23

Bem de família
    Bens residenciais. Lei n. 8.009/90............ 24
    Impenhorabilidade de imóvel residencial. Irrelevância do registro............ 24
    Lei n. 8.009/90............ 25
    Locação de imóvel respectivo............ 26
    Prova. Configuração............ 27

Competência da Justiça do Trabalho
    Ação de indenização ajuizada por dependentes de trabalhador falecido em acidente do trabalho............ 28
    Decisão do Supremo Tribunal Federal sobre competência da Justiça do Trabalho............ 29
    Honorários advocatícios. Cobrança pela Justiça do Trabalho. Incompetência......... 30
    Incidência de contribuição previdenciária. Justiça do Trabalho. Limitação............ 31

Contrato de trabalho
    Aposentadoria. Extinção do contrato de trabalho?............ 31
    Cargo de confiança. Gerente de posto. Direito ao repouso semanal remunerado............ 32
    Contrato de experiência por obra certa. Incabível............ 33
    Contrato de trabalho por prazo determinado. Desnecessidade de fixação quando é possível a estimativa acerca do término do pacto laboral............ 33
    Objeto ilícito. Nulidade. Motorista que transportava clandestinamente mercadorias do Paraguai............ 34
    Plano de participação de resultados. Dever de comprovação............ 35

Contribuição previdenciária
    Acordo judicial homologado após o trânsito em julgado da sentença............ 36
    Aviso prévio indenizado. Incidência da contribuição previdenciária............ 36

Cestas básicas. Natureza salarial. Incidência de contribuição previdenciária............ 37
Fato gerador das contribuições. Acordo judicial... 37
Vale-transporte. Natureza indenizatória... 38

Controle de ponto
Negociação coletiva. Dispensa de registro de ponto. Violação do art. 74, § 2º da CLT.. 39
Sistema eletrônico. Espelho. Efeitos da não assinatura pelo empregado................... 40

Dano material
Promessa de emprego. Hipótese de cabimento.. 41

Dano moral
Abuso processual.. 41
Ação de indenização por danos morais e materiais decorrentes de acidente do trabalho proposta por herdeiros do empregado falecido. Competência da Justiça do Trabalho.. 42
Acidente de trabalho
    Hipótese que não gera direito à reparação civil... 43
    Morte de empregado. Indenização por dano moral e material. Construção civil. Responsabilidade objetiva.. 44
    Doença profissional a ele equiparado. Desnecessidade de comprovação do efetivo prejuízo perante terceiros... 45
    Agroindústria canavieira. Responsabilidade objetiva...................................... 46
    Assalto à mão armada. Transporte coletivo. Não responsabilidade por dano causado por terceiro.. 47
    Culpa concorrente.. 47
    No trajeto entre a residência do empregado e a empresa. Dano moral inexistente.. 48
    No trajeto com veículo próprio. Indenização indevida.................................. 49
Advertência divulgada no quadro de avisos da empresa. Abuso de poder. Dano moral..... 49
Advogado destituído do cargo de chefia. Gravame não demonstrado....................... 50
Agressão
    Física no ambiente de trabalho. Ausência de culpa do empregador............. 50
    Mútuas. Não cabimento... 51
    Sofrida por empregado no local de trabalho, por outro colega................... 52
Alteração contratual danosa. Redução de comissões... 52
Arbitramento da condenação por dano moral. Requisitos necessários................... 53
Assalto
    Durante a viagem a trabalho. Incabível indenização.................................... 54
    Funcionário de posto de gasolina mantida sob a mira de arma de fogo. Responsabilidade objetiva do empregador... 54
  Assédio processual
    Configuração... 55
    Indenização. Cabimento.. 56
Atraso no pagamento dos salários... 57
Configuração... 58

Ausência da intenção de fraudar direitos trabalhistas. Não configuração de dano moral.. 58
Brincadeira no trabalho. Ciência do empregador. Culpa recíproca. Dano moral.... 59
Comentários entre empregados.. 60
Convocação de empregado para prestar esclarecimento na sala de segurança da empresa. Dano não configurado... 61
Correspondência eletrônica. Divulgação de conteúdo de cunho particular............ 61
Dano à imagem. Não configuração.. 62
Dispensa imotivada. Não configuração.. 63
Dispensa por justa causa. Ato de improbidade. Não comprovação...................... 64
Divulgação de dispensa sem justa causa.. 65
Documento falsificado pelo empregador aposentado em juízo contra o empregado.... 65
Doença profissional. Diagnóstico. Competência exclusiva do INSS..................... 66
Dor física ou psicológica do lesado. Prova de seu sofrimento. Não configuração.... 67
Falta de imediatidade... 67
Impossibilidade de apresenta-se como mero desdobramento de dano de ordem material... 68

Indenização
   Direito personalíssimo... 69
   Por dano moral a familiares do trabalhador. Incompetência da Justiça do Trabalho.. 69
Informações desabonadoras à conduta do empregado. Indenização por danos morais... 70
Investigação policial e dano moral.. 71
Obrigação do empregador de contratar pessoas portadoras de deficiência. Atuação do Ministério Público do Trabalho. Dano moral coletivo................................ 72
Prática empresarial censurável. Identificação dos empregados menos produtivos. Indenização.. 73
Rebaixamento de função... 73
Responsabilidade civil do condomínio equiparado a empregador...................... 74
Revista em bolsas e sacolas ao fim da jornada de trabalho. Ausência de demonstração de abuso do direito do poder de direção e dos danos sofridos pelo empregador.... 75
Revista em sacolas e bolsas dos empregados. Não configuração...................... 75
Solicitação de realização de exame de gravidez. Dispensa. Discriminação não configurada.. 76
Transferência de riscos do empreendimento ao empregado............................... 77

Dano moral coletivo... 77
Terceirização ilícita. Indenização indevida... 78

Desconsideração da personalidade jurídica
Bens do sócio. Terceiro de boa-fé... 79
Da empresa. Necessidade de citação do sócio ou responsável........................... 80

Execução
   Ex-sócio. Responsabilidade limitada no tempo.. 81

Fiscal. Responsabilidade pessoal do sócio. Multa por infração a CLT. Impossibilidade... 81
Sócio quotista. Responsabilidade restrita ao sócio-gerente.................................... 82
Sócio retirante. Responsabilidade... 83
    Responsabilidade por obrigação trabalhista... 83

Dissídio coletivo

Acordo coletivo de trabalho. Renúncia de multa do art. 477 da CLT. Multa de 40% do FGTS.. 84
Contribuição assistencial patronal. Não homologação... 84
Dissídio coletivo de trabalho. Comum acordo. Abuso de direito. Colisão de direitos fundamentais.. 85
Emenda Constitucional n. 45/04. Dissídio coletivo de greve................................. 86
Estabilidade temporária firmada em cláusula de convenção coletiva ou acordo coletivo. Exceção à doença profissional ou acidente de trabalho ocorridos durante a vigência da cláusula... 87
Norma coletiva. Legitimidade ativa exclusiva do Ministério público do trabalho.... 88

Equiparação salarial

Entre empregado da prestadora de serviços e empregado da empresa tomadora de serviços. Possibilidade. Precedentes.. 89
Grupo econômico... 89
Mesma titulação acadêmica... 90
Identidade de função. Perfeição técnica. Efeitos... 91

Estabilidade

Contrato de experiência. Acidente de trabalho. Estabilidade acidentária............ 92
Estabilidade acidentária
    Contrato a prazo certo. Inviabilidade... 93
    Em contrato de experiência. Reintegração.. 94
Gestante
    Concepção no curso do aviso prévio indenizado.. 94
    Confirmação da gravidez. Efeitos... 95
    Estabilidade provisória... 96
    Estabilidade provisória. Contrato de experiência. Indenização substitutiva... 96
Membro da CIPA. Estabilidade provisória. Ação proposta após o término do mandato.. 97

Exceção de suspeição

Amizade íntima entre julgador e patrono da parte. Ausência de provas.............. 98

Execução

Acordo judicial. Coisa julgada... 99
Execução provisória. Pendência de recurso extraordinário perante o STF............ 99
Impenhorabilidade de móveis e eletrodomésticos que guarnecem a residência do executado. Inteligência do inciso II do art. 649 do CPC... 100

Penhora *on line*. Início do prazo para embargos à execução.................................. 101

Férias
Imposto de renda. Ausência de fato gerador. Liberalidade do empregador na rescisão sem justa causa. Caráter indenizatório... 102

Gestante
Estabilidade provisória de gestante. Pedido limitado ao pagamento da indenização substitutiva do período estabilitário. Abuso de direito.. 103

Greve
Interdito proibitório na justiça do trabalho. Competência... 104
Participação em greve. Abuso de direito. Configuração.. 105

Grupo econômico
Responsabilidade solidária trabalhista.. 105

Habeas corpus
Invocação do Pacto de São José da Costa Rica sobre direitos hum,anos contra dispositivo expresso da Constituição Federal.. 107

Horas extras
Ação anulatória de imposição de multa pelos órgãos de fiscalização do trabalho. Compensação semanal de horas. Acordo individual.. 108
Advogado. Viagens a serviço... 108
Assinatura do empregado nos cartões de ponto... 109
Banco de horas. Invalidação. Extrapolamento do limite de 10 horas diárias de trabalho.. 109
Compensação de horários. Feriados e dias-ponte. Validade..................................... 110
Controles assinados pelo trabalhador. Ônus da prova... 110
Horas gastas em cursos por imposição do empregador consideradas como extraordinárias... 111
Horas *in itinere*
    Direito indisponível. Desvirtuamento da negociação coletiva..................... 112
    Jornada de trabalho... 112
    Supressão de direito mediante negociação coletiva....................................... 113
Prova dividida... 113
Trabalho ininterrupto pelo prazo de sete dias. Violação ao art. 67, *caput*, da CLT..... 114

Jornada de trabalho
Digitação. Intervalos para descanso.. 116
Jornada 12x36
    Não concessão de intervalo intrajornada... 116
    Pactuação em convenção coletiva. Validade... 116
Telefone celular. Sobreaviso... 118
Trabalho da mulher. Intervalo para refeição e descanso. Artigo 383 e § 3º do art. 71/CLT... 119

Justa causa
Abandono de emprego
Convocação publicada em jornais.. 120
Prisão provisória. Justa causa não caracterizada... 120
Sua configuração como justa causa praticada pelo empregado................... 121
Ato de improbidade. Adulteração de atestado odontológico............................... 121
Despedida motivada. Configuração.. 122
Desídia. Desnecessidade de gradação da pena... 123
Dispensa por justa causa no curso de benefício auxílio-doença. Efeitos............ 123
Férias proporcionais. Rescisão por justa causa. Convenção n. 132 da OIT...... 124
Mau procedimento. Abandono de emprego.. 125
Rescisão indireta. Descumprimento de obrigações contratuais.......................... 126

Multas da fiscalização
Auto de infração. Nulidade e restituição da multa paga...................................... 127
Desconstituição de multas aplicadas pela delegacia regional do trabalho. Natureza jurídica do vale-transporte.. 127
Fiscal do trabalho
Competência funcional. Limites. Usurpação de atividade jurisdicional...... 129
Fiscalização trabalhista
Cumprimento da lei... 129
Decisão judicial. Lavratura de auto fora do local fiscalizado, sem justificativa.... 130
Papel da fiscalização do trabalho e EC n. 45/04.. 130

Plano de saúde
Suspensão do contrato de trabalho pela aposentadoria por invalidez. Manutenção do plano de saúde.. 132

Preposto
Advogado e preposto. Confissão ficta... 133
Atuação da reclamante como preposta em processos judiciais. Não caracterização de cargo de confiança. Bancário (Art. 224, § 2º, da cLT).. 134
Ausência de defesa oral em audiência por preposto ou advogado..................... 134
Condição de autônomo. Súmula n. 377/TST não aplicável................................. 135
Condomínio. Jurisprudência do TST... 136
Desconhecimento dos fatos pelo preposto. Confissão ficta. Efeitos.................... 136
Processo movido por empregada doméstica... 137

Prescrição
Aplicação de ofício.. 138
Integração do aviso prévio indenizado. Contrato de trabalho............................ 138

Processo do trabalho
Exceção de pré-executividade... 139
Recurso adequado. Agravo de petição sem obrigação de garantir o juízo.... 140
Impenhorabilidade de quantia depositada em caderneta de poupança............ 141
Litigância de má-fé. Condenação de advogado nos autos de reclamação trabalhista. Impossibilidade.. 142

Multa por litigância de má-fé. Desnecessidade de seu pagamento imediato............. 142
Revelia. Audiência de juntada de carta de preposição. Impossibilidade................... 143
Substituição processual da categoria. Ajuizamento de ação de cumprimento em nome de número reduzido de substituídos. Legitimidade ativa................................ 144
Testemunha. Necessidade de ter presenciado os fatos declarados........................... 145

Prova
Emprestada. Ausência de anuência da parte. Cerceamento de defesa...................... 145

Relação de emprego
Acúmulo de funções
    motorista e de carregamento e descarregamento de caminhão. Aplicação do art. 456, da CLT.. 147
    devida remuneração pelo acréscimo... 147
Adicional de insalubridade
    Salário mínimo.. 148
    Súmula Vinculante n. 4, do STF. Efeitos... 148
Ajuda de custo em razão de uso de veículo próprio. Natureza indenizatória........... 149
Alteração de contrato de trabalho. Majoração unilateral da jornada com aumento do salário.. 150
Aposentadoria espontânea. Extinção do contrato de trabalho. Descabimento da multa de 40% do FGTS anterior à jubilação... 150
Aviso prévio. Anotação da CTPS. Data da saída... 151
Carta de referência. Inexistência de obrigação sobre boas referências..................... 152
Cláusula contratual de não concorrência. Hipótese em que é nula............................ 152
Comissão de conciliação prévia
    Eficácia liberatória plena... 153
    Quitação ampla. Validade... 154
Concessão de folga de 24 horas após 12 dias de trabalho consecutivo, conforme previsão em norma coletiva. Repouso semanal remunerado............................ 155
Contratação de trabalhador, na condição de autônomo, por meio de pessoa jurídica por ele constituída. Princípio da primazia da realidade. Configuração. Vínculo de emprego desconhecido.. 155
Contrato de corretagem. Possibilidade de vínculo empregatício................................ 156
Contrato de estágios com estudantes de estabelecimento de ensino superior e de ensino profissionalizante do 2º grau e supletivo.. 157
Contrato de trabalho. Redução de salário possível... 157
Dentista que atende empregados de empresa. Relação de emprego não configurada.... 158
Descontos de salários por inadimplência dos clientes.. 159
Desconto salarial. Cheques sem fundo... 159
Diferenças de depósitos do FGTS. Prova do empregado.. 160
Doméstico. Labor em, no máximo, dois dias por semana. Não configuração............ 161
Empregado doméstico. Multa do art. 477 da CLT... 161
Engenheiro em empresa de construção. Contratação como pessoa jurídica. Nulidade... 162
Formalização como pessoa jurídica.. 163
Freteiro. Veículo próprio. Pessoalidade. Recomendação n 198 da OIT..................... 164

Função social do contrato de trabalho. Dispensa discriminatória de empregada portadora de doença grave.. 164
Gratificação de função. Reversão ao cargo efetivo. Integração.............................. 165
Homologação de acordo judicial celebrado antes da audiência. Presença das partes.... 166
Igreja evangélica. Pastor. Não configuração.. 166
Importância do depoimento pessoal do reclamante.. 167
Insalubridade
    Indevido o adicional por ausência de classificação do agente insalubre na relação oficial do MTE... 167
    Uso de fone nos ouvidos de teleoperador. Descabimento.......................... 168
Instrutor de informática. Exercício de atividade-fim. Vínculo empregatício reconhecido.. 169
Invento. Contribuição pessoal do empregado. Indenização por perdas e danos..... 169
Irredutibilidade salarial. Efeitos.. 170
Jogo do bicho. A ilicitude está na atividade da reclamada e não no trabalho do reclamante.. 171
Liberdade que se transforma. Direito do empregado.. 171
Licença remunerada substitutiva de férias. Terço constitucional indevido............. 172
Manicure
    Arrendamento de cadeira em salão de beleza.. 173
    Pedicure. Trabalho autônomo... 173
    Salão de beleza. Recebimento mensal pelo trabalhador correspondente a 65% do faturamento. Inexistência de vínculo de emprego.................... 174
Médico plantonista em hospital. Vínculo de emprego.. 175
Multa do artigo 477/CLT
    Depósito em conta corrente. Efeitos... 175
    Pagamento inferior ao devido. Cabimento.. 176
Norma coletiva. Prevalência de acordo coletivo sobre reajustes salariais previstos em convenção coletiva.. 176
Orientadora educacional.. 178
Periculosidade. Contrato intermitente.. 178
Professor de atividade em instituição de ensino regular. Enquadramento como empregada.. 179
Relação conjugal entre a reclamante e acionista. Diretor da reclamada................. 180
Relação de trabalho x relação de consumo. Competência da Justiça do Trabalho.... 180
Representação comercial e vínculo de emprego... 181
Rescisão do contrato de trabalho. Multa do artigo 477, § 8º da CLT. Verbas pagas em valores inferiores... 182
Salário. Impenhorabilidade... 183
Tempo despendido pelo empregado por meio de transporte não é computado na jornada de trabalho a não ser em uma única exceção... 184
Tomadora dos serviços... 185
Trabalho voluntário. Inexistência de vinculo de emprego...................................... 185
Transferência provisória. Equivalência à transferência definitiva.......................... 186
Transportador rodoviário autônomo. Inexistência de relação de emprego............. 187
Tratamento discriminatório por parte da empresa com relação a situações idênticas.... 187
Utilização de veículo próprio. Pagamento pelo uso. Natureza indenizatória........... 188
Verbas rescisórias. Pagamento com cheque de outra praça.................................... 189

Responsabilidade subsidiária
    Responsabilidade subsidiária/solidária da franqueadora. Impossibilidade................ 189

Salário
    Impenhorabilidade absoluta dos salários. Direito Processual Civil............................ 191

Sucessão
    Arrendamento. Inexistência da transferência de organização produtiva. Efeitos.... 192
    Empregado falecido. Liberação de verbas rescisórias.. 192
    Sucessão trabalhista
        Cartório extrajudicial. Mudança de titularidade. Decisões divergentes.... 193
        Mera substituição de prestadores de serviços. Não caracterização............. 194
        Transferência apenas dos ativos positivos ao sucessor. Fraude.................. 195

Terceirização
    Acidente de trabalho ocorrido na sede do tomador de serviços. Consequência...... 196
    Contratos de facção e de terceirização. Distinção para efeito de responsabilidade.... 196
    Não é sinônimo de precarização dos direitos trabalhistas.. 197
    Atividade-fim.Instituição de ensino.. 198
    Lícita. Responsabilidade subsidiária.. 199

Trabalho doméstico
    Diarista doméstica. Vínculo empregatício impossível.. 200
    Doméstico. Diarista. Inexistência de vínculo empregatício... 201
    Doméstico. Jardineiro... 201
    Empregado doméstico. Rescisão. Homologação.. 202
    Limpeza em escritório de empresa. Diarista. Não eventualidade.............................. 203
    Vigia. Contratação por condomínio de fato. Empregado doméstico......................... 204

Trabalho rural
    Contratação de trabalhador rural por pequeno prazo para atividades de natureza temporárias... 205
    Rural. Habitação incompatível com a dignidade humana... 206

Vendedor
    Bônus de venda e remuneração por desempenho. Integração ao salário................. 207

ADICIONAL DE TRANSFERÊNCIA

Transferência que durou dezesseis anos. Adicional indevido

Conforme previsão do art. 469, § 3º, a transferência do empregado pelo empregador para localidade diversa da pactuada no contrato de trabalho, em caso de necessidade, é possível. Para tanto, ficará o empregado com o direito de receber um pagamento suplementar nunca inferior a 25% (vinte e cinco por cento) de seus salários, enquanto durar essa situação.

A transferência, nesse caso, de necessidade do empregador é, pois, provisória.

A ementa da decisão do TST (SBDI-I), que é objeto desse breve comentário, dá-nos a idéia da provisoriedade, entendendo que a transferência que durou 16 anos e que foi a única alteração do contrato de trabalho ocorrida durante todo o lapso contratual, deve ser entendida como definitiva, sem adicional, portanto.

Embargos. Acórdão publicado posteriormente à vigência da Lei n. 11.496/2007. Adicional de transferência. Indevido em transferência que durou cerca de 16 anos. 1. Os elementos fáticos registrados no acórdão regional devem ser considerados como parte integrante da fundamentação do acórdão da C. Turma que reconhece a conformidade daquele *decisum* à jurisprudência desta Corte, para fins de verificação da divergência jurisprudencial, nos termos do art. 894, II, da CLT. 2. A longa permanência (cerca de 16 anos) do empregado no local para o qual foi transferido, na única alteração de local de trabalho ocorrida durante todo o contrato, evidencia a definitividade da transferência, que afasta o direito ao pagamento do adicional previsto no art. 469, § 3º, da CLT. Contrariedade à Orientação Jurisprudencial n. 113 da SBDI-1. Embargos conhecidos e providos. TST-E-RR-4573000-79.2002.5.09.0900 (E-RR-45730/- 2002-900-09-00.4) — (Ac. SBDI-1) — Relª. Min. Maria Cristina Irigoyen Peduzzi. DJe/TST n. 492/10, 2.6.10, p. 230. (Suplemento de Jurisprudência LTr n. 036/2010, p. 288).

ARREMATAÇÃO

Nulidade. Alienação judicial com oferta parcial em dinheiro e em debêntures. Resultado vil

A decisão do processo em que a arrematação foi considerada nula por ter apresentado um resultado vil deve ser examinada para reflexões sobre a matéria.

Valeu-se o Relator do Agravo de Petição, dado como provido, no fato de que "é inconcebível que as formas de expropiação não se concretizem em dinheiro".

No caso em foco, uma parte foi paga em debêntures na arrematação, sendo certo que tais títulos não têm negociação em bolsa e têm liquidação incerta.

Por isso, foi considerado vil o resultado desse ato judicial pela decisão sob comento.

A ementa a seguir transcrita dá-nos a fundamentação correta da decisão, a saber:

Arrematação. Agravo de petição. Nulidade de arrematação. Alienação judicial por iniciativa particular. Oferta parcial em dinheiro e em debêntures. Nulidades. Resultado vil. Atendendo aos princípios constitucionais insculpidos no art. 37 da Carta Política, que hão de reger toda atuação estatal, inclusive a Judiciária, e, ainda, aqueles próprios do processo de execução (primazia da tutela específica ou do resultado), inconcebível que as formas de expropriação não se concretizem em dinheiro, exatamente no caso de obrigação de pagar. Por isso, não se aperfeiçoa alienação por iniciativa particular, feita sem caução, em que o arrematante oferece parte em dinheiro e outra (maior) em debêntures, que não têm negociação em bolsa e cuja liquidação não é imediata, flutuando às vicissitudes do mercado não oficial de títulos. Afinal das contas, até agora não ocorreu o pagamento integral do preço. Isso não bastasse, no edital que se fez publicar, não foi indicado o valor da avaliação do bem e, tampouco, em nome da lisura e da igualdade de todos eventuais interessados, não foi esclarecido que a proposta de aquisição recebida previa pagamento parcial em dinheiro e em debêntures, o que macula o certame. De outro lado ainda, na prática, a alienação se deu por valor vil, pois nem atingiu vinte por cento do da avaliação, implicando total esvaziamento da garantia do credor fiscal. Anula-se, portanto, a arrematação, daí sub-rogando-se a agravada arrematante nos créditos trabalhistas correspondentes aos valores em dinheiro depositados e que já foram levantados, devendo prosseguir a execução, como de direito. Agravo provido. TRT 15ª Reg. (Campinas/SP) Proc. 45401-58.2002.5.15.0018 AP — (Ac. 28367/10-PATR, 4ªC.) — Rel. José Pedro de Camargo Rodrigues de Souza. DEJT 13.5.10, p. 725. (Suplemento de Jurisprudência LTr n. 32/2010, p. 250 e 251).

Penhora de bens particulares. Sócio minoritário. Inviabilidade

Estabelece o art. 1.016 do Código Civil que: "os administradores respondem solidariamente perante a sociedade e os terceiros prejudicados, por culpa do desempenho de suas funções".

Por outro lado, o art. 981 do mesmo estatuto civil prescreve que: "celebram contrato de sociedade as pessoas que reciprocamente se obrigam a contribuir, com bens ou serviços, para o exercício da atividade econômica e a partilha entre si, dos resultados".

Daí concluir-se que sócio minoritário, que tenha apenas 1% (-) do capital social; que nunca fez parte da administração da sociedade; que não contribuir em serviço e muito menos com bens consideráveis aos fins sociais não pode responder com seus bens particulares (móveis ou imóveis), já que a teoria da desconsideração da pessoa jurídica deve ser aplicada apenas aos gastos das sociedades.

Nesse sentido, a Ementa do acórdão abaixou transcrito:

Embargos à execução. Sócio minoritário não exercente de administração do negócio. Penhora de bens particulares. Inviabilidade. O sócio minoritário com participação ínfima de apenas 1% do capital social da empresa, que nunca exerceu gerência administrativa ou financeira da sociedade, não deve responder com os seus bens particulares sobre dívidas da empresa, sobretudo se não há prova da utilização abusiva ou fraudulenta da distinção patrimonial. A execução ilimitada de bens particulares do sócio minoritário que nunca exerceu gerência administrativa ou financeira representa violência ao seu patrimônio e deve ser coibida, pois a teoria da desconsideração da pessoa jurídica destina-se a alcançar apenas os bens de gestores das sociedades. Agravo de Petição provido parcialmente. TRT 15ª Reg. (Campinas/SP) AP 0158-2003-125-15-00-3 — (Ac. 49105/06- PATR, 5ª Câmara) — Rel. Desig. Lorival Ferreira dos Santos. DJSP 20.10.06, p. 60. (Suplemento de Jurisprudência LTr n. 49/2006, p. 390)

Penhora sobre bem imóvel doado a descendentes

Embargos de terceiro foram opostos para reformar decisão de primeira instância, em grau de execução de sentença, com a comprovação de que as embargantes não eram parte no processo respectivo, e sim terceiras, por terem recebido o imóvel penhorado como doação de seus pais.

Evidente que a penhora teria sido legítima se tivesse havido fraude na execução, ou seja, se a doação tivesse sido procedida quando existente o processo de reclamação trabalhista no qual foi proferida a sentença condenatória.

Em não tendo ocorrido tal situação e tendo sido considerada válida e eficaz a doação pelo juízo prolator da sentença, deu-se provimento ao agravo de petição para excluir as terceiras embargantes do polo passivo da execução, cuja ementa vai abaixo:

Agravo de petição. Penhora sobre bem imóvel doado a descendentes. Partindo-se da premissa maior, transitada em julgado, de que as 3ª Embargantes são as legítimas proprietárias do bem objeto da penhora, mostra-se inviável a declaração de subsistência da constrição levada a efeito na execução, em Reclamação Trabalhista, onde estas (3ª Embargantes) não são partes. A única hipótese da penhora recair sobre o bem imóvel de propriedade das 3ª Embargantes (art. 592, inciso V, do CPC) seria a demonstração de que a doação ocorrera em fraude à execução, o que, conforme destacado, não fora objeto de recurso pela parte adversa, estando sepultada a discussão correspondente, na medida em que o Juízo de origem considerou a doação válida e eficaz, o que impõe a ocorrência de todos os efeitos jurídicos e legais de um ato perfeito. O contrato de doação foi considerado válido e eficaz em relação ao Credor, não possibilitando, como consequência, a lavratura da penhora sobre o imóvel, porque pertencente a terceiros, no caso, as 3ª Embargantes legítimas proprietárias do imóvel. Assim, reforma-se a sentença de origem a fim de considerar insubsistente a penhora, determinando a sua desconstituição, tornando sem efeito a determinação de origem para inclusão das 3ª Embargantes no polo passivo da execução. Recurso provido. TRT 23ª Reg. AP 00103.2006.004.23.00-3 — (Sessão: 0010/2006) — Rel. Juiz Bruno Weiler. DJE/TRT 23ª Reg. n. 104/06, 11.10.06, p. 15. (Suplemento de Jurisprudência LTr n. 47/2006, p. 375)

Bancário

Cargo de confiança. Art. 62, II da CLT

O art. 62, II da CLT, com a redação que lhe deu a Lei n. 8.966/94 (DOU 27.12.94), tem a seguinte redação:

"Art. 62 — Não são abrangidos pelo regime previsto neste Capítulo:

(...)

II — os gerentes, assim considerados os exercentes de cargos de gestão, aos quais se equiparem para efeito do disposto neste artigo, os diretores e chefes de departamentos e/ou filiais".

Com fulcro nesse dispositivo, o TRT/2ª Região, por sua 4ª Turma, decidiu que não mais se exige a outorga de amplos poderes de mando, representação e substituição do empregador, o que se fazia normalmente por meio de procuração, para a configuração do cargo de confiança.

Assim, é de se entender que basta o exercício do cargo de gestão de que trata o art. 62, II da CLT, para que se configure o cargo de confiança, pressupondo a confiança de empregador e a remuneração diferenciada.

A Ementa respectiva é a que segue:

Cargo de confiança. Art. 62, II da CLT. Após a nova redação dada pela Lei n. 8.966/94 ao art. 62 da CLT, não mais se exige a outorga de amplos poderes de mando, representação e substituição do empregador para configuração do cargo de confiança, bastando a presença de dois requisitos: o exercício do cargo de gestão, pressupondo a presença de confiança especial, ou seja, distinta em relação aos demais empregados, e a remuneração diferenciada. Necessário, portanto, que o empregado detenha os poderes decorrentes do cargo de gestão, dentre eles, o controle ou fiscalização de funcionários, o acesso a informações ou documentos confidenciais e a prática de atos em nome do empregador, devendo esses poderes serem significativos de tal ordem, a ponto de repercutir na atividade empresarial, imputando ao exercente do cargo de confiança uma maior fidúcia. TRT 2ª Reg. RO 00536200507502000 — (Ac. 4ª T. 20071022036) — Relª Odette Silveira Moraes. DOE/TRT 2ª Reg. 7.12.07, p. 638/9. (Suplemento de Jurisprudência LTr n. 10/2008, p. 74).

Cargo de confiança. Configuração do cargo de gerente em oposição ao de gerente fiscalizador

O art. 62, II, da CLT, exclui do regime previsto no capítulo da duração do trabalho, os gerentes, assim considerados os exercentes de cargos de gestão, as quais se equiparam para efeito do disposto neste artigo, os diretores e chefes de departamento e/ou filial.

A questão em tela refere-se a agente fiscalizador, que a empresa pretendeu atribuir--lhe cargo de confiança para o efeito de não remunerar horas extras.

A decisão cuja Ementa será transcrita abaixo, esclarece que não se pode comparar o cargo de gerente ao cargo de agente de fiscalização, eis que gerente é o que detém autonomia nas opções importantes a serem tomadas como se fosse o próprio empregador em quanto que o fiscalizador não passa de um empregado nomeado pelo empregador para observar se as normas de interesse da empresa estão sendo cumpridas.

Segue Ementa:

Art. 62, inciso II, da CLT. Configuração do cargo de gerente em oposição ao de agente fiscalizador. O gerente é o empregado que tem poder de governar a empresa de forma suprema, agindo como preposto de seu empregador, no sentido de que o representa, defendendo seus interesses e objetivos. É neste sentido que se posiciona Valentin Carrion, ao dispor que gerente é quem detém o "poder de autonomia nas opções importantes a serem tomadas, poder este em que o empregado se substitui ao empregador" (in Comentários à Consolidação das Leis do Trabalho, ed. Saraiva, 30ª edição, 2005, p. 119). Em oposição a isso, temos a função de fiscalização, em que o chamado "gerente" nada mais é do que um fiscalizador nomeado pelo empregador, prestando-se unicamente a observar se as normas ditadas pela empresa estão sendo cumpridas por todos os empregados. Aludido empregado não tem poderes de gestão, limitando-se a fazer cumprir e reportar eventuais desobediências às normas instituídas pelo empregador. TRT 18ª Reg. RO 0108800-91.2008.5.18.0010 — (Ac. 1ª T.) — Rel. Des. Júlio César Cardoso de Brito. DJe/ TRT 18ª Reg., ano IV, n. 12, 26.1.10, p. 11. (Suplemento de Jurisprudência LTr n. 15/2010, p. 113)

Cargo de confiança. Funções técnicas

A decisão cuja Ementa será transcrita a final, trata da evolução da tecnologia impondo mudanças na interpretação da norma legal, que é, na hipótese, o art. 224, § 2°, da CLT.

A prova dos autos revelou que "a orientação e desenvolvimento de sistemas, o estabelecimento de métodos e procedimentos para orientação dos programadores, a coordenação de projetos e treinamentos alçaram o Reclamante a uma posição diferenciada em relação aos demais profissionais da área, inclusive a coordenação, a fiscalização e o comando, ainda que através de sistema eletrônico".

Diante dessa prova, chegou o TRT/2ª Região à conclusão de que o Reclamante exercia cargo de confiança e, por isso, indevidas horas extraordinárias após jornadas de 8 horas.

Bancário.Cargo de confiança. Funções técnicas. A evolução da tecnologia impõe mudanças na interpretação da norma legal. Se o bancário que tem sob seu comando e gerenciamento um grupo de trabalhadores de agência exerce cargo de confiança, da mesma forma, o bancário que implanta, cria, gerencia e controla banco de dados visando à otimização dos serviços da entidade financeira, se enquadra na exceção prevista no § 2° do art. 224 da CLT, não fazendo jus a remuneração suplementar pelo cumprimento de jornada de oito horas diárias. (Suplemento de Jurisprudência LTr n. 26/2010, p. 201).

Cargo de confiança. Meio bancário. Súmulas ns. 102 e 287 do TST

O cargo de confiança no meio bancário exige exercício efetivo de funções de direção, gerência, fiscalização, chefia e a percepção da gratificação nunca inferior a 1/3 do salário do cargo efetivo do bancário.

Sem não houver a conjugação dessas funções não haverá cargo de confiança como considerado pela CLT (§ 2º do art. 224 e inciso II do art. 62, ambos da CLT).

Daí porque certos cargos aos quais se nomeia de confiança, apenas da execução de alguns requisitos da lei, não podem ser assim considerados.

Por isso, o relator da Ementa que será divulgada ao final, explicitou como os gerentes de agência que não possuem legitimidade para gerir os negócios ou mesmo de representar o empregador.

Meio bancário. Cargo de confiança. Súmulas ns. 102 e 287 do TST. A função de confiança no meio bancário se caracteriza pela conjugação de circunstâncias, quais sejam: o exercício efetivo das funções de direção, gerência, fiscalização, chefia e o recebimento da gratificação não inferior a um terço do salário do cargo efetivo. Lembre-se da Súmula n. 102/TST. A prática bancária denuncia a existência de vários tipos de gerentes bancários: um gerente principal, detentor do encargo de gestão, um ou mais gerentes de produção, verdadeiros sub-gerentes, subordinados àquele e outros que só sustentam o nome do cargo de gerente e desempenham funções meramente técnicas, sem qualquer poder de mando e fiscalização. A jurisprudência consolidou o entendimento da Súmula n. 287/TST de aplicar o § 2º do art. 224 da CLT aos gerentes de agência, que contam com poderes de mando e fiscalização, ainda que restritos, mas não têm legitimidade para gerir os negócios do empregador ou mesmo representá-lo, e de aplicar o inc. II, art. 62 da CLT ao gerente-geral, caso em que nem as horas extras excedentes à 8ªh diária são devidas. Portanto, a nomenclatura do cargo é irrelevante, pois tudo depende da prova da função efetivamente exercida pelo empregado e não basta o pagamento da gratificação. TRT 3ª Reg. RO-82200-56.2009.5.03.0029 (RO-822/2009-029-03-00.2) — (Ac. 10ª T.) — Rel. Des. Marcio Flavio Salem Vidigal. DJe/TRT 3ª Reg. n. 456/10, 12.4.10, p. 139. (Suplemento de Jurisprudência LTr n. 25/2010, p. 193).

Engenheiro. Enquadramento como bancário. Impossibilidade

A questão ora enfocada refere-se ao enquadramento de engenheiro, empregado de instituição bancária, mas que desempenha atribuições inerentes à sua profissão.

A matéria diz respeito ao tratamento sindical a ser conferido à categoria de profissionais liberais cuja confederação goza do mesmo poder de representação atribuindo aos sindicatos representativos das categorias profissionais diferenciadas.

A Súmula n. 117, do TST, já sedimentou o entendimento de que as instituições bancárias podem contratar empregados de categorias diferenciadas, para trabalharem em serviços diversos dos bancários, esclarecendo matéria que durante muito tempo recebeu tratamento divergente nos Tribunais.

A Ementa dessa decisão do TST, segue transcrita:

Recurso de embargos interposto na vigência da Lei n. 11.496/2007. Engenheiro. Profissional liberal. Enquadramento como bancário. Impossibilidade. Provimento. 1. Cinge-se a controvérsia em se saber se o engenheiro, empregado de instituição bancária e que desempenha as atribuições inerentes de sua profissão, deve ser enquadrado como bancário. 2. A primeira questão que deve ser considerada diz respeito ao tratamento sindical que deve ser conferido aos empregados da categoria de profissionais liberais. 3. O quadro anexo do art. 577 da CLT não insere a profissão de "engenheiro" como categoria profissional diferenciada, mas, sim, como profissional liberal. Apesar disto, verifica-se que inexiste qualquer incompatibilidade para a aplicação para esta categoria de empregados das regras concernentes à categoria profissional diferenciada. Primeiro, porque tanto os profissionais liberais como os empregados de categoria diferenciada exercem suas profissões ou funções diferenciadas por força de estatuto profissional especial. No caso, a profissão dos engenheiros encontra-se regulada pela Lei n. 4.950-A/1966. Segundo, porque o art. 1º da Lei n. 7.361/1985, confere à Confederação das Profissões Liberais o mesmo poder de representação atribuído aos sindicatos representativos das categorias profissionais diferenciadas. 4. De outro lado, esta Corte já sedimentou o entendimento de que as instituições bancárias podem legalmente contratar empregados de categorias diferenciadas em regime de trabalho diverso do aplicado aos bancários, conforme o que se infere da Súmula n. 117. Recurso de Embargos conhecido e provido. TST-E-ED-RR-543/2006-008-04-40.4 — (Ac. SBDI-1) — Relª. Min. Maria de Assis Calsing. DJe/TST n. 366/09, 26.11.09, p. 225. (Suplemento de Jurisprudência LTr n. 11/2010, p. 84)

Gerente de agência. Art. 62, II, da CLT

O capítulo destinado à duração do trabalho, (arts. 57 a 75) exclui de sua abrangência os empregados regidos pelo art. 62, incisos I e II, que são:

I) os empregados que exercem atividade externa incompatível com a fixação de horário de trabalho, e

II) os gerentes, assim considerados os exercentes de cargos de gestão, aos quais se equiparam os diretores e chefes de departamento e/ou filial.

O inciso II engloba o gerente de agência de estabelecimento bancário pelo exercício de cargo de gestão que inclui poder de mando e de representação.

Nesse sentido é a Ementa da decisão do TST que segue transcrita:

Horas extras. Bancário. Cargo de confiança. Gerente de agência. Art. 62, inciso II, da CLT. 1. A jurisprudência pacífica do TST evoluiu no sentido de que, se o TRT de origem alude ao exercício, pelo autor, de cargo de gerente geral de agência bancária, presumir-se-ão existentes os poderes de mando, gestão e representação daí decorrentes, aplicando-se-lhe a regra do art. 62, inciso II, da CLT no tocante à ausência de controle da jornada de trabalho e, por consequência, excepcionando-o da percepção de horas extras. Incidência da Súmula n. 287 do TST, com a nova redação conferida pela Resolução n. 121/2003 do TST. 2. Partindo dessa premissa, a comprovação de que o empregado, a par de ostentar a qualificação de gerente geral de agência, era a autoridade máxima no estabelecimento bancário, atrai indiscutivelmente a aplicação do art. 62, inciso II, da CLT. 3. Virtuais limitações decorrentes do exercício de função de confiança, mormente a submissão de decisões ao crivo da diretoria, não desqualificam o gerente de agência como alto empregado do Banco. Patente que, mesmo o alto empregado, pela própria condição de empregado, por definição, é um subordinado, em maior ou em menor medida. 4. Embargos de que não se conhece. TST-E-ED-RR-393/2002-020-03-00.0 — (Ac. SBDI-1) — Rel. Min. João Batista Brito Pereira. DJe/TST n. 290/09, 6.8.09 (Div.), p. 106. (*In* Suplemento de Jurisprudência LTr n. 43/2009, p. 338)

BEM DE FAMÍLIA

Bens residenciais. Lei n. 8.009/90

A decisão do TRT/15ª Região que nos ocupa no momento refere-se à interpretação que se deve dar à Lei n. 8.009/90, que trata do bem residencial como impenhorável.

A restrição é ao bem imóvel na sua concretude não podendo estender-se aos bens supérfluos e/ou suntuosos que abriga.

De proteger-se, pois, aqueles que são essenciais ao direito de propriedade do devedor e não televisores, DVDs, ar condicionado, computador etc., que se encontram no âmbito residencial.

Do contrário seria privilegiar o conforto do devedor contra os direitos conquistados pelo trabalhador, na sua luta pela vida.

Veja-se ementa sobre a qual discorremos:

Penhora. Bens residenciais. Possibilidade. Lei n. 8.009/90 — Interpretação restritiva. A proteção insculpida no parágrafo único do art. 1º da Lei n. 8.009/90 não tem o condão de afastar a penhora de bens que possuem características de superfluidade, sobretudo em cotejo com a natureza dos créditos da exequente. Por sua vez, o art. 2º da lei em epígrafe exclui da impenhorabilidade os veículos de transporte, obras de arte e adornos suntuosos.A interpretação a ser dada ao art. 1º da Lei n. 8.009/90 deve ser restritiva, pois não se pode permitir que o devedor permaneça no gozo de seu conforto, enquanto que o trabalhador que despendeu a sua força física e mental, em troca de parcos salários, fique sem o recebimento de seus direitos trabalhistas que constituem créditos alimentares. Referido dispositivo legal não pode ser aplicado amplamente na execução trabalhista, sob pena de beneficiar os empregadores proprietários de bens suntuosos que não sejam essenciais à vida e ao bem-estar de seu núcleo familiar. Defere-se, assim, a penhora dos bens residenciais do executado, não protegidos pelo manto da Lei n. 8.009/90, ou seja, aqueles que não essenciais à manutenção da dignidade do devedor (televisores excedentes, DVD, ar condicionado, computador etc..). Agravo de petição parcialmente provido. TRT 15ª Reg. (Campinas/SP) AP 1236-2002-017-12-00-3 — (Ac. 73625/08-PATR, 5ª C.) - Rel. Gisela Rodrigues Magalhães de Araújo e Moraes. DOE 14.11.08, p. 30. (Suplemento de Jurisprudência LTr n. 06/2009, p. 46).

Impenhorabilidade de imóvel residencial. Irrelevância do registro

O registro do imóvel residencial no Cartório próprio não se mostra necessário para fins de caracterização do bem de família, a não ser para evitar sua incidência sobre outro imóvel de "menor valor", quando o devedor ocupe mais de um imóvel para fins residenciais, na forma do art. 5º da Lei n. 8.009/90, que dispõe sobre a impenhorabilidade de imóvel residencial do casal ou entidade familiar.

Fora da exceção prevista no dispositivo mencionado da Lei n. 8.009/90, irrelevante se torna a exigência do registro do imóvel no Cartório existente para esse fim.

A impenhorabilidade do bem de família é "oponível" em qualquer processo de execução civil, fiscal, previdenciária, trabalhista ou de outra natureza, com as ressalvas dos incisos I a VII do art. 3º da Lei citada.

O certo é que a impenhorabilidade tratada nessa lei, recairá sobre um único imóvel utilizado pelo casal ou entidade familiar para moradia permanente.

Para demonstrar o entendimento de que o registro do bem de família é irrelevante para que não seja penhorável, transcrevemos abaixo a Ementa de decisão a respeito:

Bem de família. Imóvel residencial. Impenhorabilidade. Registro. Irrelevância. A impenhorabilidade recai sobre o "único imóvel utilizado pelo casal ou pela entidade familiar para moradia permanente" (art. 5º da Lei n. 8.009/90) e independe da existência de outros bens, mesmo destinados a fins residenciais, e de registro junto ao Cartório Imobiliário, exceto para evitar a sua incidência sobre aquele de "menor valor", quando o interessado ocupe mais de um imóvel para fins residenciais (art. 5º, parágrafo único). TRT 15ª Reg. (Campinas/SP) — AP 02194-2005-018-15-00-7 — (Ac. 25351/2007-PATR, 4ª C.) — Rel. Juiz Paulo de Tarso Salomão. DJSP 6.6.07, p. 14. (Suplemento de Jurisprudência LTr n. 27/2007, p. 214).

Lei n. 8.009/90

O instituto do bem de família tem regra própria e específica no Direito Processual do Trabalho, mercê da Lei n. 8.009, de 29.3.90, que dispõe sobre a impenhorabilidade do referido bem.

Sua característica é ser imóvel residencial próprio do casal, ou do solteiro, não necessitando de ser inscrito no cartório de registro de imóveis, por não constar tal exigência na aludida Lei.

Há muita discussão sobre esses dois pontos: a necessidade ou não de ser inscrito o imóvel residencial no registro de imóveis, e, possibilidade de ser entendido como bem de família o imóvel de propriedade onde reside uma pessoa solteira.

A impenhorabilidade é oponível em qualquer processo de execução civil, fiscal, previdenciária, trabalhista ou de outra natureza salvo se movido:

I — em razão dos créditos de trabalhadores na própria residência e das respectivas contribuições previdenciárias (empregados domésticos);

II — pelo titular do crédito decorrente do financiamento destinado à construção ou à aquisição do imóvel, no limite dos créditos e acréscimos constituídos em função do respectivo contrato;

III — pelo credor de pensão alimentícia;

IV — para cobrança de impostos, predial ou territorial, taxas e contribuições devidas em função do imóvel familiar;

V — para execução de hipoteca sobre o imóvel oferecido como garantia real pelo casal ou pela entidade familiar;

VI — por ter sido adquirido com produto de crime ou para execução de sentença penal condenatória a ressarcimento, indenização ou perdimento de bens;

VII — por obrigação decorrente de fiança concedida em contrato de locação (art. 3º).

Pelo artigo 5º, da Lei, considera-se residência um único imóvel utilizado pelo casal ou pela entidade familiar, para moradia permanente.

A matéria comporta ainda outras considerações pertinentes.

Por ora, fiquemos na não necessidade de inscrição do bem de família no cartório do registro de imóveis, ilustrando-a com a seguinte decisão da SBDI-2:

Recurso ordinário. Ação rescisória. Embargos de terceiro. Penhora. Bem de família. Ofensa aos arts. 1º e 3º da Lei n. 8.009/90. Demonstrado que o imóvel penhorado é aquele onde os recorridos mantém sua residência, é inafastável a conclusão acerca da sua impenhorabilidade, sendo irrelevante a circunstância de ele não ter sido inscrito como bem de família no cartório de registro de imóveis, uma vez que tal exigência não consta da Lei n. 8.009/90. Por outro lado, a alegação de que os recorridos são proprietários de vários bens imóveis não tem o condão de afastar a conclusão sobre a procedência da ação, diante do disposto no parágrafo único do art. 5º do referido diploma legal, que prevê a impenhorabilidade do bem destinado à residência até mesmo na hipótese de a entidade familiar ser proprietária de outros imóveis utilizados como moradia. Recurso a que se nega provimento. TST-ROAR-100.195/2003-900-02-00.8 — (Ac. SBDI2) — 2ª Reg. — Rel. Min. Antônio José de Barros Levenhagem. DJU 26.8.05, p. 758.

Locação do imóvel respectivo

As características do bem de família são 1º) ser o único imóvel; 2º) ser destinado à residência da família, sendo irrelevante o fato de não possuir registro dessa condição, nos moldes previstos no artigo 1.714 do Código Civil brasileiro.

Contudo, há interpretações mais liberais do Judiciário, admitindo que o imóvel possa ser inclusive locado para terceiros, se for o único, e desde que a renda se destine à residência em outro imóvel da proprietária e de sua família.

Tal fato, conforme decisão proferida pelo TRT, da 3ª Região, com sede em Belo Horizonte, é interessante por ser divergente quanto ao uso, do bem imóvel considerado de família e, portanto, impenhorável.

A ementa dessa decisão é a que segue:

Agravo de petição. Bem de família. Lei n. 8.009/90. Locação do respectivo imóvel. Da melhor exegese do art. 1º da Lei n. 8.009/90 extrai-se que a impenhorabilidade do bem de família tem, por escopo maior, a garantia da sobrevivência minimamente digna da entidade familiar: moradia. Todavia, na aplicação da lei é imprescindível que o juiz atente para os fins sociais a que ela se dirige, assim como às exigências do bem comum, o que permite a interpretação segundo a qual, mesmo que o imóvel objeto de constrição não sirva diretamente de residência para a família, haja a comprovação segura de que se trata de único bem imóvel pertencente à executada, e de que o mesmo, uma vez alugado, tem os respectivos frutos revertidos para o pagamento das despesas relativas à moradia em imóvel, cujo aluguel é de valor inferior. Mais se robustece esse entendimento, quando se verifica que o imóvel penhorado, em que pese locado, não era o único bem da Agravante, peculiaridade que descaracteriza a aplicação da Lei n. 8.009/90. TRT 3ª Reg. AP 01493-2005-0100-03 00.0 — (Ac. 4ª T.) — Rel. Des. Luiz Otavio Linhares Renault. DJMG 6.10.07, p. 20. (Suplemento de Jurisprudência LTr n. 52/2007, p. 414).

Prova. Configuração

A divergência de interpretação quanto à necessidade, ou não, de inscrição no Registro de Imóveis para que o imóvel seja considerado bem de família não tem sentido em face do que dispõe o art. 5º da Lei n. 8.009/90, que só exige esse registro específico quando o casal ou entidade familiar possuir mais de um imóvel residencial.

Assim decidiu a 1ª Turma do TST, conforme ementa da decisão seguinte:

Agravo de instrumento. Processo de execução. Penhora de bem de família. Agravo provido para determinar o exame do recurso de revista em face de ofensa ao art. 5º, XXII, da Constituição Federal. *Recurso de Revista. Processo de Execução. Penhora de Bem de Família.* Para os efeitos da impenhorabilidade de que trata a Lei n. 8.009/90, o art. 5º do referido diploma legal exige que o bem indicado à penhora seja o único imóvel utilizado pelo casal ou pela entidade familiar para moradia permanente. A necessidade de inscrever no Registro de Imóveis que o bem é de família, constitui exceção prevista expressamente no parágrafo único do mencionado art. 5º, e refere-se à hipótese de o casal possuir vários imóveis utilizados como residência. No presente caso, alegou o executado que o bem penhorado é seu único imóvel, onde reside com sua esposa. Depreende-se da leitura do acórdão recorrido que o Tribunal Regional adotou como fundamento para manter a penhora o fato de o réu não ter comprovado que não possuía outros bens. Frise-se que não se discute nos autos a destinação residencial do imóvel. Ora, exigir-se prova de que o bem onde o executado afirma residir é de família é o mesmo que exigir-se prova negativa de que não possui outros bens. Tal exigência não é juridicamente razoável, razão por que extrapola os limites do art. 5º, XXII, da Constituição da República. Cabe ao exequente provar que o imóvel em discussão não se trata de bem de família, indicando outros bens de propriedade do executado. Recurso de revista conhecido e provido. TST-RR-486/1984-045-02-40.8 — (Ac. 1ª T.) — 2ª Reg. — Rel. Min. Lelio Bentes Corrêa. DJU 7.3.08, p. 124. (Suplemento de Jurisprudência LTr n. 23/2008, p. 181 e 182)

COMPETÊNCIA DA JUSTIÇA DO TRABALHO

Ação de indenização ajuizada por dependentes de trabalhador falecido em acidente do trabalho

Tornou-se pacífica a jurisprudência dos Tribunais no sentido de que, a partir da Emenda Constitucional n. 45/2004, a competência para julgar ações de indenização por dano moral e material decorrentes de acidentes do trabalho, é da Justiça do Trabalho.

Não é pacífico, no entanto, o entendimento jurisprudencial no tocante a tais ações nas hipóteses em que o acidente do trabalho tenha vitimado o empregado, quanto aos direitos dos herdeiros do empregado falecido.

Para ilustrar a questão controvertida a respeito da competência com relação aos herdeiros do empregado falecido, transcrevemos, a seguir, Ementa de decisão da 15ª Região e duas Ementas de Acórdãos da 4ª Região, a saber:

Morte. Indenização pleiteada pelos sucessores da vítima. Art. 114, inciso VI, da CF. Competência da Justiça do Trabalho. O art. 114, inciso VI, da CF não faz qualquer discriminação em relação aos titulares do direito reclamado. A competência é fixada em razão da origem do litígio. Tratando-se de ação de indenização por dano moral ou material, decorrente da relação de trabalho, a controvérsia deve ser dirimida por esta Justiça Especializada. Os casos de acidente do trabalho que resultam na morte do empregado não podem ficar excluídos da competência trabalhista, apenas pelo fato de os titulares do direito à reparação não serem empregados da ré, mais sim sucessores da vítima. Estes detêm legitimidade para reclamar indenizações eventualmente devidas, perante a Justiça do Trabalho, pois o litígio emana diretamente da relação de trabalho havida com o *de cujus*. TRT/SP 15ª Região 0943-2005-070-15-00-4 — Ac. 2ª Câmara 29.428/07-PATR. Rel. Mariane Khayat. DOE 29 jun. 2007, p. 61.

Ação de indenização movida por familiares de empregado morto em acidente do trabalho. Conflito negativo de competência. Entendimento no sentido de que não compete à Justiça do Trabalho o exame de ação de indenização proposta pela companheira e pela filha menor de empregado morto em decorrência de acidente de trabalho, visto que extinto o contrato de trabalho. A indenização requerida tem natureza exclusivamente civil, pois o pedido não é de indenização por dano moral sofrido pelo *de cujus*, mas de direitos próprios da viúva e filha do ex-empregado, que não fizeram parte da relação de trabalho. Declara-se a nulidade da sentença e de todos os atos praticados por esta Justiça Especializada e suscita-se conflito negativo de competência, determinado-se a remessa dos autos ao Exmo. Ministro Presidente do Egrégio Superior Tribunal de Justiça, na forma do que dispõe o art. 105, inciso I, alínea *d*, da

Constituição Federal. (Ac. n. 01244-2005-403-04-00-2 RO, lavrado pela Exma. Juíza Tânia Maciel de Souza, 5ª Turma, publicado no DOU em 12.09.2006).

Acidente de trabalho. Morte do empregado. Ação de indenização proposta pela esposa e filhos do falecido. Incompetência material da Justiça do Trabalho. O só fato desta Especializada ter agora albergado o exame das ações reparatórias materiais e morais decorrentes de acidente de trabalho não pode ser dissociado do *caput* do art. 114 da Carta Magna — *"Ações oriundas da relação de trabalho"* —, muito menos das regras que sabidamente definem a competência para a prestação jurisdicional. Os únicos danos (materiais e morais) decorrentes de acidente de trabalho que cabe à Justiça do Trabalho apreciar são os danos diretos, sofridos pela própria vítima. Anulados os atos decisórios até aqui praticados e suscitado conflito negativo de competência, determina-se a remessa dos autos ao Superior Tribunal de Justiça. (Ac. n. 00860-2005-561-01-04-00-5, lavrado pela Exma. Juíza Ana Luiza Heineck Kruse, 8ª Turma, publicado no DOU 5.2.2007).

Destaca-se, ainda, decisão proferida pelo Superior Tribunal de Justiça: *"Conflito de competência. Acidente do trabalho. Morte do empregado. Ação de indenização proposta pela esposa e pelo filho do falecido.* 1. Compete à Justiça comum processar e julgar ação de indenização proposta pela mulher e pelo filho de trabalhador que morre em decorrência de acidente do trabalho. É que, nesse caso, a demanda tem natureza exclusivamente civil, e não há direitos pleiteados pelo trabalhador ou, tampouco, por pessoas na condição de herdeiros ou sucessores destes direitos. Os autores postulam direitos próprios, ausente relação de trabalho entre estes e o réu. 2. Conflito conhecido para declarar a competência da Justiça comum." (CC 54210/RO; Relator Ministro Carlos Alberto Menezes Direito, DJ 12.12.2005). (Suplemento Trabalhista n. 156/2007, p. 668).

Decisões do Supremo Tribunal Federal sobre competência da Justiça do Trabalho

Dois conflitos de Competência foram recentemente julgados pelo Tribunal Pleno STF, esclarecendo dúvidas surgidas entre Juízo Estadual de Primeira Instância e Tribunal Superior.

Uma delas teve por objeto Processos de Recuperação Judicial no tocante à execução de créditos trabalhistas, pelo juízo universal da falência, sem prejuízo da competência da Justiça do Trabalho para o julgamento do processo de conhecimento.

Os julgamentos dessa decisão foram os seguintes:

I — Na vigência do Decreto-lei n. 7.661/1945 consolidou-se o entendimento de que a competência para executar os créditos ora discutidos é da Justiça Estadual Comum, sendo essa também a regra adotada pela Lei n. 11.101/05.

II — O inc. IX do art. 114 da Constituição Federal apenas outorgou ao legislador ordinário a faculdade de submeter à competência da Justiça Laboral outras controvérsias, além daquelas taxativamente estabelecidas nos incisos anteriores, desde que decorrentes da relação de trabalho.

III — O texto constitucional não o obrigou a fazê-lo, deixando ao seu alvedrio a avaliação das hipóteses em que se afigure conveniente o julgamento pela Justiça do Trabalho, à luz das peculiaridades das situações que pretende regrar.

IV — A opção do legislador infraconstitucional foi manter o regime anterior de execução dos créditos trabalhistas pelo juízo universal da falência, sem prejuízo da competência da Justiça Laboral quanto ao julgamento do processo de conhecimento.

A outra decisão trata da competência da Justiça do Trabalho para os processos ajuizados por sucessores de empregados falecidos em acidentes do trabalho, sob os seguintes argumentos:

1. Compete ao Supremo Tribunal Federal dirimir o conflito de competência entre Juízo Estadual de primeira instância e Tribunal Superior, nos termos do disposto no art. 102, I, *o*, da Constituição do Brasil. Precedente [CC n. 7.207, Relator o Ministro Celso de Mello, DJ de 1º.9.95].

2. A competência para julgar ações de indenização por danos morais materiais decorrentes de acidente de trabalho, após a edição da EC n. 45/04, é da Justiça do trabalho. Precedentes [CC n. 7.204, Relator o Ministro Carlos Britto, DJ de 9.12.05 e AgR-RE n. 509.352, Relator Ministro *Menezes Direito*, Dje de 1º.8.08].

3. O ajuizamento da ação de indenização pelos sucessores não altera a competência da Justiça especializada. A transferência do direito patrimonial em decorrência do óbito do empregado é irrelevante. Precedentes. [ED-RE n. 509.353, Relator o Ministro Sepúlveda Pertence, DJ de 17.8.07; ED-RE n. 482.797, Relator o Ministro Ricardo Lewandowski, DJe de 27.6.08 e ED-RE n. 541.755, Relator o Ministro César Peluso, DJ de 7.3.08].

Conflito negativo de competência conhecido para declarar a competência da Justiça do Trabalho.

Honorários advocatícios. Cobrança pela Justiça do Trabalho. Incompetência

Muita controvérsia existiu e ainda existe sobra a competência, ou não, da Justiça do Trabalho no que toca à cobrança de honorários advocatícios entre o empregados e o cliente que o atendeu numa ação trabalhista.

A controvérsia estabeleceu-se em razão da Emenda Constitucional n. 45/04 que estendeu a competência da Justiça do Trabalho para as ações oriundas da relação de trabalho (inciso I do art. 114, da CF/88).

Atualmente, no entanto, em face do decidido na Súmula n. 363 do Superior Tribunal de Justiça, a controvérsia ficou dissipada até que o Supremo Tribunal Federal dê sua palavra final à discussão.

Recente decisão do TRT/3ª Região, demonstra o que vem sendo entendido a respeito dessa matéria, como segue:

Cobrança de honorários advocatícios. Incompetência da Justiça do Trabalho. Súmula n. 363 do STJ. Remessa dos autos ao juízo competente. Tratando-se o caso, em apreço, de cobrança de honorários advocatícios, esta Justiça Especializada não tem competência para examinar e julgar a presente lide, pois a recentíssima Súmula n. 363 do excelso STJ, determina que "Compete à Justiça estadual processar e julgar a ação de cobrança ajuizada por profissional liberal contra cliente". Face ao exposto, em acatamento ao entendimento da excelsa Corte Superior, declina-se, de ofício, da competência em prol da Justiça Comum Estadual, com a remessa dos autos ao Juízo competente, aproveitando-se todos os atos não decisórios anteriormente praticados (art. 113, § 2º do CPC). TRT 3ª Reg. RO 00729-2008-011- 03-00-9 — (Ac. 6ª T.) — Rel. Des. Jorge Berg de Mendonça. DJMG 29.11.08, p. 28. (Suplemento de Jurisprudência LTr n. 51/2008, p. 403/404).

Incidência de contribuição previdenciária. Justiça do Trabalho. Limitação

Sabe-se que incidem contribuições previdenciárias sobre o período em que houve reconhecimento de relação empregatícia.

Contudo, é preciso notar que a competência da Justiça do Trabalho para sua execução em processo é limitada às sentenças condenatórias proferidas ou aos valores dos acordos homologados, conforme dispõe o item I da Súmula n. 368, do TST.

Veja-se Ementa de decisão da SBDI-I do TST abaixo transcrita:

Incidência de contribuição previdenciária. Competência da Justiça do Trabalho. Limitação. Não se pode reconhecer competência à Justiça do Trabalho para pretensão executória do INSS atinente a contribuições previdenciárias relativas ao período do reconhecimento da relação empregatícia, porquanto a competência da Justiça do Trabalho, quanto à execução das contribuições previdenciárias, limita-se às sentenças condenatórias em pecúnia que proferir e aos valores, objeto de acordo homologado, que integrem o salário-de-contribuição. (inteligência do item I da Súmula n. 368, do TST). Recurso de Embargos de que não se conhece. TST-E-RR-8/2004-010-06-00.2 (Ac. SBDI-1) — Rel. Min. João Batista Brito Pereira. DJe/TST n. 290/09, 6.8.09 (Div.), p. 74. (Suplemento de Jurisprudência LTr n. 43/2009, p. 338).

CONTRATO DE TRABALHO

Aposentadoria. Extinção do contrato de trabalho?

Grande celeuma de interpretação da lei (art. 453/CLT) vem acontecendo com relação à extinção do contrato de trabalho na hipótese de ocorrer a aposentadoria espontânea do empregado com a permanência no emprego.

É que, nesse caso, a dúvida reside no fato de a cessação do contrato pela aposentadoria requerida espontaneamente ter computado o período respectivo no segundo contrato para efeito do pagamento da multa de 40%, se a rescisão deste se deu por iniciativa do empregador.

Assim, não se considera o primeiro contrato como tendo sido extinto por iniciativa do empregado, autorizador do levantamento tão somente dos depósitos do FGTS sem a multa, por força da lei específica. Para muitos, o entendimento é de que a multa de 40% devida em razão da rescisão do segundo contrato, terá que recair também sobre os depósitos do primeiro contrato rescindido por aposentadoria espontânea.

Tal entendimento, contudo, não prevalece para os que analisam a cessação do 1º contrato como perfeita e acabada, dada a ocorrência da aposentadoria como forma legal de extinção do contrato, sem a incidência de multa, na forma do art. 453, *caput*, da CLT.

Veja-se, a respeito, a decisão seguinte:

Aposentadoria e extinção do contrato de trabalho. O fato de ter sido cancelada a jurisprudência cristalizada no sentido de que a aposentadoria é forma de extinção do contrato de trabalho, não retoma, automaticamente, entendimento em contrário, antes que outra norma seja firmada, sob pena de ferir o princípio da legalidade que deve reger a relação jurídica entre as partes. Ainda, conceder ao empregado o direito à multa de 40% do FGTS sem considerar o ato de aposentação é, antes, favorecer-lhe o enriquecimento sem causa, porquanto, ao jubilar-se, já levantara os depósitos do FGTS, supedâneo para a multa correspondente. Considerá-los somente para o cômputo da multa rescisória é, além de punir injustamente o empregador, incitá-lo a retirar o aposentado de seus quadros, resultando em prejuízo ao trabalhador em tal condição. Proveio o recurso da reclamada. TRT 2ª Reg. RO 01185200604702006 — (Ac. 5ª T. 20070240455) — Relª Juíza Ana Cristina Lobo Petinati. DJSP 13.4.07, p. 58. (Suplemento de Jurisprudência LTr n. 21/2007, p. 162)

Cargo de confiança. Gerente de posto. Direito ao repouso semanal remunerado

O art. 62, inciso II, da CLT, é uma das exceções dirigidas a cargos de direção, inclusive de gerentes e chefes de departamentos, que vedam a aplicação do capítulo da CLT que versa sobre a duração do trabalho a seus ocupantes.

Nessa conformidade, tais empregados, por suas condições particulares e diferenciadas no desenvolvimento de seus afazeres, não recebem o adicional de horas extraordinárias, por gozarem, em contrapartida, de outras vantagens com relação aos seus horários de trabalho.

Contudo, há outros direitos previstos na legislação protetora trabalhista sobre duração do trabalho que não podem ser deixados de lado ao argumento de que os exercentes de cargos de confiança estão totalmente fora do alcance da duração do trabalho.

A decisão que nos leva a essa matéria é nesse sentido, com o fundamento de que a Lei n. 605/49, que regula o repouso semanal remunerado, sendo posterior à CLT, de 1943, tem o condão de conferir tal direito também aos ocupantes de cargos de confiança porque não foram excluídos, no seu art. 5º, do rol dos empregados não abrangidos por ela.

Daí o entendimento de que a lei do descanso semanal remunerado está fora do alcance das exceções dos empregados enquadrados no art. 62, inciso II, da CLT, como segue:

Gerente de posto. Direito ao repouso semanal remunerado, apesar de inserido na exceção do art. 62, II, da CLT. Prevalência da regra estampada na Lei n. 605/1949. Apesar de a autora estar inserida na exceção prevista no inciso II do art. 62 da CLT que, no seu *caput*, veda a aplicação à espécie de todo o Capítulo II do Título II da CLT, que trata da duração do trabalho, é devido o pagamento em dobro do repouso semanal remunerado. Não obstante a previsão de seu pagamento esteja naquele capítulo (art. 67), há a considerar os termos do art. 1º da Lei n. 605/1949, posterior à CLT, segundo o qual "todo empregado tem direito ao repouso semanal remunerado de vinte e quatro horas consecutivas, preferentemente nos domingos..." sendo que o art. 5º da mesma Lei, ao tratar dos empregados não abrangidos por essa regra, não prevê em seu rol os ocupantes de cargo de confiança. TRT 12ª Reg. RO-V 02496-2004-032-12-00-7 — (Ac. 3ª T. 08753/07, 15.5.07) — Relª Juíza Lília Leonor Abreu. TRT-SC/DOE, 28.6.07. (Suplemento de Jurisprudência LTr, n. 28/2007 p. 217/218).

Contrato de experiência por obra certa. Incabível

A decisão referente à matéria acima mencionada, está bem refletida na Ementa que será publicada a final.

É que o contrato de experiência tem uma finalidade específica, que é de avaliação do empregado para sua contratação definitiva, se seu trabalho e sua personalidade se comportarem satisfatoriamente.

A utilização desse tipo de contrato não enseja, pois, a junção de outro tipo de contrato específico, como, por exemplo, o de obra certa, também de prazo determinado, mas com características próprias, sem a necessidade da experiência.

Veja-se Ementa abaixo:

Contrato por prazo determinado. Obra certa. Contrato de experiência. Incabível. O contrato de experiência em contrato por prazo determinado por obra certa é um procedimento totalmente incabível. Não pode o empregador embutir dentro de um contrato por obra certa, no caso, um contrato de entressafra, outro da mesma modalidade. O contrato de experiência tem por objetivo a avaliação do empregado para a sua contratação de forma definitiva, não para contrato de obra certa. Diante da incorreção desta prática, nos termos dos arts. 9º e 444 da CLT, considera-se o contrato por prazo indeterminado e defere-se as verbas rescisórias. TRT 15ª Reg. (Campinas/SP) Proc. 143000-88.2009.5.15.0070 RO — (Ac. 29019/10-PATR, 11ªC.) — Relª Maria Cecília Fernandes Álvares Leite. DEJT 20.5.10, p. 347. (Suplemento de Jurisprudência LTr n. 32/2010, p. 252).

Contrato de trabalho por prazo determinado. Desnecessidade de fixação quando é possível a estimativa acerca do término do pacto laboral

A Ementa do decisão objeto deste simples comentário está decidida em duas partes em face de duas situações que podem ocorrer com relação a contratos por prazo determinado por obra certa, sem fixação de data previsível.

A primeira parte diz respeito à hipótese em que é possível a estimativa acerca do término laboral, em contrato a prazo, sem prejuízo ao trabalhador.

A segunda parte focaliza o caso de haver contrato aditivo alterando o contrato inserindo obras não previstas originariamente em prejuízo de trabalhador. Nessa hipótese o contrato se desfigura e passa a ser por prazo indeterminado.

Segue a Ementa:

Contrato de trabalho por prazo determinado. Data de conclusão das obras. Desnecessidade de fixação, quando é possível a estimativa acerca do término do pacto laboral. Possibilidade de alteração. Pacta sunt servanda. 1. Diante da natureza ou transitoriedade dos serviços, a celebração de contrato a prazo para realização de obra ou reforma em empresa que 162 não atua no ramo da construção civil, ainda que ausente a delimitação de obra específica no contrato, não elide a validade da contratação na modalidade por prazo determinado, desde que seja possível ao homem médio estimar o tempo de sua conclusão. 2. Tendo as partes celebrado cláusula que dispõe sobre o rol total das obras em execução pela contratante, com permissão para ajuste, em termo aditivo, de designação do contratado para operar em parte destas obras, a celebração do pacto complementar deve seguir estritamente o que foi combinado. Ao inserir no termo aditivo obras não previstas na cláusula do contrato principal e em prejuízo do trabalhador, a contratante viola as condições do contrato de trabalho por prazo determinado, sendo forçoso reconhecer a natureza ordinária da relação de trabalho, qual seja, o contrato de trabalho por prazo indeterminado. TRT 18ª Reg. RO-0221400-39.2009.5.18.0101 — (Ac. 3ª T.) — Rel. Juiz Kleber Souza Waki. DJe/TRT 18ª Reg., ano IV, n. 30, 24.2.10, p. 7. (Suplemento de Jurisprudência LTr n. 19/2010, p. 148)

Objeto ilícito. Nulidade. Motorista que transportava clandestinamente mercadorias do Paraguai

Sabe-se que uma das condições do contrato de trabalho, como aliás de qualquer outro, é a licitude de seu objeto.

Conforme dispõe o artigo 104 do Código Civil, "a validade do negócio jurídico requer: 1 — agente capaz; 2 — objeto lícito, possível, determinado ou determinável; 3 — forma prescrita ou não defesa em lei".

No Direito do Trabalho a forma do contrato pode ser expressa ou verbal e, ainda, tácita por sua adequação aos princípios aplicáveis a esse ramo jurídico, como, por exemplo, o da realidade prevalecendo sobre a formalidade do Direito Civil.

O objeto há de ser conforme a lei, os bons costumes, a ordem pública e a moral.

Se o contrato tiver objeto ilícito será nulo, como preconiza o art. 166 do Código Civil, como por exemplo, se tiver por objetivo fraudar a lei imperativa. Na hipótese, a lei imperativa é a que resulta da aplicação dos arts. 2º e 3º da CLT, os quais ao configurar empregador e empregado dão as linhas mestras da relação de emprego lícita.

Assim, será nulo o negócio jurídico quando o objeto do trabalho for ilícito.

Foi o que ocorreu no caso da decisão cuja Ementa será publicada nestes ligeiros comentários, ou seja, de motorista que transporta mercadorias do Paraguai e que poderia inclusive ser enquadrado como crime pelo art. 334 do Código Penal.

O processo foi julgado extinto em face da impossibilidade jurídica do pedido, como se poderá ver a seguir:

Nulidade do contrato de trabalho. Objeto ilícito. Motorista que transportava clandestinamente mercadorias do Paraguai. Descaminho. A relação que se estabeleceu entre a parte Autora e os Reclamados foi decorrente de atividade ilícita, vez que o objeto do contrato de trabalho, antijurídico, em tese, poderia ser enquadrado como o descaminho, tipificado na legislação penal como crime, conforme previsto no art. 334 do Código Penal. Assim, nulo o contrato de trabalho cuja prestação de serviços está vinculada à exploração de atividade ilegal, impossibilitando guarida por esta Justiça Especializada. A afronta a bem social proeminente (protegido pelo Direito Penal) pelo trabalho exercido pelo *"de cujus"* implica sua desconsideração frente a princípios de direito público, em face da segurança da sociedade. Frise-se que a atividade ilícita comprovada não se limitou à figura do "sacoleiro", onde o descaminho refere-se a objetos de pequeno valor para comércio, marcado pelo princípio da insignificância penal e que foi, inclusive, regularizado pela Lei n. 11.898/09 e Decreto n. 6.956/09. Porém, na hipótese presente, o "de cujus", além de transportar mercadorias originadas do Paraguai, de grande valor, chegou a estocá-las nos fundos de sua casa, e também as vendia e entregava, tendo sido preso por várias vezes. Assim, nulo o contrato de trabalho cuja prestação de serviços está vinculada à exploração de atividade ilegal, impossibilitando guarida por esta Justiça Especializada. Preliminar de carência de ação conhecida de ofício para declarar a extinção do preocesso sem resolução do mérito, em face da impossibilidade jurídica do pedido. TRT 9ª Reg. RO-449/2008-195-09-00.0 — (Ac. 1ª T.) — Rel. Ubirajara Carlos Mendes. DJe/TRT 9ª Reg. n. 529/10, 26.7.10, p. 36/7. (Suplemento de Jurisprudência LTr n. 43/2010, p. 338/339).

Plano de participação de resultados. Dever de comprovação

A Lei n. 10.101, de 19.12.2000, como se sabe, dispõe sobre a participação dos trabalhadores nos lucros ou resultados da empresa e dá outras providências.

A participação de que trata essa norma legal pressupõe negociação entre a empresa e seus empregados, a ser procedida por uma comissão escolhida pelas partes, integrada por um representante indicado pelo sindicato da categoria ou mediante convenção ou acordo coletivo.

Os instrumentos respectivos devem constar de regras claras e objetivas quanto aos direitos substantivos da participação e de regras adjetivas, inclusive com mecanismos sobre o cumprimento do acordado, periodicidade, período de vigência e prazos para sua revisão, com observância dos índices de produtividade, qualidade ou lucratividade da empresa; programa de metas, resultados e prazos pactuados previamente.

Uma decorrência implícita dos planos de participação nos lucros e resultados é a de que a empresa deve comprovar para a outra parte se a participação foi positiva ou, principalmente, se ela for negativa, frustrando, assim, expectativas dos trabalhadores que cumpriram as metas programadas.

Cabe a estes, neste último caso, acionarem a empresa, mercê de ação de cumprimento exigirem a comprovação dos resultados, se negativos ou até se forem positivos, porém não satisfatórios, sob pena de aplicação de multa estabelecida no acordo ou na convenção coletiva, pela não comprovação postulada judicialmente.

Sobre esta questão trazemos ao conhecimento dos leitores a seguinte Ementa de decisões:

Ação de cumprimento. Plano de participação e resultados. A empresa que alega não ter elaborado o Plano de Participação e Resultados estabelecido em norma coletiva, por haver operado em prejuízo no exercício a que se refere a ação de cumprimento, tem o dever de comprovar, indene de dúvida, as suas alegações, mediante a juntada do balanço anual ou documento equivalente. Não o fazendo, deve ser mantida a decisão que impõe o pagamento da multa decorrente da infração à norma convencional. TRT 12ª Reg. RO-V 02476-2006-050-12-00-0 — (Ac. 2ª T. 08029/07, 8.5.07) — Rel. Juiz Hélio Bastida Lopes. TRT-SC/DOE, 15.6.07. (Suplemento de Jurisprudência LTr n. 27/2007, p. 210).

CONTRIBUIÇÃO PREVIDENCIÁRIA

Acordo judicial homologado após o trânsito em julgado da sentença

Discute-se muito sobre o valor ao qual deve incidir a contribuição previdenciária, se da decisão que transitou em julgado ou se do acordo judicial posterior, este em base inferior ao da sentença.

A decisão do TST (SBDI-I) é no sentido de que a contribuição previdenciária terá por base de cálculo o valor acordado.

Esse entendimento encontra respaldo no que dispõe o art. 764, da CLT, ao estabelecer que "é lícito às partes celebrar acordo que ponha termo ao processo, ainda mesmo depois de encerrado o juízo conciliatório".

Leia-se a Ementa da decisão referida, a saber:

Recurso de embargos interposto sob a égide da Lei n. 11.496/2007. Execução. Contribuição previdenciária. Acordo judicial homologado após o trânsito em julgado da sentença. Validade. 1. O art. 114, § 3º, da Carta Magna, ao dispor sobre a competência desta Justiça Especial para "executar, de ofício, as contribuições sociais previstas no art. 195, I, a, e II, e seus acréscimos legais, decorrentes das sentenças que proferir", pressupõe a estrita observância do fato gerador para a incidência de tais contribuições. 2. Extrai-se do art. 195, I, a, e II, da Constituição da República que a contribuição previdenciária incidirá sobre os rendimentos do trabalho pagos ou creditados à pessoa física. Não é, portanto, a sentença (ou o acórdão) com trânsito em julgado que define o fato gerador para incidência das contribuições previdenciárias — que surgirá, havendo posterior acordo, com o pagamento da quantia avençada. 3. A decisão proferida pelo Tribunal Regional, no caso concreto, guarda sintonia com o que dispõe o art. 764, § 3º, da CLT, evidenciando-se inegável a possibilidade de realização de avença que ponha fim à lide mesmo após a homologação da conta de liquidação. Nessa hipótese, os descontos previdenciários terão por base de cálculo o valor acordado, desde que cabível a incidência da contribuição previdenciária, observada a natureza das parcelas e a proporcionalidade devida em relação às verbas de natureza salarial deferidas na decisão transitada em julgado. 4. Embargos conhecidos e parcialmente providos. TST-E-RR-20/2004-085-03-00.6 — (Ac. SBDI-1) — Rel. Min. Lelio Bentes Corrêa. DJe/TST n. 290/09, 6.8.09 (Div.), p. 75. (Suplemento de Jurisprudência LTr n. 43/2009, p. 338).

Aviso prévio indenizado. Incidência da contribuição previdenciária

O aviso prévio quando indenizado, não sofria incidência da contribuição previdenciária, por não ser trabalhado e, portanto, por não ter a característica de salário.

Tal entendimento foi ratificado pelo Decreto n. 3.048/99 (art. 214, § 9º, inciso V, alínea "f").

Ocorre, no entanto, que Decreto posterior, de n. 6.727, de 12.1.09, revoga aquele dispositivo para estabelecer que o aviso prévio indenizado integra a base de cálculo dos recolhimentos para a Previdência Social.

A Ementa da decisão que assim julgou segue transcrita:

Contribuições previdenciárias. Aviso prévio indenizado. O aviso prévio indenizado era expressamente excluído da base de cálculo da contribuição previdenciária por força do art. 214, § 9º, inciso V, alínea *"f"*, do Decreto n. 3.048/99. Com a edição do Decreto n. 6.727, de 12 de janeiro de 2009 houve a revogação do referido dispositivo e o aviso prévio indenizado passou a integrar a base de cálculo dos recolhimentos sendo o início da sua vigência o marco temporal para a incidência dos recolhimentos. TRT 10ª Reg. RO-664/2009-811-10-00.0 — (Ac. 1ª T.) —Rel. Des. Pedro Luis Vicentin Foltran. DJe/TRT 10ª Reg. n. 414/10, 4.2.10, p. 16. (Suplemento de Jurisprudência LTr n. 19/2010, p. 148)

Cestas básicas. Natureza salarial. Incidência de contribuição previdenciária

A cesta básica fornecida aos empregados caracteriza ganho indireto e, por isso, é considerado como salário.

De nada valerá a alteração da denominação, chamando-o de cesta indenizada, porque essa não é sua característica.

Nesse contexto, sendo salário sofrerá incidência da contribuição previdenciária, dada a fraude que vicia o ato jurídico.

A esse respeito decidiu o TRT/15ª Região, conforme Ementa seguinte:

Cestas básicas. Pagas em juízo. Natureza salarial, ausente previsão diversa em norma coletiva. Incidência da contribuição previdenciária. Por força dos arts. 458 da CLT e 28-I da Lei n. 8.212/91, a cesta básica, caracterizando ganho indireto, integra o salário de contribuição, atraindo a incidência da contribuição previdenciária. A definição diversa dada ao título, pelas partes (cestas indenizadas) não tem o condão de modificar a natureza da verba, pois a teor do art. 123 do CTN as convenções particulares relativas à responsabilidade pelo pagamento de tributos não podem ser opostas à Fazenda Pública. Recurso ordinário provido. TRT 15ª Reg. (Campinas/SP) RO 2190-2007-025-15-00-9 — (Ac. 42529/09-PATR, 4ª C.) — Relª. Olga Regiane Pilegis. DOE 8.7.09, p. 9. (Suplemento de Jurisprudência n. 37/2009, p. 290).

Fato gerador das contribuições. Acordo judicial

Dispõe o art. 195, I, alínea *a* da Constituição da República que:

"A seguridade social será financiada por toda a sociedade, de forma direta e indireta, nos termos da lei, mediante recursos provenientes da União, dos Estados, do Distrito Federal e dos Municípios, e das seguintes contribuições sociais:

I — do empregador, da empresa e da entidade a ela equiparada na forma da lei, incidentes sobre:

a) a folha de salários e demais rendimentos do trabalho pago ou creditado, a qualquer título, à pessoa física que lhe presta serviço, mesmo sem vínculo empregatício".

Essa previsão constitucional dá-nos os parâmetros das diversas modalidades de contribuições previdenciárias decorrentes de pagamentos ou créditos feitos a empregados ou a pessoas físicas sem vínculo empregatício, tais como os autônomos, por exemplo.

A decisão do TST, cuja ementa será publicada como fecho deste comentário, é didática porque contém explicação de que a prestação de trabalho nem sempre decorre de relação de emprego, e que essa distinção há de ser feita para fins previdenciários, validando acordo judicial.

Recurso de Revista. Acordo judicial. Transação na qual constou expressamente que as partes não reconheceram a existência de relação jurídica. Art. 109 do Código Tributário Nacional. Incidência da contribuição previdenciária. Art. 195, inciso I, a, da Constituição Federal de 1988. Na esfera do Direito do Trabalho, é preciso definir o que se entende por acordo judicial em que não se reconhece a existência de nenhuma relação jurídica entre as partes, sendo difícil conceber-se a indenização à reclamante de parcela pecuniária decorrente de mera liberalidade do empregador sem que haja qualquer relação jurídica subjacente, como o trabalho eventual, autônomo ou subordinado. Para que essa hipótese ocorra, estar-se-ia diante de mera doação do suposto tomador da prestação de trabalho em decorrência do ajuizamento de reclamação trabalhista. É evidente que a aparente inexistência de vínculo deve referir-se à inexistência de um contrato de trabalho subordinado, mas a existência de um trabalho autônomo, ainda que eventual, no âmbito da unidade econômica, atribuindo feição contributiva à contraprestação acertada sujeita-se à contribuição previdenciária. A fixação do instituto resulta da incidência da referida norma do Código Tributário — art. 109 —, daí por que se recorre ao Direito do Trabalho para a definição da categoria a que se refere o fato gerador da obrigação. O sistema de custeio da previdência social tem como segurado obrigatório o contribuinte individual, pessoa física que preste serviços a terceiros, de forma eventual ou não, ainda que na condição de autônomo, no caso, à empresa, pois o fato gerador da referida contribuição não é apenas o trabalho com vínculo de emprego, mas a prestação de trabalho. Assim, a controvérsia deduzida no recurso de revista encontra tratamento específico na Constituição Federal e na legislação infraconstitucional, razão pela qual o enquadramento jurídico dado pelo aresto impugnado confronta-se diretamente com o art. 195, inciso I, *a*, da Constituição Federal. Recurso de revista conhecido e provido. TST-RR-1.088/2004-006-02-00.6 — (Ac. 1ª T.) — 2ª Reg. — Rel. Min. Luiz Philippe Vieira de Mello Filho. DJU 8.2.08, p. 1.501. (Suplemento de Jurisprudência LTr. n. 15/2008, p. 116).

Vale-transporte. Natureza indenizatória

Decisão da 3ª Turma do TST é no sentido de que o vale-transporte não tem natureza salarial nem durante o transcorrer do contrato de trabalho, nem o valor pago após o desfazimento do pacto laboral.

O fundamento de tal decisão repousa na Lei n. 7.418/85, art. 2º, determinante da natureza indenizatória para quaisquer efeitos do benefício vale-transporte.

Assim não há sobre a verba respectiva incidência do FGTS ou da Previdência Social.

A ementa a seguir transcrita é bastante clara a esse respeito, a saber:

Recurso de revista. Vale-transporte. Contribuições previdenciárias. Não incidência. Natureza indenizatória. Nos termos do art. 2°, da Lei n. 7.418/85, o vale-transporte "não tem natureza salarial, nem se incorpora à remuneração para quaisquer efeitos" (alínea *a*), assim como "não constitui base de incidência de contribuição previdenciária ou de Fundo de Garantia por Tempo de Serviço" (alínea *b*). Se assim ocorre com as parcelas devidamente concedidas, ao longo do período de duração da relação de emprego — que não assumem caráter salarial —, com maior certeza será indenizatório o valor pago após o desfazimento do pacto, de vez que destinado a, exatamente, indenizar o trabalhador pelo comportamento omisso de seu ex-empregador. Recurso de revista conhecido e desprovido. TST-RR-713/2006-126-15-00.6 — (Ac. 3ª T.) — Rel. Min. Alberto Luiz Bresciani de Fontan Pereira. DJe/TST n. 217/09, 23.4.09, p. 911. (Suplemento de Jurisprudência LTr n. 37/2009, p. 296).

CONTROLE DE PONTO

Negociação coletiva. Dispensa de registro de ponto. Violação do art. 74, § 2° da CLT.

A decisão cuja Ementa será publicada, afinal, remete-nos à discussão havida entre o legislado e o acordado em negociação coletiva.

Prevaleceu o legislado por se tratar de direito indispensável do trabalhador.

A discussão passa, também, pela valorização do poder normativo dos Tribunais do Trabalho e pela inclusão do Ministério Público do Trabalho em alguns temas da negociação coletiva.

Além dos fatores ideológicos e/ou econômicos são, ainda, vários os entendimentos sobre essa importante matéria, principalmente pela força da autonomia coletiva na fixação de direitos sociais.

A Ementa da decisão, que é objeto deste breve comentário, demonstra claramente como o Tribunal da 23ª Região se posicionou a respeito com prevalência do legislado (art. 74, § 2° da CLT) sobre o acordado em negociação coletiva.

Segue a Ementa:

Dispensa do registro de ponto por negociação coletiva. Impossibilidade. Violação do art. 74, § 2°, da CLT. O art. 74, § 2°, da CLT impõe ao empregador que mantém vínculo jurídico-contratual com mais de 10 (dez) empregados o ônus de registrar os horários de trabalho destes, a fim de que seja feito um controle da duração de trabalho dos obreiros. Esta norma é de observância obrigatória, dispensável apenas nas hipóteses legais de inviabilização da fiscalização da jornada nos casos de trabalho externo e exercício de cargo de gestão (art. 62 da CLT), pois revestida de caráter protetivo à saúde dos obreiros. Assim, não pode a negociação coletiva sindical isentar o empregador do registro de ponto dos seus empregados em situações que não se enquadram nas exceções legais, visto que o dever de registro de ponto constitui-se em norma legal asseguratória de direito indisponível do trabalhador, qual seja, a fixação de jornada de trabalho compatível com a higidez do empregado e com a sua dignidade social. TRT 23ª Reg. RO 00460.2009.051.23.00-1 — (RO — 0046000-26.2009.5.23.0) — (Ac. 1ª T. Sessão: 16/10) — Rel. Juiz Convocado Aguimar Peixoto. DJe/TRT 23ª Reg. n. 493/10, 4.6.10, p. 40. (Suplemento de Jurisprudência. LTr n. 36/2010, p. 285)

Sistema eletrônico. Espelho. Efeitos da não assinatura pelo empregado

A novidade introduzida no controle de cartões de ponto pelo chamado sistema eletrônico, exige que a demonstração dos cartões do dia a dia, conhecido como espelho, deve ser assinado pelo empregado.

Detalhe importante é esse para que não se ponham em dúvida os registros dos horários de entrada e saída dos empregados, pela ocorrência de invalidade.

Dada a importância desse detalhe, publicamos abaixo Ementa de decisão que trata da matéria:

Cartões de ponto não assinados pelo empregado. Não se pode atribuir força probante a cartões de ponto que, apesar de assinalar os horários de entrada e saída do empregado, não sejam por ele autenticados, mediante sua assinatura. Assim, se o empregador adota o sistema eletrônico de controle de jornada, deve cuidar para que os espelhos decorrentes desse controle sejam adequadamente registrados e assinados pelo empregado, a fim de emprestar-lhes validade quanto ao conteúdo. TRT 3ª Reg. RO 1782/2008-029-03-00.5 — (Ac. 6ª T.) — Rel. Des. Emerson Jose Alves Lage. DJe/TRT 3ª Reg. n. 295/09, 14.8.09, p. 106/7. (Suplemento de Jurisprudência LTr n. 45/2009, p. 355).

DANO MATERIAL

Promessa de emprego. Hipótese de cabimento

A promessa de emprego que ocorre normalmente com a condição da submissão do candidato à seleção para posterior admissão não causa dano indenizável ao pretendente de emprego.

No caso, é o uso do poder discricionário do empregador como forma legítima de contratar empregados.

Contudo, se o empregador abusa de seu direito de contratar pessoas físicas a seus serviços, deverá pagar pelo abuso em razão do dano causado.

Como se pode constatar pela Ementa da decisão proferida pelo TRT/12ª Região, o empregador, no caso examinado, ficou na posse da CTPS do candidato ao emprego por meses, causando-lhe dificuldade para conseguir nova colocação no mercado, como segue:

Promessa de emprego. A promessa de emprego, em situações ordinárias, não enseja indenização ao empregado se não concretizada, já que a entidade empresarial, por força de seu poder discricionário, tem a faculdade de optar ou não pela admissão do candidato submetido à fase de seleção e recrutamento para o emprego. No entanto, no mais como quanto ao exercício de qualquer direito, também o poder discricionário tem seu limite, mormente frente à dignidade da pessoa humana (art. 1º, inciso III, da Constituição Federal). Assim, se é lícito ao empregador contratar ou deixar de contratar quem entender necessário, também é certo que não pode causar danos ao trabalhador no exercício deste direito, como ocorre quando fica por meses de posse da carteira de trabalho do trabalhador, impedindo-o de auferir nova colocação no mercado, mormente quando a devolução da CTPS ocorre apenas com a intervenção do Ministério Público do Trabalho. TRT 12ª Reg. RO 00105-2008-029-12-00-0 — (Ac. 2ª T. 4.12.08) — Red. Desig. Juíza Teresa Regina Cotosky. TRT-SC/DOE 10.3.09. Data de Publ. 11.3.09. (Suplemento de Jurisprudência LTr n. 19/2009, p. 147).

DANO MORAL

Abuso processual

Uma nova interpretação da Justiça do Trabalho vem ocorrendo com relação ao uso abusivo pelas partes, por seus advogados, no tocante a atos processuais sabidamente procrastinatórios.

Até então, o que ocorria era a aplicação da litigância de má-fé bem como a consideração de atos atentatórias à dignidade da justiça, com as punições previstas no CPC para os abusos merecedores de tais gravames.

A partir de algum tempo a esta parte, no entanto, além das citadas punições tem o Judiciário entendido que deve haver a reparação por indenização de dano moral pelo cometimento de abuso processual.

É que, em havendo o uso abusivo de expressões ofensivas, ou, o que é mais comum, de reiterados recursos sem a necessária justificativa judicial, ocorrerá o abuso do direito de se expressar ou de usar de meios inadequados e impróprios para a defesa da pretensão posta em Juízo, com observância exata das leis e sobretudo, dá ética processual.

Essa matéria faz parte da 3ª edição do Dano moral — Múltiplos aspectos na Relação de Trabalho, em um capítulo específico, obra esta redigida em parceria com o *Melchíades Rodrigues Martins*.

Nesse sentido é o acórdão cuja Ementa segue transcrita:

Abuso processual. Indenização por dano social. Fixação fora dos limites da litigância de má-fé (arts. 16/18 do CPC) e ato atentatório ao exercício da jurisdição (art. 14, do CPC). As repercussões jurídicas fixadas na lei processual, por óbvio, não representam um salvo conduto para que os sujeitos do processo possam, extrapolando os limites do seu direito subjetivo, ferir as regras jurídicas da relação jurídica básica. Em outras palavras, a aplicação dos efeitos específicos da lei processual não eliminam as repercussões na esfera da relação jurídica básica. Ser contrário a esta idéia é o mesmo que acreditar que o fato de se verem riscadas as expressões injuriosas nos escritos juntados ao processo, é o efeito único que se possa atribuir para tal ato. Da mesma forma, mesmo os atos definidos na lei processual como "atentatório ao exercício da jurisdição", "litigância de má-fé" e "atentatório à dignidade da Justiça" não gerarão os efeitos restritos fixados na lei processual, pois os mesmos atos podem atingir a esfera da relação jurídica básica. O próprio Jorge Americano, tratando da questão sob outro prisma, já admitia a indenização por dano moral pelo exercício abusivo da demanda (Do Abuso do Direito no Exercício da Demanda, São Paulo, Casa Vanorden, 1923, pp. 110-112), não se podendo conceber que quanto ao aspecto da imposição da ética processual o direito tenha regredido. TRT 15ª Reg. (Campinas/SP) RO 0920-2005-119-15-00-1 — (Ac. 40039/07-PATR, 12ª C.) — Rel. Juiz Jorge Luiz Souto Maior. DJSP 24.8.07, p. 145. (Suplemento de Jurisprudência LTr n. 37/2007, p. 289)

Ação de indenização por danos morais e materiais decorrentes de acidente do trabalho proposta por herdeiros do empregado falecido. Competência da Justiça do Trabalho

A dúvida levantada em matéria de competência sobre qual a Justiça Competente, se a Comum ou se a do Trabalho, foi dirimida pelo Supremo Tribunal Federal, na plenitude de sua composição, em 3.6.09.

Tal competência exsurgiu da Emenda Constitucional n. 45/04, eis que até então era a Justiça Comum a competente porque os autores dessas ações não eram, obviamente, empregados.

A Ementa da decisão do Conflito de Competência, pelo STF, e que dirimiu a dúvida geradora do Conflito entre a Justiça Comum e a Justiça do Trabalho é a que segue:

Conflito de Competência. Constitucional. Juízo estadual de Primeira Instância e Tribunal Superior. Competência originária do Supremo Tribunal Federal para solução do conflito. Art. 102, I, "o", da CB/88. Justiça Comum e Justiça do Trabalho. Competência para julgamento da ação de indenização por danos morais e materiais decorrentes de acidente do trabalho proposta pelos sucessores do empregado falecido. Competência da Justiça Laboral. 1. Compete ao Supremo Tribunal Federal dirimir o conflito de competência entre Juízo Estadual de primeira instância e Tribunal Superior, nos termos do disposto no art. 102, I, *o*, da Constituição do Brasil. Precedente [CC n. 7.027, Relator o Ministro Celso de Mello, DJ de 1.9.95] 2. A competência para julgar ações de indenização por danos morais e materiais decorrentes de acidente de trabalho, após a edição da EC n. 45/04, é da Justiça do Trabalho. Precedentes [CC n. 7.204, Relator o Ministro Carlos Britto, DJ de 9.12.05 e AgR-RE n. 509.352, Relator o Ministro Menezes Direito, DJe de 1º.8.08]. 3. O ajuizamento da ação de indenização pelos sucessores não altera a competência da Justiça especializada. A transferência do direito patrimonial em decorrência do óbito do empregado é irrelevante. Precedentes. [ED-RE n. 509.353, Relator o Ministro Sepúlveda Pertence, DJ de 17.8.07; ED-RE n. 482.797, Relator o Ministro Ricardo Lewandowski, DJe de 27.6.08 e ED-RE n. 541.755, Relator o Ministro Cézar Peluso, DJ de 7.3.08]. Conflito negativo de competência conhecido para declarar a competência da Justiça do Trabalho. STF CC7545/SC — (Ac. TP, j. 3.6.09) — Rel. Min. Eros Grau. DJe/STF n. 152, 13.8.09 (Div.). (In Suplemento de Jurisprudência LTr n. 41/2009, p. 322).

Acidente de trabalho. Hipótese que não gera direito à reparação civil

A Lei n. 8.213/91, em seu art. 21, inciso IV, equipara o acidente ocorrido entre o local de trabalho e a residência ou vice-versa, ao acidente de trabalho.

Tal equiparação gera apenas ao acidentado, nessa condição, os direitos previdenciários, relacionados com o infortúnio, como problema de saúde.

Por via de consequência, não acarreta ao empregador a obrigação de nenhuma reparação de natureza civil, tal como a de material e moral, eis que inexistente o nexo de causalidade entre a conduta do empregador e o dano sofrido em razão dessa modalidade acidentária.

Nesse sentido o julgamento do TRT/12ª Região, cuja ementa segue transcrita:

Acidente do trabalho ocorrido no percurso entre o local de trabalho e a residência - Ausência de responsabilidade civil do empregador. A Lei n. 8.213/91, em seu art. 21, inciso IV, equipara ao acidente do trabalho, para fins previdenciários, o sinistro que acomete o empregado no trajeto entre a sua residência e o local de trabalho, e vice-versa. Entretanto, referida equiparação deve ser levada a efeito somente para fins previdenciários, o que gera o direito aos respectivos benefícios, não acarretando, por si só, o direito à reparação de natureza civil por danos morais e materiais decorrentes de acidente de trabalho, para a qual faz-se mister a existência de nexo de causalidade entre a conduta do empregador e o dano ocorrido. TRT 12ª Reg. RO 01546-2007-024-12-00-7 — (Ac. 3ª T., 10.6.08) — Rel. Juiz Gerson Paulo Taboada Conrado. TRT-SC/DOE 24.6.08. (Suplemento de Jurisprudência LTr n. 34/2008, p. 2)

Acidente de trabalho. Morte de empregado. Indenização por dano moral e material. Construção civil. Responsabilidade objetiva

A decisão do TRT 17ª região, cuja Ementa será divulgada neste artigo, demonstra claramente o que vem sendo entendido pelos Tribunais do país no tocante à questão da responsabilidade civil, no caso de dano causado a empregados.

Assim, será subjetiva a responsabilidade civil se houver nexo causal entre a ação ou omissão do agente que tenha causado o dano e a culpa do agente.

Ao revés será objetiva a responsabilidade se o dano é incontestável, como na hipótese de morte em atividade da construção civil, seguramente de risco.

No primeiro caso, haverá necessidade de se provar negligência ou imprudência da empresa. Já no segundo, a prova independerá de tais requisitos configuradores da culpa, porque estará ocorrendo uma atividade de risco inclusive pela constatação do chamado nexo técnico epidemiológico existente na construção civil pelo risco que lhe é inerente, e que se estabelece entre a relação da atividade da empresa e o motivo da incapacidade.

Para as empresas construtoras, vale a leitura da ementa que publicamos a seguir pelo que ela contém de ensinamento e advertência:

Acidente do trabalho. Morte do empregado. Indenização por dano moral e material. Condenação mantida. 1) Responsabilidade subjetiva. Configuração. No caso da responsabilidade civil subjetiva, há que se comprovar o dano, o nexo causal entre a ação ou omissão do agente que tenha redundado no dano e a culpa do agente. No presente caso, o dano é inconteste, haja vista que não há controvérsia sobre a certeza da morte do empregado. O nexo causal também está presente. Diferentemente do sustentado pela empresa, não houve culpa exclusiva da vítima para romper o nexo entre o dano e a conduta do agente causador. A culpa da empresa ficou fartamente demonstrada pelos elementos probatórios carreados, demonstrando que dificilmente há acidentes de trabalho apenas por falha no *modus operandi* da empresa. É preciso uma série de erros para se ter um evento grave ou fatal, como constatado no presente caso. A negligência da empresa é patente e injustificável. 2) *Responsabilidade Objetiva. Construção Civil. Atividade de Risco.* Por outro lado, há que se sublinhar a existência de forte corrente doutrinária que, acertadamente, entende aplicável ao direito do trabalho a previsão do parágrafo único do art. 927 do CCB/02, que dispõe sobre a obrigação de reparar o dano, independentemente de culpa, nos casos especificados em lei, ou quando a atividade normalmente desenvolvida pelo autor do dano implicar, por sua natureza, risco para os direitos de outrem. No caso presente, o trabalho em local elevado com a possibilidade de queda já demonstra o risco da atividade desenvolvida pelo réu, sendo o infortúnio mera decorrência dos riscos a que ficam expostos os empregados nessas atividades. A própria atividade de construção civil é responsável por grande número de sinistros e representa exposição a risco além daqueles que cotidianamente qualquer pessoa está sujeita. Mesmo em se tratando de risco advindo do trabalho, há um risco intrínseco e peculiar a essa função, além daqueles a que trabalhadores em áreas administrativas são submetidos. Basta constatar que o evento gerador do acidente decorreu de uma atividade em relação a qual trabalhadores de outras áreas não estão expostos. Além disso, o próprio art. 932 do CCB/02 prevê a responsabilidade objetiva dos empregadores pelos atos praticados por seus serviçais ou prepostos, não sendo razoável admitir-se que toda a sociedade estaria protegida por esta norma, salvo os seus empregados, justamente aqueles que ficam mais expostos ao risco do empreendimento. *3) Princípio da dignidade humana. O valor humanista. O homem como fim e não como simples meio, peça, instrumento do sistema capitalista.* Vale aqui lembrar as sábias palavras de *Kant*, o filósofo de Königsberg, no sentido de que o homem existe como fim em si mesmo, não só como meio para o uso arbitrário desta ou daquela maneira. Pelo contrário, em todas as suas ações, tanto nas que se dirigem a ele mesmo, como nas que se dirigem a outros seres racionais, ele tem sempre de ser considerado simultaneamente como fim. O homem não é uma coisa, não é um objeto que pode ser utilizado simplesmente como meio, mas deve ser tido sempre em todas as suas ações como fim em si mesmo. Por isso, é que não se pode dispor do homem para o mutilar, o degradar ou o matar. Em outras palavras: "o trabalho é um meio de ganhar e não de perder a vida. O trabalhador é muito mais valioso (a vida não tem preço!) do que a máquina sofisticada utilizada na empresa e devia receber do empregador, pelo menos, atenção semelhante" (Sebastião Geraldo de Oliveira, *in* "Proteção Jurídica à Saúde do Trabalhador"). TRT 17ª Reg. RO 00286.2007.010.17.00.2 — (Ac. 1116/2008) — Rel Juiz Claudio Armando Couce de Menezes. DO/TRT 17ª Reg., 21.2.08, p. 1.309. (Suplemento de Jurisprudência LTr n. 15/2008, p. 117)

Acidente de trabalho ou doença profissional a ele equiparado – Desnecessidade de comprovação do efetivo prejuízo perante terceiros

A questão em tela refere-se à necessidade ou não, da prova do prejuízo sofrido pelo empregado, em acidente do trabalho.

Nos autos, ficou demonstrado que a reclamante foi, realmente, acometida de doença profissional, ficando impossível a averiguação de síndrome do túnel do carpo, com a comprovação do nexo causal em virtude das atividades exercidas por ela, na empresa.

Ficou provado também que a reclamante em razão disso recebeu auxílio-doença acidentário, o que a isenta de comprovar prejuízo sofrido, mesmo porque ele decorre de sentimentos íntimos que não se extravasam perante terceiros.

A Ementa dessa questão é de decisão da SBDI-I/TST, e é a seguinte:

Ementa: *Recurso de Embargos interposto na vigência da Lei n. 11.496/2007 Dano moral decorrente de acidente de trabalho ou doença profissional. Comprovação do efetivo prejuízo perante terceiros. Desnecessidade.* Cinge-se a controvérsia em se determinar se, nos casos de acidente de trabalho ou doença profissional equiparada a acidente de trabalho, é necessária a prova do efetivo prejuízo sofrido pelo empregado. De acordo com a doutrina e a jurisprudência que vem se consolidando, o dano moral, por se caracterizar como lesão a direitos da personalidade ou bens imateriais do ser humano, afasta a necessidade de efetiva comprovação do prejuízo sofrido, pois se torna extremamente difícil se averiguar os aspectos íntimos das pessoas para se demonstrar o prejuízo efetivamente sofrido. No caso dos autos, é incontroversa a premissa fática de que a Reclamante foi acometida de doença profissional — Síndrome do Túnel do Carpo — , em virtude das atividades desempenhadas na Reclamada, e que, por este motivo, percebeu auxílio-doença acidentário, posteriormente convertido em aposentadoria por invalidez. Dessarte, havendo a comprovação da lesão (doença profissional) e do nexo de causalidade (atividade desempenhada na empresa), não há como se afastar a indenização por dano moral, visto que o dano moral configura-se como um dano *in re ipsa*, ou seja, independe da prova do efetivo prejuízo. Recurso de Embargos conhecido e provido. TST-ERR- 109040-47.2005.5.12.0012 (E-RR-1090/2005-012-12-40.8) — (Ac. SBDI-1) — Relª Min. Maria de Assis Calsing. DJe/TST n. 492/10, 2.6.10, p. 198. (Suplemento de Jurisprudência LTr n. 36/2010, p. 282).

Acidente do trabalho. Agroindústria canavieira. Responsabilidade objetiva

A decisão sobre a matéria em foco, esclarece quando há responsabilidade objetiva do empregador, em casos de acidentes do trabalho.

Assim, não há razão para se saber se houve culpa do empregador, se a atividade permanente da empresa implicar, por sua natureza, risco para outrem, a teor do disposto no art. 927 do Código Civil.

É o caso focalizado pela decisão cuja Ementa será transcrita abaixo, eis que a empresa atua no ramo da indústria canavieira e o reclamante trabalha no manejo da cana-de-açúcar, fazendo jus à indenização por dano moral.

Ementa: Acidente de trabalho. Contrato a termo (safra). Alta médica. Demissão. Estabilidade provisória Inocorrente. O empregado contratado por prazo certo não faz jus a qualquer estabilidade ou garantia de emprego no curso do pacto laboral, em razão da pré-determinação da data do término do contrato de trabalho. Assim, acidente de trabalho ocorrido no curso de contrato de safra suspende seus efeitos até a alta médica, contudo, não obsta o seu término no período aprazado, não prosperando a pretensão obreira à estabilidade provisória assegurada pelo art. 118, da Lei n. 8.213/1991. Recurso reclamada provido no particular. *Dano material. Pensão mensal. Possibilidade. Percentual da capacidade laborativa. Majoração.* Se o Reclamante teve sua capacidade laborativa diminuída, faz jus a indenização prevista no art. 950 do CC de 2002 (1.539 do CC de 1916). Contudo, se não está totalmente incapaz para o trabalho a pensão mensal deve ser fixada proporcionalmente a redução da capacidade laborativa, que na hipótese dos autos é de 25%, conforme fixado pela sentença. Recurso das partes a que se nega provimento, no particular. *Dano moral. Acidente de trabalho. Agroindústria canavieira. Trabalhador rural. Responsabilidade objetiva.* Quando a atividade normalmente desenvolvida pelo empregador implicar, por sua natureza, risco para outrem (CC. Art. 927), a reparação dos danos daí decorrentes deve ser apreciada à luz da responsabilidade objetiva, hipótese em que não se questiona a existência de culpa, porquanto a demonstração do dano e do nexo causal é suficiente para estabelecer a obrigação de indenizar. No caso dos autos, a Reclamada atua no ramo da industria canavieira e o reclamante, no desempenho de suas atividades, sofreu acidente de trabalho quando do manejo da cana de açúcar, incapacitando-o parcialmente ao trabalho. Assim, a natureza do empreendimento, indubitavelmente, oferece risco acentuado à integridade física do trabalhador, portanto, atrai a aplicação da regra prevista no parágrafo único do art. 927 do CC. Nesse contexto, a Reclamada responde objetivamente pela reparação dos danos causados, pois comprovada a ocorrência do acidente, dos danos e do nexo de causalidade com a atividade perigosa por ela desenvolvida. Recurso da reclamada conhecido e não provido. TRT 15ª Reg. (Campinas/SP Proc. 174300-36.2007.5.15.0071 RO — (Ac. 1380/10-PATR, 10ªC.) — Rel. José Antonio Pancotti. DEJT 14.1.10, p. 236. (Suplemento de Jurisprudência LTr n. 15/2010, p. 115).

Acidente do trabalho. Assalto à mão armada. Transporte coletivo. Não responsabilidade por dono causado por terceiro

A decisão proferida pelo TRT, da 18ª Região, sobre a matéria acima destacada traz à tona a lição de que: "para a caracterização do dano material/moral e consequente responsabilização, faz-se mister a conjugação de três requisitos: a ocorrência do dano; a culpa ou o dolo do agente; e o nexo de causalidade entre o dano e o ato lesivo praticado pelo ofensor".

Assim sendo, se o ato lesivo foi praticado por terceiro, como no caso, por assaltante ao ônibus onde se encontrava a empregada, a responsabilidade não pode ser imputada à empregadora, sem sua participação direta pelo evento causador do dano (depressão dor de cabeça, tontura e medo de sair de casa).

A Ementa desta decisão é a seguinte:

"A responsabilidade pelos danos não pode ser imputada à empregadora quando o ato lesivo decorre de 'fato de terceiro' estranho ao contrato de trabalho. Trata-se de causa de exclusão de responsabilidade patronal, equiparada ao caso fortuito e à força maior, que afasta a caracterização da culpa no evento, posto que a ação dos meliantes não pode ser imputada à empresa". (TRT 18ª Região RO 00969-2007-241-18-00-9 — Ac. 1ª T., 18.3.08. Rel. Juíza Marilda Jungmann Gonçalves Daher) *in* Revista LTr 72-07/862.

Acidente do trabalho. Culpa concorrente

Recente decisão do TRT/15ª Região, trata da possibilidade de ocorrer culpa concorrente em ação de indenização por dano moral decorrente de acidente do trabalho.

A concorrência de culpa se dá, como se sabe, quando empregado e empregador agiram com culpa no infortúnio que causou lesão física ao empregado.

Isto porque, ao empregador cabe fiscalizar e exigir que o trabalho a ser executado por seus empregados ou seja na conformidade das normas legais de segurança, cabendo ao empregado obedecer aludidas normas no tocante à execução de seu trabalho, sobretudo se estiver em jogo tarefa ligada a máquinas e equipamentos que ofereçam alguns riscos de acidentes.

Se ficar provado que o empregado agiu com culpa (negligência, imprudência ou imperícia) em acidente de que se torna vítima, em tarefa praticada com falhas de segurança admitidas pela empresa, haverá concorrência de culpas de ambas as partes.

Importante frisar, no entanto, que esse tipo de culpa dos dois lados, não exime o empregador de sua responsabilidade pela lesão causada, apenas influindo na dosagem do valor da indenização devida pelo dano causado (art. 945 de CC/02).

Segue a Ementa da decisão referida:

Indenização. Dano moral. Culpa concorrente. Acidente de trabalho Cabe indenização por dano moral decorrente de acidente de trabalho ocorrido por culpa concorrente, na medida em que ambos, empregador e empregado, concorreram culposamente para o infortúnio causador da perda de parte do dedo anular esquerdo do operário. O empregado deve operar o maquinário com o dispositivo de segurança ativado; o empregador deve fiscalizar e exigir que o trabalho seja executado dentro das regras de segurança. Quando o acidente de trabalho acontece por imprudência do operário que trava o sistema de segurança da desempenadeira, cujo procedimento é de conhecimento da chefia, que negligentemente tolera tal conduta, ambos acabam concorrendo culposamente para o evento danoso. A culpa concorrente não exime a empresa de responsabilidade, conquanto dose o valor da indenização devida, eqüitativamente, a teor do art. 945 do CC/02. Recurso do reclamante provido parcialmente. TRT 15ª Reg. (Campinas/SP) RO 595-2005-027-15-00-3 — (Ac. 21455/07-PATR, 12ª C.) — Rel. Juiz Edison dos Santos Pelegrini. DJSP 18.5.07, p. 55. (Suplemento de Jurisprudência LTr, n. 25/2007).

Acidente do trabalho no trajeto entre a residência do empregado e a empresa. Dano moral inexistente

É certo que a Lei n. 8.213/91, no art. 21, IV, *d* classifica como acidente do trabalho o que ocorre entre a empresa e a residência do empregado, ou vice-versa. Pode ocorrer, inclusive, lesão corporal ou perturbação funcional causadoras de danos ou até morte.

Esse tipo de acidente do trabalho, contudo, não gera direito à indenização ao empregado acidentado, por dano moral, em face da inexistência de dolo ou culpa por parte do empregador, como prevê o art. 7º, inciso XXVIII da Constituição Federal.

Além do mais, nesse caso, não há ação ou omissão do empregador, nem relação de causalidade entre o acidente e o emprego.

Nesse sentido decidiu o TRT/23ª Região, cuja Ementa segue transcrita:

Acidente de trabalho. Trajeto entre a residência do empregado e a empresa. Indenização por dano moral. Ausência de requisitos ensejadores. Não obstante o art. 21, IV, *d*, da Lei n. 8.213/91, classifique como acidente de trabalho o infortúnio sofrido pelo empregado no percurso da residência para o trabalho, ou deste para aquela, que acarrete ao trabalhador lesão corporal ou perturbação funcional que cause danos como morte ou redução permanente ou temporária de sua capacidade laboral, não se há falar em indenização decorrente de dano moral, porquanto a Constituição da República em seu art. 7º, inciso XXVIII, segunda parte, ao versar sobre o acidente de trabalho, assegura ao empregado o direito à indenização pelo empregador quando este 'incorrer em dolo ou culpa.' Ademais o instituto da responsabilidade civil subjetiva impõe restem caracterizados os seguintes requisitos: a) a ação ou omissão do agente; b) relação de causalidade; c) existência de dano; d) dolo ou culpa do agente. No caso em comento, a ocorrência do dano, sem a presença dos demais requisitos, afasta a responsabilidade do empregador. Recurso a que se nega provimento. TRT 23ª Reg. RO 00845.2007.021.23.00-4- (Ac. 2ª T. Sessão: 7/08) — Rel. Des. Maria Berenice. DJE/TRT 23ª Reg., n. 439, Ano 08, 2.4.08, p. 19. (Suplemento de Jurisprudência LTr n. 26/2008, p. 203)

Acidente no trajeto com veículo próprio. Indenização indevida

O fundamento central da decisão que serve de parâmetro para esta manifestação é o de que o empregador não teve nenhuma culpa quanto ao acidente ocorrido durante a utilização de bicicleta de propriedade do empregado, que passou a usa-la por opção própria.

No caso, além disso agiu o empregado com imprudência por ter usado veículo não apropriado em rodovia de tráfego intenso (Via Anchieta).

Assim, não se pode considerar o acidente sofrido como de responsabilidade civil por ato ilícito cometido pelo empregador.

A decisão respectiva consta da ementa a seguir transcrita:

Dano moral e material. Acidente no trajeto. Opção por veículo próprio. Ausência de culpa patronal. Indenização indevida. Se o trabalhador opta por locomover-se em veículo próprio no trajeto residência-trabalho exime o empregador de qualquer culpa quanto a acidente ocorrido no percurso, mormente na situação dos autos, em que restou provado o fornecimento regular do vale-transporte. Além de não comprovada, a alegação de não fornecimento de vales nos dias de folga trabalhada é irrelevante em vista da confissão do autor de que o acidente ocorreu em dia normal de trabalho. Assim, é forçoso concluir que a utilização da bicicleta se deu por inteiro alvedrio do empregado. Não há, portanto, como se atribuir qualquer responsabilidade, decorrente de culpa ou dolo, à reclamada, em face do acidente sofrido no trajeto, decorrente da imprudente utilização de veículo inapropriado em rodovia de tráfego intenso (Via Anchieta), com conversão temerária que redundou no acidente. Revelou-se desidioso o autor, manifestando desapreço pela própria segurança, não podendo a culpa do acidente ser debitada à reclamada. Ainda que o acidente de trajeto pudesse ser considerado para fins previdenciários, não há como imputar a responsabilidade civil por ato ilícito à reclamada, por ausência de provas de que tenha contribuído com culpa ou dolo para evento danoso, ônus que incumbia ao reclamante. TRT 2ª Reg. RO 00737200725302008 — (Ac. 4ªT. 20080722576) — Rel. Ricardo Artur Costa e Trigueiros. DOE/TRT 2ª Reg. 29.8.08, p. 163. (Suplemento de Jurisprudência LTr n. 51/2008, p. 405).

Advertência divulgada no quadro de avisos da empresa. Abuso de poder. Dano moral

O poder disciplinar do empregador há de respeitar a dignidade do empregado, sob pena de ser ilegítimo.

Assim, desde a advertência verbal até a dispensa do empregado, passando pela advertência escrita e suspensões do trabalho por 1, 2 ou 3 dias, não se pode ofender a quem recebe punições em virtude de faltas praticadas, por mais graves que sejam.

O caso ora trazido à baila, refere-se a divulgação no Quadro de avisos da empresa, acessível, portanto, a todos os empregados, de advertência a respeito de serviços prestados a clientes para que a "chamada" servisse de exemplo para os demais.

Essa advertência configura-se dano moral ao empregado citado publicamente.

Veja-se Ementa no Suplemento de Jurisprudência LTr n. 41/2009, p. 323.

Dano moral. A divulgação, no quadro de avisos da empresa, de reclamação de cliente quanto aos serviços prestados pelo reclamante, como motorista, com a advertência de que aquela situação servisse de exemplo para os demais empregados, denota abuso de poder, além de violar a honra do trabalhador. Configurada a conduta lesiva, impõe-se à reclamada reparar o dano moral sofrido pelo empregado, na forma do art. 186 do CC. TRT 3ª Reg. RO 1569/2008-142-03-00.1 — (Ac. 7ª T.) — Relª Desª. *Alice Monteiro de Barros*. DJe/TRT 3ª Reg. n. 267/09, 6.7.09, p. 137.

Advogado destituído do cargo de chefia. Gravame não demonstrado

O dano moral para gerar direito à indenização do empregador, tornou-se uma arma do empregado em quase todos as reclamações trabalhistas, pelas mais absurdas razões.

Um deles é o que consta da Ementa ora apreciada, do TRT/22ª Região, cuja decisão analisa a pretensão do reclamante de forma correta, mesmo que a destituição do cargo de chefia possa ter até uma decisão favorável ao reclamante quanto à ilicitude eventual do fato.

Contudo, inexiste razão para a indenização por dano moral pela ausência de gravame à honra ou à intimidade do obreiro, causando prejuízos psicológicos em razão do ato praticado pelo empregador, ainda que seja ilícito por ser reparável pela Justiça sem o aspecto moral.

A Ementa é a que segue:

Ementa: *Indenização por danos morais. Assédio moral. Advogado destituído do cargo de chefia. Gravame não demonstrado. Não cabimento.* A indenização por danos morais, como a que se postula na hipótese, só se revela possível quando demonstrado o grave prejuízo de ordem moral decorrente de conduta ilegal ou de abuso de poder por parte do empregador. Evidente que a destituição de advogado do cargo de chefia provoca transtornos pessoais ao obreiro. Todavia, não se pode, só por tal fato, entender pela existência de prejuízos psicológicos provocados por ato ilícito do empregador. Necessário, para tanto, que o empregador exponha o trabalhador a situações ridículas e vexatórias, como a difusão pública de faltas cometidas, emergidas de processo investigatório. A indenização por dano moral só tem pertinência quando demonstrado inequívoco gravame à honra e à intimidade do obreiro, bem como quando existir relação de causa e efeito entre essa e ato ilícito da empresa, hipótese não revelada nos autos. TRT 22ª Reg. RO 0102000-63.2008.5.22.0001 — (Ac. 2ª T.) — Rel. Des. Fausto Lustosa Neto. DJe/TRT 22ª Reg. n. 415/10, 5.2.10, p. 35. (Suplemento de Jurisprudência LTr n. 18/2010, p. 139).

Agressão física no ambiente de trabalho. Ausência de culpa do empregador

O caso de que nos ocupamos agora refere-se à agressão física de empregada por outro empregado, em horário e ambiente de trabalho.

A discussão girou em torno da responsabilidade objetiva do empregador, o qual demonstrou não ter culpa na agressão e, por outro lado, ter procedido a todas as providências legais que o caso estava a merecer, como emissão de CAT, acompanhamento do reclamante pelo seu chefe até o IML para os exames físicos e a atenção devida a agredida.

Por tais razões, o TST não conheceu da revista interposta pela reclamante da decisão regional que lhe foi desfavorável, a qual restou mantida por impedimento d Súmula n. 126 em face da necessidade da reavaliação do conjunto probatório.

Veja-se a Ementa respectiva, como segue:

Recurso de Revista. Indenização por danos morais e materiais. Agressão física da empregada ocorrida no ambiente e horário de trabalho por outro empregado da reclamada. Responsabilidade objetiva do empregador. O Tribunal Regional manteve a r. sentença após analisar minuciosamente as provas constantes dos autos, que o levaram à conclusão inequívoca de que não foi comprovada a culpabilidade do empregador na agressão física sofrida pela reclamante, sua empregada, por outro empregado seu, no local e no horário de trabalho. Deixou, registrado que o empregador tomou as providências cabíveis ao caso, no sentido de emitir a CAT (Comunicado de Acidente do Trabalho) informando o ocorrido ao INSS; houve acompanhamento da reclamante pelo seu chefe, logo após o incidente, até o IML para exames físicos; além de proceder a apuração do ocorrido por meio de Comissão de Sindicância, não havendo que falar em ato omissivo da reclamada. Nesse contexto, para chegar-se à conclusão diversa do entendimento a que chegou a Corte de origem, soberana na análise das provas constantes dos autos, seria necessário a reavaliação de todo o conjunto probatório, que impedido pela Súmula n. 126, em face de sua natureza extraordinária, restando inviável, ainda, a análise da questão pelo critério de divergência jurisprudencial. Portanto, não havendo comprovação nos autos da culpabilidade do empregador, não há falar em indenização por reparação de danos, permanecendo incólumes os arts. 5º, V e X, e 7º, XXII, da CF, 186, 927, 932 e 954, do CCB/2002. Recurso de revista não conhecido. TST-RR-11120/2005-016-09-00.1 — (Ac. 8ª T.) Rel. Min. Guilherme Augusto Caputo Bastos. DJe/TST n. 178/09, 19.2.09 (div.), p. 931. (Suplemento de Jurisprudência LTr, n. 18/2009, p. 141)

Agressões mútuas. Não cabimento

No processo que deu origem à decisão em causa, a prova dos autos revelou ter havido agressões recíprocas entre duas pessoas.

Essa prova revelou-se com a confissão de uma delas reconhecendo que foi ela quem começou com as agressões verbais por meio de celular.

Se assim não tivesse ocorrido, seria preciso que uma delas provasse que foi injustamente agredida e que apenas reagiu, como legítima defesa, para sustentar o dano moral.

Segue Ementa da decisão do TRT/24ª Região, publicada no Suplemento de Jurisprudência LTR n. 50/2009, à p. 394:

Dano moral. Agressões verbais recíprocas. Não cabimento. 1. Se duas pessoas se agridem reciprocamente, nenhuma delas poderá exigir da outra uma indenização por danos morais, salvo se provar que foi injustamente agredida e que apenas reagiu, nos limites do necessário ao exercício da legítima defesa. 2. No caso presente, entretanto, a trabalhadora reconhece que foi ela própria quem iniciou as agressões verbais, por meio de mensagem de celular. 3. Assim agindo, perdeu toda a razão e já não pode reclamar por danos morais em razão de posterior agressão da mesma ordem. 4. Recurso não provido por unanimidade. TRT 24ª Reg. n. 1499/

2008-5-24-0-9-RO. 1 — (Ac. 1ª T.) — Rel. Des. Amaury Rodrigues Pinto Junior. DJU/TRT 24ª Reg. n. 313/09, 10.9.09, p. 48.

Agressão sofrida por empregado no local de trabalho, por outro colega

De conformidade com o que dispõe os arts. 186 e 932, III do Código Civil vigente a responsabilidade é do empregador que por ação ou omissão voluntária, negligência ou imprudência, violar direito e causar dano a outrem, por si ou por seus empregados, serviçais e prepostos, no exercício do trabalho que lhes competir, ou em razão deles.

Provada a ofensa fica demonstrado o dano moral por força de presunção natural, se a vítima teve seu nome aviltado ou sua imagem maculada, prescindindo de outras provas.

Contudo, nem sempre as ofensas dos empregados são causadoras de responsabilidade por parte do empregador.

A ementa a seguir transcrita dá-nos uma hipótese de que o empregador não tem a responsabilidade por indenização por agressão sofrida por empregado, a saber:

Recurso ordinário. Dano moral. Não há direito à indenização por dano moral, calcada em culpa e negligência do empregador, quando a agressão sofrida pelo reclamante no local de trabalho, por outro colega, se deu em razão de rixa da qual a empresa não tinha conhecimento. Ademais, se o autor foi socorrido por outro empregado e levado ao hospital no automóvel do gerente não resta configurada qualquer negligência ou omissão. Por fim, se o agressor foi imediatamente dispensado e o reclamante continuou trabalhando por mais alguns meses, tem-se que foi mantida a ordem no local de trabalho. Recurso ordinário a que se nega provimento. (*In* Suplemento de Jurisprudência LTr n. 32/2008, p. 251).

Alteração contratual danosa. Redução de comissões

O art. 468 da CLT é o dispositivo da CLT que rege as alterações contratuais, nos seguintes termos:

"Nos contratos individuais do trabalho só é lícita a alteração das respectivas condições, por mútuo consentimento, e, ainda assim, desde que não resultem, direta ou indiretamente, prejuízos ao empregado, sob pena de nulidade da cláusula infringente desta garantia".

Este é o comando legal de cunho protetivo ao empregado, para que não fique ao sabor das conveniências da empresa, sempre na mira de maiores lucros.

As alterações que reduzem em prejuízo para o empregado são nulas, ainda que venham a ser ajustadas de comum acordo e que o prejuízo seja indireto.

São mais freqüentes quando o empregado percebe seu salário mediante comissões auferidas por percentuais sobre as vendas ou metas realizadas.

No caso que estamos examinando, houve permissão do empregador para que o trabalhador reduzisse os preços da tabela de vendas, com a redução consequente do percentual da comissão.

O TRT/2ª Região, conforme Ementa que será transcrita abaixo, entendeu que, nesse caso, o empregado sofrerá visível redução em seus salários, ainda que as vendas, em razão da redução dos preços da tabela tenham aumentado, tendo em vista que as receitas da empresa também aumentaram.

A redução do percentual da comissão ainda que, na hipótese tenha proporcionado maior volume de vendas, revela-se danosa ao empregado a teordo disposto no art. 468/CLT.

Redução do percentual das comissões. Violação ao art. 468 da CLT. Afigura-se irrelevante a concordância do trabalhador com as alterações que venham a reduzir os percentuais de suas comissões, uma vez que constituem atos unilaterais do empregador, sendo verdadeiros "contratos de adesão", contra os quais nada pode fazer, embora ciente dos prejuízos salariais que terá de suportar. Na verdade, a permissão do empregador de que o trabalhador reduza os preços de tabela das vendas, com a consequente diminuição do percentual incidente afigura-se questionável sob todos os pontos de vista, mormente por implicar sacrifício da comissão recebida pelo obreiro, que terá de arcar com uma dupla redução de seus ganhos. Se por um lado as vendas dos produtos são aumentadas e, da mesma forma, as receitas da empresa, de outro, o trabalhador é onerado duplamente, o que revela uma atitude no mínimo desleal por parte do empregador, invertendo toda a lógica do Direito laboral. A variação dos salários é natural no âmbito do sistema de comissões, uma vez que o percentual é calculado com base em ganhos variáveis, porém, a redução desse percentual consiste alteração contratual danosa e, portanto, inaceitável, nos termos do que dispõe o art. 468 da Consolidação das Leis do Trabalho. TRT 2ª Reg. RO 02337200304002000 — (Ac. 12ª T. 20060352285) — Relª Juíza Vania Paranhos. DJSP 30.5.06, p. 21. (Suplemento do Jurisprudência LTr 31/2006 — p. 241/242)

Arbitramento da condenação por dano moral. Requisitos necessários

A questão relacionada com o arbitramento judicial no tocante aos julgamentos de ocorrência do dano moral deve ser analisada criteriosamente para atender a compensação do lesado e para aplicar uma sanção ao responsável pela lesão sofrida.

A Ementa da decisão a ser transcrita, do TRT/15ª Região, dá-nos os requisitos necessários para que o arbitramento judicial seja o mais equilibrado possível.

São eles: 1) condições econômicas e sociais das partes; 2) a gravidade da lesão; 3) sua repercussão; e 4) as circunstâncias fáticas, como o tempo de serviço e o valor do salário.

Segue a Ementa em foco:

Dano moral. Arbitramento. Sistema aberto. Consideração de elementos essenciais inerentes às partes e as circunstâncias fáticas envolvidas. Caráter, além de compensatório, sancionatório. O arbitramento da condenação por dano moral deve ter um conteúdo didático, visando tanto compensar a vítima pelo dano — sem, contudo, enriquecê-la — quanto punir o infrator, sem arruiná-lo. O valor da indenização pelo dano moral não se configura um montante tarifado legalmente, mas, segundo a melhor doutrina, observa o sistema aberto, no qual o Órgão Julgador leva em consideração elementos essenciais, tais como as condições econômicas e sociais das partes, a gravidade da lesão e sua repercussão e as circunstâncias fáticas, como o tempo de serviço prestado ao reclamado e o valor do salário percebido. Assim, a importância pecuniária deve ser capaz de produzir-lhe um estado tal de neutralização do sofrimento impingido, de forma a "compensar a sensação de dor" experimentada e representar uma satisfação, igualmente moral. Não se pode olvidar, ainda, que a presente ação, nos dias atuais, não se restringe a ser apenas compensatória; vai mais além, é verdadeiramente sancionatória, na medida em que o valor fixado a título de indenização reveste-se de pena civil. TRT 15ª Reg. (Campinas/SP) RO 00088-2007-141-15-00-6 — (Ac. 19003/09-PATR, 4ª C.) — Rel. Luís Carlos Cândido Martins Sotero da Silva. DOE 7.4.09, p. 14. (Suplemento de Jurisprudência LTr. n.18/2009, p. 141/141)

Assalto durante a viagem a trabalho. Incabível a indenização

A hipótese ora examinada é a de empregado que não portava, nem transportava bens da empregadora e, assim, não se expôs a riscos por conta da atividade exercida.

Na verdade, os bens que perdeu em razão de assalto procedido durante sua viagem, ainda que a trabalho eram seus, estando, portanto, sujeito como qualquer pessoa a esse tipo de atuação criminosa.

A reclamada, desta maneira, não agiu com culpa, sendo indevida a indenização pretendida.

Desse modo foi o julgamento do processo, cuja Ementa transcrevemos abaixo:

Indenização. Assalto durante viagem a trabalho. Incabimento No caso concreto, reclamante não era portador, nem transportava bens inerentes ao patrimônio da reclamada, de forma que não se expôs a riscos desta natureza por conta específica da atividade exercida. Os bens subtraídos durante o sinistro eram do seu patrimônio pessoal e nesse caso estava sujeito, como qualquer pessoa comum, a ser vítima de uma ação imprevisível como esta. O fato de a possibilidade de assaltos não ter sido totalmente afastada não leva à conclusão de que a reclamada agiu com culpa, vez que a responsabilidade pela segurança pública é dever do Estado, e não do empregador. Indevida, assim, a indenização pretendida. TRT 9ª Reg. RO-1278/2007—513-09-00.7 — (Ac. 4ª T.) — Rel. Sérgio Murilo Rodrigues Lemos. DJe/TRT 9ª Reg. n. 243/09, 1º.6.09, p. 46. (Suplemento de Jurisprudência LTr n. 37/2009, p. 290).

Assalto. Funcionária de posto de gasolina mantida sob a mira de arma de fogo. Responsabilidade objetiva do empregador

A impressão que se possa ter dessa matéria é a de que casos como este não gerariam responsabilidade do empregador se praticados em suas dependências, e em horário de trabalho.

A Ementa a ser publicada, do TRT/2ª Região, deixa claro, no entanto, que a circunstância de o assalto ser alheio à vontade do empregador não elide sua responsabilidade, que é objetiva, a teor do disposto no art. 2º, § 2º, da CLT e do art. 927, parágrafo único do Código Civil, dando ensejo ao dano moral.

É que além dos custos do negócio, as providências tendentes a reduzir os riscos no ambiente de trabalho devem ser geridos não só com o objetivo de lucro, como também na preservação das pessoas que transitam e laboram no local.

Segue a Ementa em questão.

Dano moral. Assalto. Funcionária de posto de gasolina mantida sob a mira de arma de fogo. Responsabilidade objetiva do empregador. A competência institucional do Estado de garantir a segurança pública (art. 144, da CF) e a circunstância de o assalto ser alheio à vontade do empregador não elidem a responsabilidade objetiva prevista no art. 2º, parágrafo 2º, da CLT e art. 927, parágrafo único, do CC. A atividade desenvolvida pelos postos de gasolina atrai a cobiça dos meliantes, em razão do alto volume de dinheiro gerado diariamente nesse tipo de empreendimento e pela exposição e facilidade de acesso a esse numerário, exigindo do empregador a garantia da integridade física e psíquica dos seus funcionários e da própria clientela. Os danos psicológicos a que é submetido o refém mantido como escudo humano sob a mira de arma de fogo são inegáveis. A violência do ato em si reside em retirar da pessoa a ideia, mesmo que infundada, de segurança dantes existente. A instauração do pânico naqueles minutos cruciais decorre da exposição do trabalhador a riscos para os quais não concorreu. Parte integrante dos custos do negócio, as providências tendentes a reduzir os riscos no ambiente de trabalho devem ser geridas não só com mira no fator financeiro, mas, sobretudo, na preservação do bem maior das pessoas que transitam e laboram no local. Dano moral reconhecido. TRT 2ª Reg. RO 01563200840202005 — (Ac. 8ª T. 20091104143) — Rel. Rovirso Aparecido Boldo. DOe/TRT 2ª Reg. 23.2.10, p. 231. (Suplemento de Jurisprudência LTr n. 18/2010, p. 139).

Assédio processual. Configuração

A matéria em questão vem sendo julgada pelos tribunais em razão de medidas protelatórias tomadas pelas empresas, mormente na fase executória.

No caso da decisão do TRT/23ª Região, sobre a qual estamos tecendo as presentes considerações, o assédio processual está configurado pela utilização de recurso indevido na execução com o propósito de protelar a entrega da prestação jurisdicional ao empregado reclamante e exequente.

Com tal medida reconheceu-se que houve assédio processual por parte da Executada, com a aplicação de multa, nos termos do parágrafo único do art. 14 e do art. 601, ambos do CPC. Contudo, o que há de relevante em casos como este é a ocorrência de dano moral àquele que sofreu o prejuízo da utilização indevida de recursos sabidamente protelatórios.

Segue a Ementa referida :

Sentença líquida.Impugnação aos cálculos.Preclusão temporal. Verifica-se que o agravo de petição busca debater os cálculos de liquidação os quais integraram a sentença prolatada, sendo certo que deveria ter sido atacada por meio processual adequado ao caso, qual seja, recurso ordinário interposto no prazo e forma legal. Não aviado o recurso ordinário, houve o trânsito em julgado da r. sentença em 26.2.08, abarcando os cálculos da liquidação. Agravo de Petição do Executado não provido. *Contraminuta do Exequente. Assédio processual. Configurado.*

Verifica-se que o Executado, intimado da decisão prolatada nos presentes autos, quedou-se inerte, dormitando em seu direito de apresentar Recurso Ordinário. Oportuno assentar que à parte não é dado recorrer simplesmente pelo direito de acionar o Judiciário para analisar sua pretensão. É necessário que essa pretensão esteja ainda em discussão, em evidência para investigação, sem a cobertura do manto protetor da coisa julgada, o que não é o caso. Assevera-se que o Executado interpôs Agravo de Petição enfrentando matéria que não comporta mais debate, agindo consciente desta preclusão temporal, porém imbuído pelo intuito de protelar a execução efetiva da sentença, impondo ao Exequente o 'tempo' desnecessário ao percebimento de seu direito, já amparado por decisão judicial. O inconformismo 'tardio' do Executado com a decisão *a quo* não lhe confere o direito de trazê-lo a esta Corte em momento processual executório, interferindo na marcha processual ordinária do feito e onerando a máquina judiciária em favor de seu interesse particular de adiar a transferência do montante devido ao Exequente. O descumprimento, pelo Executado, da determinação judicial constante da sentença, que lhe rendeu a aplicação de multa de 10%, referenda a constatação de que o Executado tem se oposto à efetiva execução da decisão judicial. Assim, conclui-se que a interposição do presente Agravo de Petição tem tão somente o desígnio de protelar a entrega da prestação jurisdicional ao Exequente, o que, efetivamente, não é compatível com os princípios afeitos a esta Justiça Especializada. Reconhece-se, portanto, que a atitude do Executado afronta aos termos do art. 14, V, e do art. 600, III, ambos do CPC, incorrendo em assédio processual, cabendo a aplicação de multa, nos termos do parágrafo único do art. 14 e do art. 601, ambos do CPC. Pleito do Exequente trazido em contrarrazões, ao qual se dá provimento. TRT 23ª Reg. AP 00105.2005.005.23.00-8 — (Ac. 2ª T.) — Rel. Des. Luiz Alcântara. DOe/TRT 18ª Reg., n. 581, ano 08, 24.10.08 (Div.) p. 36. (Suplemento de Jurisprudência LTr n. 06/2009, p. 43

Assédio processual. Indenização. Cabimento

Existe o assédio processual quando ocorre ato atentatório à dignidade e da justiça mediante atividade temerária da parte com o objetivo de retardar a prestação jurisdicional utilizando-se de meios ilegais e/ou procrastinatórios.

Esse assédio processual é, portanto, do advogado que promete ao seu cliente o maior retardamento possível até o final da execução da condenação que lhe foi imposta. Até há algum tempo tolerou-se essa prática de má-fé porque a Justiça não era tão demorada e porque a utilização dos recursos na forma da lei era aceita pelos juízes e advogados. No assédio processual o ato a lhe dar sustentação é o abuso do direito de recorrer.

No caso cuja ementa será transcrita, o mau uso do recurso de agravo de petição sobre "penhora on line " ocorreu porque estava ela abrigada pelo trânsito em julgado, só atacável por ação rescisória:

Execução. Assédio processual. Indenização. Configuração de ato atentatório à dignidade da Justiça a reiteração de argumentação sobre a ilegalidade de penhora *on line* porque matéria ao abrigo do trânsito em julgado. Assédio processual caracterizado por ato atentatório à dignidade da Justiça e atividade temerária da executada destinada a frustrar a efetividade da prestação jurisdicional. Indenização como medida de caráter educativo objetivando coibir atos que afrontam ao princípio da boa-fé processual que deve nortear todos os atos das partes no processo. TRT 4ª Reg. Proc. 0048800-04.1999.5.04.0731 (AP) — (Ac. 4ª T.) — Red. *Vânia Mattos*. DJe/TRT 4ª Reg. 8.4.10. (In Suplemento de Jurisprudência LTr n. 27/2010, p. 211)

Atraso no pagamento dos salários

É bem verdade que o empregador que deixar de cumprir as obrigações do contento de trabalho para com seus empregados, dá motivo para a rescisão indireta do pacto laboral, com fundamento no art. 483, alínea *d*.

Verdade também é a de que o pagamento dos salários dos empregados, é a obrigação primeira do empregador para com seus empregados, sendo certo que, a teor do disposto no art. 459, da CLT, "o pagamento do salário, qualquer que seja a modalidade do trabalho, não deve ser estipulado por período superior a um mês, salvo no que concerne a comissões, percentagens e gratificações".

Nessa conformidade o atraso habitual do salário constitui mora contumaz acarretando inúmeras penalidades e restrições ao empregador que o motivar, na forma do que dispõe o Decreto-lei n. 368, de 18.12.68.

Recentemente o Tribunal da 9ª Região, proferiu decisão no sentido de que não há necessidade de imediatidade do empregado, ou seja, não será preciso que o empregado se rebele e ingresse com a ação respectiva, no primeiro mês do salário, embora possa agir assim.

Entendeu, também, o TRT/9ª Região, tal atraso configura dano moral ao empregado, como se pode verificar pela transcrição que segue:

Não apresentação de cartões de ponto. Desnecessidade de intimação. Afirmando-se na defesa que todos os horários de trabalho do autor estão assentados nos controles de ponto e havendo omissão da reclamada quanto à apresentação de alguns desses documentos, desnecessária se faz a intimação na forma do artigo 359, do CPC para que se tenha como injustificada a falta de apresentação desses. Por conseguinte, adotam-se os horários declinados na peça exordial quanto aos períodos faltantes. Interpretação do disposto no Enunciado n. 338, do c. TST. *Dano moral. Atraso habitual no pagamento dos salários.* Ocorrendo o pagamento nas mais variadas datas e épocas, é inconteste a incerteza e insegurança vivenciadas pelo trabalhador. A situação angustiante que o reclamante estava obrigado a vivenciar decorria de ato praticado única e exclusivamente pela ré. Daí porque se conclui que o autor sofreu prejuízos de ordem moral por culpa de sua empregadora. A par disso, a habitual inobservância do prazo legal (art. 459-CLT) para o pagamento das verbas trabalhistas devidas ao autor, constitui inegável ato ilícito praticado pela empregadora que, valendo-se do trabalho por ele prestado, sonegava-lhe o salário na época em que deveria ser pago. Inegável, pois, a ofensa à honra e à dignidade do trabalhador, incorrendo a ré em prática de dano moral, haja vista a inviolabilidade desses bens maiores do homem, consagrados na Constituição da República (artigos 1º, III e 5º, X). Ao deixar de pagar oportunamente os salário, gratificações natalinas e as férias ao reclamante, foram-lhe subtraídas parcelas de natureza alimentar, postergando-lhe o direito de ter uma vida econômica, familiar e mental equilibradas, submetendo-o aos desgastes e às delongas da ação judicial. A situação em tela gera abalo de ordem psicológica, social e familiar. Não pode o empregador para fins de furtar-se ao pagamento de haveres trabalhistas, submeter o empregado a situações de stress psicológico, sem incorrer em nítida violação a direito da personalidade

(CF, art. 5º, X) e sem macular o princípio constitucional da dignidade da pessoa humana, insculpido em nossa Carta Constitucional (art. 1º, III) como um princípio fundamental da República Federativa do Brasil. Recurso a que se nega provimento. *Dano moral. Atraso habitual no pagamento de salários. Desnecessidade de imediatidade da reação do empregado.* Havendo habitual atraso no pagamento dos salários por parte da ré, configurado está o dano moral. O argumento utilizado pela empregadora de que não houve imediatidade da reação por parte do empregado com o requerimento da rescisão indireta de seu contrato de trabalho, não afasta a configuração dos danos morais, pois, a meu ver, não se pode exigir que o trabalhador de uma cidade pequena que tem família para sustentar, opte pela rescisão do pacto laboral e assuma o risco de ficar por muito tempo desempregado. Seria exigir o inexigível! Além do que, é muita audácia da empregadora atribuir à vítima de sua ilicitude o ônus da justificada omissão. TRT 9ª Reg. RO 00232-2004-669-09-00-0 — (Ac. 3ª T. 07701/05 — Relª Juíza Rosemarie Diedrichs Pimpão. DJPR 5.4.05, p. 196. (Suplemento de Jurisprudência LTr n. 19/2005, p. 147).

Atraso no pagamento de salários. Configuração

A mora salarial pode configurar dano moral se demonstrado cabalmente o prejuízo advindo do ato patronal perante seus credores ou diante de ameaças concretas de inscrição do nome do empregado no serviço de proteção de crédito.

Por outro lado, o simples atraso que não chega a abalar o crédito do empregado, não é hábil para gerar direito à indenização por dano moral, como consta da decisão cuja Ementa segue transcrita;

Dano moral. Requisitos. Configuração. Ausência. O atraso no pagamento de salários é insuficiente, por si só, à caracterização do dano moral, este capaz de atrair indenização prevista em lei. Para tanto, necessária a demonstração de que o ato patronal criou situação danosa ao empregado perante credores, no mínimo provocando atraso na quitação de suas próprias dívidas e ameaças de inscrição de seu nome dos cadastros de proteção ao crédito. Simples alegação nesse sentido revela-se insuficiente para caracterização do dano e suas relação de causalidade com a mora — ínfima e já purgada — do empregador. Ausentes tais requisitos, improcede o pedido. TRT 10ª Reg. ROPS 01182- 2007-019-10-00-0 — (Ac. 2ª T./08) — Rel. Juiz João Amílcar. DJU 29.2.08, p. 1.028. (Suplemento de Jurisprudência LTr n. 23/2008, p. 179).

Ausência da intenção de fraudar direitos trabalhistas. Não configuração de dano moral

A banalização dos pedidos de indenização por dano moral evidencia-se a cada leitura da jurisprudência dos tribunais trabalhistas.

Imagine-se que empregados dispensados dos serviços regularmente, com todos seus direitos devidamente pagos, movimentam o Judiciário Trabalhista, já assoberbado com problemas mais sérios, pleiteando indenização pelo dano moral da despedida.

Ora, o pedido de dano moral, para ser deferido, há que ser provado no sentido de que o ato ou atos praticados pelo seu empregador causaram-lhe problemas de saúde ou que atingiram sua intimidade ou privacidade, etc.

Não se pode continuar admitindo tais pedidos. Certo seria aplicar a má-fé ou a litigância que lhe dá ensejo, para evitar repetições semelhantes.

Exemplo dessa banalização é a decisão cuja Ementa segue transcrita:

Dano moral. Prova clara. Ausência de intenção da ré de fraudar direitos trabalhistas O dano moral visa proteger os direitos da personalidade, e, portanto deve estar claramente provada a perturbação íntima, dos sentimentos da pessoa, muitas vezes expondo-a a situações publicamente vexatórias ou insuportáveis pela consciência do próprio valor atingido. Nada disso está comprovado nos autos. A intenção de fraudar direitos trabalhistas, por parte da empresa, como alegado na inicial, pode provocar ação específica e julgamento favorável ao autor, mas não dano moral. Além do mais, não restou provada a intenção da ré em prejudicar o reclamante, a ponto de deixar o autor, com problemas psicossociológicos, ou somente psíquicos, ou de desvalorização dos próprios sentimentos e das próprias razões, ou de desconforto social e familiar insuportável. O pedido de dano moral passou a ser na atualidade mais um pedido que acompanha quase todas as ações trabalhistas, sem lastro, sem base, sem arrimo fático-jurídico. Basta o empregado ter seu contrato resilido pela empresa em que trabalha para que se entenda a existência de dano moral. TRT 2ª Reg. RO 01340200547202006 — (Ac. 4ª T. 20080029030) — Rel. Carlos Roberto Husek. DOE/TRT 2ª Reg. 1.2.08, p. 137. (Suplemento de Jurisprudência LTr, n. 14/2008, p. 107)

Brincadeira no trabalho. Ciência do empregador. Culpa recíproca. Dano moral

O caso em questão trata de culpa recíproca ou concorrente com vistas à possibilidade de caracterizar dano moral indenizável pelo empregador.

A hipótese ora sob comento refere-se à ciência que tinha o empregador do costume de seus empregados brincarem uns com os outros no ambiente de trabalho.

Sabendo de tal costume, a empregadora nunca tomou nenhuma medida disciplinar contra referidos empregados, fazendo com que algum deles se ferisse e procurasse a Justiça para reparar o dano sofrido.

Nessa conformidade, a Justiça não atribuiu culpa exclusiva à empregadora, devido à concorrência do empregado na culpa pelo acidente.

A Ementa abaixo é clara e convincente, como segue:

Acidente de trabalho. Brincadeira no trabalho. Ciência do empregador. Culpa concorrente. Estando ciente a empregadora de que o autor tinha o costume de brincar de forma perigosa no ambiente de trabalho, tinha ela obrigação de tomar medida que inibisse seu empregado de continuar agindo de tal forma, advertindo-o formalmente e, até mesmo, se necessário, dispensando- o por justo motivo. Porém, a ré nunca tomou medida alguma, o que leva à conclusão de culpa no evento danoso também de sua parte, ou seja, não há como imputar culpa exclusiva ao autor. *Dano moral. Quantificação.* O dano moral possui natureza jurídica compensatório-punitiva e visa compensar financeiramente a dor sofrida pelo lesado, tendo por finalidade punir o lesante. Assim, o valor arbitrado deve ser quantificado de acordo com o prudente critério do magistrado e não pode ser tão elevado a ponto de gerar um enriquecimento sem causa para o lesado, nem ser tão ínfimo que não sirva de lição ao lesante, para que tenha receio e não mais pratique a conduta lesiva. TRT 17ª Reg. RO 01771.2007.151.17.00.7 — (Ac. 8658/09) — Relª. Desª. Wanda Lúcia Costa Leite França Decuzzi. DJe/TRT 17ª Reg, 21.8.09, p. 19. (Suplemento de Jurisprudência LTr n. 45/2009, p. 354).

Comentários entre empregados

Sobre a matéria em referência, julgou o TRT, da 2ª Região, reclamação em que o reclamante postulou indenização por dano moral, tendo em vista comentários surgidos entre empregados.

A Ementa dessa decisão é a seguinte:

"O empregador não pode responder por comentários surgidos entre empregados, sobre os quais não se estende o respectivo poder diretivo, razão pela qual descabe indenização por dano moral". (TRT/2ª Reg. RO 00324200425502003 — Ac. 2ª T. 20060237966, Relª Juíza Maria Aparecida Pellegrina, DJSP de 9.5.06, p. 40). (Suplemento de Jurisprudência LTr n. 29/2006, p. 228).

Dessa ementa que, em última análise, revela um posicionamento isento e inteligente sobre várias situações criadas por empregados sem que o empregador ou seus prepostos nem sequer saibam, ou que, mesmo sabendo, nada podem fazer, porque alheios ao seu poder disciplinar, ínsito no seu poder de comando.

Dessas situações criadas no ambiente empresarial, brotam expectativas fantasiosas de que o empregador é sempre o responsável por tudo que acontece com seus empregados porque, também, eles não são inerentes à sua atividade empresarial.

Entre assumir os riscos de sua atividade econômico-financeira e eventuais riscos causados por seus empregados entre si, há uma diferença que precisa ser bem delineada pela Justiça do Trabalho, o que infelizmente não tem acontecido.

Veja-se, por bem, exemplo tirado de um processo de reclamação trabalhista em que dois empregados se altercaram com palavras de brincadeira e que foram tidas como ofensivas por um deles, no caso, uma empregada gordinha que era chamada, a título de gozação, de batatinha.

Tal empregada sentiu-se ofendida moralmente e pleiteou, em reclamação trabalhista, reparação indenizatória ao seu empregador pela ofensa que, no seu entender, teria ocorrido.

No caso, se ofensa houve à empregada gordinha, a ponto de sentir-se com direito a uma indenização, tal ofensa elevada a ponto de dano moral teria que ser objeto de ação de indenização dela contra o ofensor, perante o juízo cível, já que, nada tinha a ver com a responsabilidade da empresa por esse ato individual e particular de uma pessoa contra outra, sem nenhuma interferência do poder diretivo da empresa.

É preciso que o Judiciário tenha a sensibilidade necessária para separar o joio do trigo, como auguramos, em norma da JUSTIÇA.

Convocação de empregado para prestar esclarecimento na sala de segurança da empresa. Dano não configurado

Os acontecimentos mais recentes que têm causado assoberbamento das Varas da Justiça do Trabalho, dizem respeito, quase sempre, a pretensões de indenização por danos morais.

Em verdade, banalizou a questão relativa a tais pretensões, por vezes com a ajuda da própria Justiça, muito zelosa e excessivamente protetora da honra e da vida íntima dos trabalhadores.

Há casos que não podem chegar a um bom termo no Judiciário, pela ausência de qualquer ofensa a direitos da personalidade, como o que consta da decisão abaixo transcrita, em que o empregado foi chamado a prestar esclarecimentos numa sala reservada, sobre fato ocorrido durante a jornada de trabalho, sem que com isso resultasse ferida a honra do obreiro:

Dano moral. Configuração. Para a configuração de dano moral passível de reparação, há de haver a comprovação cabal da existência de nexo de causalidade entre a ação atribuída ao empregador e o prejuízo ao patrimônio imaterial do trabalhador, bem como a propagação da conduta desabonadora endereçada ao empregado no âmbito do ambiente de trabalho. Tendo a empregadora preservado a honra e imagem do empregado, a simples convocação do obreiro para prestar esclarecimento, na sala da segurança da empresa, sobre fato ocorrido durante a jornada de trabalho, envolvendo o trabalhador, não enseja a caracterização de dano moral. 2. *Extinção do Contrato de Trabalho.* Extraindo-se do depoimento da autora elementos suficientes para se concluir que o rompimento da relação de emprego deu-se por desinteresse da empregada na manutenção do vínculo, na medida em que ela não mais compareceu à reclamada, tenho por caracterizado o abandono de emprego. 3. Recurso ordinário parcialmente conhecido e provido. TRT 10ª Reg. RO 00538-2006-021-10-00-4 — (Ac. 2ª T./06) — Rel. Juiz Brasilino Santos Ramos. DJU3 24.11.06, p. 42. (Suplemento de Jurisprudência LTr 05/2007 p. 37)

Nenhuma violação foi cometida pelo empregador em face desse empregado, sob pena de se colocar por terra o poder de direção de suas atividades, em nome de pretensas ofensas à honra de seus empregados.

Correspondência eletrônica. Divulgação de conteúdo de cunho particular

Fere o direito à intimidade e à privacidade (art. 5º, X, da CF/88), divulgação constante de correspondência eletrônica se ela for provinda de sistema destinado à comunicação profissional.

No caso em evidência, o trabalhador servia-se dessa correspondência eletrônica destinada ao desenvolvimento de seu trabalho, para fins estranhos à prestação de serviços. Assim, se houver divulgação, de cunho particular, que possa expor o trabalhador a situações vexatórias em virtude de tratar de fatos de sua vida íntima, haverá ofensa ao direito de intimidade e de privacidade.

Nesse sentido julgou o TRT da 9ª Região, com sede em Curitiba/Paraná, cuja Ementa é publicada a seguir:

Dano moral. Correspondência eletrônica. Divulgação de conteúdo de cunho particular. Não obstante aponte a jurisprudência atual para a legalidade do acesso à correspondência eletrônica oriunda de sistema destinado à comunicação profissional, mormente quando o trabalhador utiliza-se da ferramenta eletrônica de trabalho para fins estranhos à prestação laboral, a divulgação do conteúdo, de cunho particular, que exponha o trabalhador a situações vexatórias por evidenciar fatos de sua vida privada, encontra óbice no que preceitua o art. 5º, X, da Carta Magna. A condenação mais se justifica quando se constata que a empresa teve oportunidade de sustar a divulgação, pela ascendência do preposto (art. 923 do Código Civil), preferiu omitir-se, perdurando a violação aos valores íntimos, como menoscabo ao arcabouço constitucional (direito a intimidade e privacidade, art. 5º, X, da CF-88). Condenação por dano moral que se mantém. (TRT 9ª Reg. RO 09575- 2003-006-09-00-8 — (Ac. 2ª T. 5478/07) — Relª Juíza Rosemarie Diedrichs Pimpão. DJPR 19.6.07, p. 250). (Suplemento de Jurisprudência LTr 27/2007, p. 211).

Dano à imagem. Não configuração

Ocorre com acentuada freqüência a divulgação de fotografia de pessoas na *Internet* ou em outros veículos de divulgação, como Revistas, Jornais, Boletim Informativos etc.

Por vezes, como realmente aconteceu, uma pessoa no meio de um grupo, se sobressai numa fotografia que acaba sendo publicado na capa de uma Revista.

Tratando-se de pessoa simples, trabalhadora nas docas de Santos, acaba sendo comentada por colegas com frases dizendo "você ficou importante, heim", "agora você está famoso", e coisas do gênero, sem contudo, nenhum sentido de menosprezo ou de deboche.

O fotografado, no entanto, por insistência de colegas, procurou um advogado e ingressou com uma ação de indenização por danos morais contra a Revista que fez a publicação da foto da qual fez parte por acaso, apenas de forma um tanto destacada.

É evidente a improcedência do pedido feito judicialmente porque não houve dano nenhum à sua imagem quanto à divulgação coletiva, sem texto ofensivo ou de mau gosto, sem gracejos ou coisa parecida.

Tal ocorrência é idêntica àquele que deu origem ao processo tramitado pela 2ª Região, cuja Ementa vai em seguida transcrita:

Dano à imagem. Divulgação de fotografia de pessoas na Internet *ou em outros veículos de divulgação. Exige-se prova do dano à imagem da pessoa* — A divulgação de fotografia de pessoas pelos órgãos de imprensa — *Internet*, jornais, revistas, televisão etc. — é ato que se insere no espírito da atividade jornalística de informação. Não representa por si só dano à imagem da pessoa retratada, salvo se a foto foi lançada num contexto danoso à imagem da pessoa ou se vier acompanhado texto maledicente, ou de mau gosto, carregado de pilhéria ou de maldade em razão do que se vê na foto, com intenção de denegrir a imagem da pessoa, ou ainda com intenção de tirar lucro ou qualquer resultado da imagem veiculada. A simples veiculação de foto do trabalhador em seu ambiente de trabalho não é suficiente para gerar dano à sua imagem. TRT 2ª Reg. RO 02796200304102000 — (Ac. 9ª T. 20050883148) — Rel. Juiz Luiz Edgar Ferraz de Oliveira. DJSP 20.1.06, p. 205. (Suplemento de Jurisprudência LTr, n. 09/2006, p. 67)

Dispensa imotivada. Não configuração

O ordenamento jurídico trabalhista autoriza a dispensa imotivada, em atenção ao direito potestativo do empregador, com o pagamento das chamadas verbas rescisórias previstas para tal hipótese de ruptura do contrato de trabalho.

Ocorre que por vez, a dispensa, mesmo a que é indenizada devidamente, causa traumas e sentimento de perda, até por motivos de distanciamento do local de trabalho e de colegas feitos no decorrer de anos.

Tais distúrbios não decorreram, no caso ora sob comento, das atividades que eram afetas ao empregado, na empresa.

Na verdade, a simples dispensa como direito potestativo do empregador, não pode ser a responsável por quadro depressivo, razão pela qual não se pode ter como ocorrência de qualquer lesão a algum dos bens constitucionalmente garantidos.

A Ementa da decisão da 4ª Turma do TST, é bastante elucidativa, como segue:

I) Indenização por dano moral. Dispensa imotivada. Depressão. Violação dos arts. 421 e 422 do CC, 1º, III, e 5º, V e X, da CF não configurada 1. O dano moral passível de indenização diz respeito à violação da imagem, honra, vida privada e intimidade da pessoa (CF, art. 5º, X). 2. Na hipótese vertente, o pedido de indenização por danos morais foi calcado no fato de a ruptura do contrato de trabalho do Reclamante com a Reclamada ter abalado a sua vida financeira e pessoal, culminando em depressão. 3. O Regional manteve a sentença que indeferiu o pleito, consignando que a rescisão do contrato de trabalho do Reclamante foi lícita, que o distúrbio que acometeu o Autor não decorreu das atividades que desempenhava na Reclamada e que ele se encontrava apto para o trabalho. 4. Diante do contexto fático delineado pelo Regional, não se constata motivo suficiente a ensejar a indenização por dano moral. 5. Com efeito, do preceito constitucional em exame, percebe-se que a violação da honra e da imagem do cidadão está ligada àquela que atinja o âmago da pessoa humana, equiparando-se à violação da intimidade. 6. A CLT autoriza a dispensa imotivada, como legítimo exercício do direito potestativo do empregador de romper o contrato de trabalho, devendo arcar com o pagamento das verbas rescisórias próprias dessa modalidade de dispensa (art. 477). 7. Qualquer dispensa não se faz sem traumas, mas o simples sofrimento moral decorrente da ruptura não autoriza a imposição de indenização por dano moral, pois do contrário se estaria criando nova forma de estabilidade no emprego, calcada na proteção contra o perfeito equilíbrio psicológico do trabalhador. 8. Ademais, estudos demonstram que a depressão é hoje a principal doença mental da terceira idade, sendo também um dos mais importantes sintomas psicológicos que atinge as pessoas na idade adulta, não só por sua grande freqüência, mas também por suas importantes conseqüências sobre todo o organismo. É uma situação que pode se confundir com uma série de doenças. Não é incomum o ser humano mostrar-se vulnerável diante de eventos marcantes que ocorrem no transcurso da sua vida, tais como a desilusão amorosa, a perda de um ente querido, ou, na aposentadoria, fato que altera toda a dinâmica da rotina pessoal do trabalhador.

9. A simples dispensa não pode, no entanto, ser responsabilizada por quadro depressivo, que, no caso, não decorreu da atividade laboral, conforme prova pericial. 10. Assim, em conclusão, não havendo a ocorrência de lesão a algum dos bens constitucionalmente garantidos (intimidade, vida privada, honra e à imagem), não há como prosperar o presente pedido de indenização por dano moral, valendo ressaltar que não encontra amparo no princípio da razoabilidade a tese de que ante o mero rompimento do contrato de trabalho, em caso de não haver motivação para a dispensa, o empregador venha a ser condenado a pagar, além das verbas rescisórias próprias da dispensa imotivada (que já é uma sanção), a indenização por danos morais, na medida em que a eventual depressão decorrente de dispensa não autoriza dano moral. Agravo de instrumento desprovido. TST-AIRR-11.627/2000-651-09-40.1 — (Ac. 4ª T.) — 9ª Reg. — Rel. Min. Ives Gandra Martins Filho. DJU 10.8.07, p. 1.314. (Suplemento de Jurisprudência LTr 41/2007, p. 321/322)

Dispensa por justa causa. Ato de improbidade. Não comprovação

Sabe-se que o dano moral pressupõe prejuízo à imagem, à honra ou à boa forma do empregado, do ponto de vista pessoal e social.

No caso em referência, decidiu a SBDI-I, do TST, que se o ato de improbidade, que motivou a dispensa por justa causa, não teve publicidade, impossível a configuração do dano moral.

Contudo, adverte a decisão que se houve instauração de inquérito policial para apuração da eventual improbidade, haverá ofensa à honra do trabalhador dada a inafastável publicidade do ato levado à apuração policial para dar sustentação a possível processo judicial.

Correta a decisão que será transcrita abaixo.

Contudo, é bem de ver, que se o ato improbidade atribuído ao empregado, teve repercussão interna na empresa entre colegas seus de serviços, o que, quase sempre, repercute por todo o ambiente de trabalho, entende-se quem nem há necessidade para o inquérito policial para configurar o dano moral.

Segue a decisão referida:

Dano moral. Dispensa por justa causa. Ato de improbidade. Não comprovação. Inquérito policial. 1. Pedido de indenização por danos morais formulado por empregado, em razão da não comprovação em Juízo da acusação de ato de improbidade, a ensejar a sua dispensa por justa causa. 2. A ausência de comprovação do alegado ato de improbidade não traduz, por si só, dano moral. A caracterização do dano moral pressupõe, necessariamente, a existência de prova inequívoca de prejuízo à imagem, à honra ou à boa fama da pessoa, do ponto de vista pessoal, familiar e social. 3. Configura-se o dano moral se, além da dispensa do empregado em virtude de suposto ato de improbidade não comprovado, há também a instauração de inquérito policial em decorrência do mesmo fato. A inafastável publicidade daí oriunda atinge de forma indelével a honra da pessoa. 4. Embargos do Reclamante conhecidos, por violação ao art. 5º, incisos V e X, da Constituição Federal e ao art. 159, do Código Civil de 1916, e providos para restabelecer a sentença condenatória de origem, no particular. TST-E-RR-1.197/2000-032-12-00.1 — (Ac. SBDI1) — 12ª Reg. — Red. Desig. Min. João Oreste Dalazen. DJU 29.4.05, p. 580. (Suplemento de Jurisprudência LTr n. 22/2005, p. 171).

Divulgação de dispensa sem justa causa

Como se sabe, o problema de dano moral gerando indenização por parte de quem pratica algum ato ofensivo à honra ou à imagem de outrem, é o que mais tem ocupado o Judiciário.

É preciso, contudo, separar o joio do trigo, eis que nem sempre uma divulgação de dispensa sem justa causa de um empregado pode ensejar a procedência de uma ação de indenização por dano moral.

Efetivamente, será preciso que em havendo comentários no âmbito da empresa de que um determinado empregado foi dispensado sem justa causa, não quer dizer, normalmente, que tenha havido divulgação ofensiva à sua honra ou à sua imagem.

É que o fato decorre do poder potestativo do empregador de dispensar seus empregados, se não houver mais necessidade de sua permanência no emprego, e desde que não haja algum fator impeditivo para a dispensa decorrente das leis trabalhistas, previdenciárias ou convencionais.

A dispensa em si, sendo normal, é legítima. Comentários feitos por colegas no âmbito da empresa acerca da mesma, não constituirá divulgação ofensiva ao dispensado.

É nesse sentido a decisão cuja Ementa segue adiante:

Danos morais. Dispensa injusta. Divulgação. Direito potestativo do empregador. Sabe-se que empregador possui o direito potestativo de dispensar sem justa causa o empregado, salvo se estiver em gozo de benefício previdenciário (auxílio-doença comum, auxílio-doença acidentário, aposentadoria por invalidez) e de alguma estabilidade prevista em lei ou em instrumento normativo, caso em que ela poderá ocorrer apenas por justo motivo. Por conseguinte, como o reclamante não era portador destas garantias, a divulgação, no âmbito da empresa, da ruptura imotivada do contrato de trabalho, não enseja indenização por danos morais, já que o ato foi praticado no exercício regular de um direito reconhecido. Contrariamente, seria devida se a notícia da dispensa injusta viesse atrelada à imputação de prática de ilícito penal não comprovado. TRT 3ª Reg. RO 00008-2005-103-03-00-0 — (Ac. 1ª T. — Rel. Juiz Márcio Flavio Salem Vidigal. DJMG 27.1.06, p. 3. (Suplemento de Jurisprudência LTr n. 08/2006, p. 59).

Documento falsificado pelo empregador aposentado em juízo contra o empregado

No caso em exame, o empregador apresentou, em juízo, pedido de demissão do empregado não elaborado por ele, para deixar de lhe pagar verbas rescisórias.

A prova da falsidade desse documento foi a grafotécnica comprovando a falsificação havida por meio da utilização da assinatura do empregado aposta em outro documento.

Essa atitude tomada pelo empregador não configura mera deslealdade processual ocasionando lesão de ordem moral por ferir direitos da personalidade, eis que a assinatura de uma pessoa é sua identificação na vida pessoal.

Caracterizada ficou também a litigância de má-fé, além da exposição do empregado a uma situação humilhante.

O dano moral resultou de todo esse conjunto de lesões à honra e a dignidade do trabalhador, cabendo ao empregador a reparação pecuniária indenizatória.

Segue, a esse propósito, a seguinte decisão:

Documento falsificado pelo empregador, apresentado em juízo contra o empregado, caracteriza dano moral. A falsificação de pedido de demissão, elaborada pelo empregador, confirmada por perícia grafotécnica, transcende a mera deslealdade processual, ocasionando lesão de ordem moral, que não se resolve pelo simples pagamento das verbas rescisórias artificiosamente sonegadas, ainda que acrescidas de indenização por litigância de má-fé. A assinatura insere-se na esfera dos chamados direitos da personalidade, pois é a marca, desenho ou modelo próprio de alguém, capaz de identificá-lo na vida social. Ao se apoderar desse sinal de identificação personalíssimo do empregado, para usá-lo contra o próprio trabalhador, negando-lhe em conseqüência as verbas rescisórias e apresentando-o como "prova", em ato público, que é a audiência de instrução e julgamento, a empresa agrediu moralmente o reclamante, expondo-o a situação degradante e humilhante. Como o empregador, fez uso de atributo da personalidade do empregado, valendo-se de farsa, que só foi desmoralizada por meio de perícia técnica, incorreu na prática delituosa de ofensa a integridade moral do empregado, cuja única reparação possível é a pecuniária. TRT 2ª Reg. AI 00791200302402008 — (Ac. 4ª T. 20050441340) — Rel. Juiz Paulo Augusto Camara. DJSP 15.7.05, p. 337. (Suplemento de Jurisprudência LTr n. 33/2005, p. 260)

Doença profissional. Diagnóstico. Competência exclusiva do INSS

Administrativamente e, por via de consequência, também judicialmente, o enquadramento de doença ou acidente sofridos no trabalho, é de competência do INSS (art. 20 da Lei n. 8.213/91).

A razão da titularidade dessa competência está nos benefícios previstos pela legislação quanto aos segurados e dependentes, não só dos auxílios-doença e acidente, bem como de aposentadoria e/ou pensão por morte.

Legalmente, não há como deixar de lado esse direito do trabalhador e a respectiva obrigação do INSS na condição de segurador Oficial, considerando-se ainda a necessidade da reabilitação profissional, prescrita e custeada pelo referido órgão.

No caso da estabilidade acidentária a que se refere o art. 118, da Lei n. 8.213/91, fica bastante clara a competência do INSS para o diagnóstico e conclusão do exame médico oficial, eis que a estabilidade só pode ocorrer após a cessação do auxílio-doença acidentário, auxílio esse que só é devido depois da constatação do acidente pelo segurador.

Assim, não cabe à Justiça do Trabalho, julgar perícia realizada em processos movidos por empregados, por absoluta falta de competência para a realização pericial fora da esfera de comando do INSS, conforme bem fundamentada decisão proferida pelo TRT/12ª Região:

Doença profissional. Diagnóstico de competência exclusiva do INSS. A competência para enquadramento da doença sofrida pelo autor como acidente do trabalho é exclusiva do INSS, conforme o disposto no art. 20 da Lei n. 8.213/91, salvo provimento judicial em contrário. Assim, tendo a entidade autárquica deferido ao trabalhador apenas o auxílio-doença, não caracterizando o seu problema de saúde como decorrente de doença profissional equiparada a acidente do trabalho, não há falar em direitos oriundos dessa premissa nesta esfera judicial. (Suplemento de Jurisprudência LTr n. 48/2009, p. 380/381)

Dor física ou psicológica do lesado. Prova de seu sofrimento. Não configuração

Para que haja dano moral será preciso que haja lesão ao patrimônio psíquico ou ideal da pessoa.

Esse dano, por via de consequência, atinge os direitos da personalidade da pessoa, nela configurada a violação à intimidade, à honra e à imagem.

Exsurge daí a indagação de como definir o que só sabemos sentir?

Como provar o sofrimento?

Por isso vale a pena refletir sobre a decisão cuja Ementa segue abaixo:

Recurso ordinário. Dano moral. O dano moral corresponde à lesão ao patrimônio psíquico ou ideal da pessoa, conforme ensinamento de Sílvio Salvo Venosa. Nesse sentido o dano moral atinge os direitos da personalidade da pessoa, ou seja, resulta da violação à intimidade, honra e imagem. Esse dano é de tal ordem capaz de provocar uma profunda dor física ou psicológica no lesado. Por ser uma lesão que normalmente tem repercussão na intimidade da pessoa, não se cogita de prova desse dano para que haja responsabilização do agente causador. A responsabilização surge no momento em que se verifica a lesão, não se cogitando de prova do dano, uma vez que não se poderia exigir do lesado a prova do seu sofrimento. TRT 2ª Reg. Proc. 00280200700802000 RO — (Ac. 12ª T. 20100390905) — Rel. Marcelo Freire Gonçalves. DOe/TRT 2ª Reg. 14.5.10, p. 427. (Suplemento de Jurisprudência LTr n. 32/2010, p. 253).

Falta de imediatidade

Como é sabido, há no direito do trabalho um princípio aplicável a diversas situações ocorrentes nas relações humanas, que é o da imediatidade, consistente nos atos que devem ser tomadas sem detenção, imediatamente, ou conforme a hipótese, em tempo razoável.

E o que ocorre principalmente nos problemas em que há prática de atos faltosos ou irregulares pelos empregados, os quais se não forem punidos de imediato, presumem o perdão dos empregadores.

No direito, contudo, vigora outro princípio, que é o da busca do que é justo, na comutatividade dos relacionamentos, gerando a aplicação de idênticos princípios no tocante também a atos praticados pelos empregadores em face dos empregados.

Para exemplificar, tomemos a alegação de dano moral que teria sido cometido pelo empregador e que o empregado atingido demora para reclamar judicialmente contra referido ato danoso.

No caso, a falta da imediatidade, acarretou por outro lado, a presunção do perdão do empregado.

De tal hipótese cuidou o TRT, da 9ª Região, como se pode constatar a seguir:

Indenização por dano moral. Falta de imediatividade. Indeferimento Na análise de alegado dano moral é perfeitamente invocável o princípio da imediatividade, pois se há uma dor, um sofrimento ou um abalo emocional, mas estes não chegam a inibir a continuidade da relação entre as partes, não se cogita de dano moral. Transcorrido considerável lapso de tempo desde a ocorrência do apontado ato danoso, isto demonstra, no mínimo, ou uma escassa emoção de quem depois se diz ofendido, ou, então, o demérito que o fato tem sob sua ótica, inviabilizando, assim, reparação indenizatória. TRT 9ª Reg. RO 01220-2004-071-09-00-0 — (Ac. 1ª T. 29155/05) — Rel. Juiz Ubirajara Carlos Mendes. DJPR 11.11.05, p. 524. (Suplemento de Jurisprudência LTr n. 52/2005, p. 413)

Impossibilidade de apresentar-se como mero desdobramento de dano de ordem material

Pelo disposto no art. 403 do Código Civil, só se admite a indenização de perdas e danos decorrentes da inexecução dolosa da obrigação pelo devedor quando direta e imediata. Logo serão insuscetíveis de indenização, prejuízo eventual ou potencial. (Maria Helena Diniz, Código Civil anotado, Ed. Saraiva, p. 294).

Com fundamento nesse dispositivo, entendeu o TRT/23ª Região que "o fato do empregador não pagar as respectivas verbas rescisórias, é cediço, decorrem danos materiais que podem cingir-se a importância da obrigação inadimplida ou ter maior amplitude, caso experimentadas outras perdas e danos decorrentes da omissão, porém não é possível possa ela ultrapassar a esfera patrimonial transbordando para a seara dos direitos da personalidade a ponto de provocar dano moral".

Leia-se Ementa transcrita a seguir;

Dano moral. Repercussão direta e imediata na esfera extrapatrimonial. Impossibilidade de apresentar-se como mero desdobramento de dano de ordem material. Art. 403 do CC/02. É cediço que a responsabilidade civil por danos repousa, regra generalíssima, na teoria subjetiva, cujo postulado básico estriba-se no conceito de culpa, e esta, fundamentalmente, tem por pressuposto a infração de um dever preestabelecido, seja decorrente de contrato ou da lei, daí as modalidades de culpa, a aquiliana e a contratual, obrigando o autor a responder civilmente pelos prejuízos causados. Na hipótese de responsabilidade contratual, incumbe ao prejudicado demonstrar todos os elementos originários da responsabilidade, ou seja, o dano, a infração culposa de um dever contratual legal e o nexo de causalidade entre um e outra. Ocorre, porém, nos presentes autos sequer há dano, na medida em que o inadimplemento das verbas rescisórias, ainda que a pretexto de a empregadora descontar valores a título de empréstimo contraído pelo empregado, não é, em tese, de porte a causar violação a direitos da personalidade passíveis de serem indenizados. Com efeito, não há confundir a responsabilidade civil contratual com a extracontratual, porquanto aquela apresenta como fato gerador o inadimplemento de obrigação inserta em contrato, daí o descumprimento contratual ter por corolário lógico a responsabilidade pura e simples pela execução do avençado. Vale dizer que a responsabilidade contratual está jungida aos direitos patrimoniais, no qual o sujeito atingido em seus interesses é encarado sob prisma meramente econômico, ou seja, do trabalho prestado e da justa contraprestação, ainda que estejam em questão as parcelas devidas pela empregadora em razão do pedido de demissão do empregado, necessárias à sua subsistência e de sua família. Do fato de o empregador não pagar as respectivas verbas rescisórias, é cediço, decorrem danos materiais, que podem cingir-se à importância da obrigação inadimplida ou ter maior amplitude, caso experimentadas outras perdas e danos decorrentes dessa omissão, porém não é possível possa ela ultrapassar a esfera patrimonial, transbordando para a seara dos direitos da personalidade a ponto de provocar dano moral, valendo dizer que a responsabilidade extrapatrimonial não exsurge automaticamente do descumprimento contratual. Recurso ordinário da ré ao qual se dá provimento, no particular, para extirpar da condenação a indenização de dano moral, visto que o caso requer a reparação de prejuízo meramente material, pagando-se as verbas rescisórias, tal como deferido em juízo. TRT 23ª Reg. RO 00213.2009.002.23.00-5 — (Ac. 1ª T. Sessão: 37/09) — Rel. Des. Roberto Benatar. DJe/TRT 23ª Reg. n. 381/09, 17.12.09, p. 19/20. (Suplemento de Jurisprudência LTr n. 13/2010, p. 99).

Indenização. Direito personalíssimo

O dano moral causado por acidente de trabalho há de ser indenizado ao empregado, por várias razões, inclusive pela aplicação do risco do empregador ou da culpa objetiva.

Trata-se de direito ligado a dor, a sofrimento, passível de indenização e com a característica de ser personalíssimo.

Por essa razão, negou-se procedência a reclamação trabalhista formulada pela esposa de empregado acidentado, conforme se pode verificar pela Ementa a seguir transcrita:

Indenização por dano moral. Direito personalíssimo. A indenização por dano moral constitui direito personalíssimo, ou seja, é indisponível e intrínseco a própria pessoa cujo exercício exclusivamente lhe compete. A propósito, a doutrina o qualifica como direito absoluto. Como a indenização em comento relaciona-se com a dor, o sofrimento íntimo e imensurável vivenciado pelo trabalhador, não pode ser deferido à esposa que busca uma reparação para o prejuízo sofrido pelo seu marido que, lembre-se, sobreviveu ao sinistro. Logo, o direito correspondente à indenização só é devido ao seu único titular. Assim, a esposa do trabalhador não é passível de ser beneficiária desse tipo de ação. TRT 3ª Reg. RO 00458-2008-095-03-00-5 — (Ac. 10ª T.) — Relª Des. Deoclecia Amorelli Dias. DJMG 8.10.08, p. 22. (Suplemento de Jurisprudência LTr n. 05/2009, p. 35).

Indenização por dano moral a familiares do trabalhador. Incompetência da Justiça do Trabalho. Acórdão da 15ª Região

O direito de indenização por dano moral decorrente de acidente do trabalho é personalíssimo, sem dúvida.

Na há como se pretender que eventual indenização venha a reparar a dor de familiares pela morte causada por acidente de trabalho.

A responsabilidade civil por parte da empresa não há de ser apurada pela Justiça do Trabalho e sim pela Justiça comum, como decidiu o TRT/15ª Região resolvendo, dessa forma, a divergência existente no processo.

A matéria continua a ser divergente e Tribunais Superiores terão que resolve-la em termos da competência.

Segue decisão regional aqui citada:

Indenização por dano moral. Transmissão da recomposição financeira da dor sofrida pelo de cujus. Possibilidade. Inteligência do art. 943 DO Código Civil de 2002. Com relação à indenização por danos morais decorrente de acidente que causa a morte do trabalhador, é de se ressaltar, primeiramente, que não se quer transmitir aos herdeiros do *de cujus* a dor desse último, que desaguou no dano moral pleiteado, que, sem dúvida alguma, é direito personalíssimo. Na verdade, naqueles casos, há a transmissão da recomposição financeira do dano íntimo, que faz parte do patrimônio do lesado, plenamente transmissível, nos termos do art. 943 do Código Civil de 2.002. *Indenização por dano moral Dor sofrida pelos familiares do trabalhador. Incompetência da Justiça do Trabalho* Por outro lado, entendo, outrossim, ser possível a terceiro que não a vítima postular a indenização por danos morais em nome próprio, decorrente de sofrimento suportado por si. É óbvio que a perda do genitor causa aos seus sucessores/familiares uma dor, que, logicamente, variará de acordo com o grau de afeição que os unia. Assim, aqueles virão ao Poder Judiciário não buscar a compensação da dor sofrida pelo trabalhador acometido pelo sinistro laboral, mas sim a sua própria dor causada pela perda trágica do ente querido. Caberá, então, ao Magistrado ter o senso aguçado para barrar a cadeia de indenizações, que deve ser finita e adstrita somente aos sucessores do trabalhador. Contudo, nesses casos, a relação existente entre autor e réu não está ligada por uma relação de trabalho, que pertencia, única e exclusivamente, ao *de cujus*. Por ser uma questão adstrita à responsabilidade civil da empresa, não ligada por uma relação de trabalho, tal situação, portanto, deve ser apaziguada na órbita da Justiça Comum. Sendo assim, a competência para apreciar a presente lide pertence à Justiça Comum Estadual. Mantenho com divergência de fundamentação. (TRT15ª Reg. (Campinas/SP) RO 0387-2006-031-15-00-4— (Ac. 60010/08-PATR, 11ª C.) — Rel. Flávio Nunes Campos. DOE 19.9.08, p. 81 (Suplemento de Jurisprudência LTr n. 44/2008, p. 346). (*) Veja decisão contrária do TST, Ac. 3ª T., Relator Ministro Ives Gandra da Silva Martins, no Suplemento de Jurisprudência LTr n. 47/2008 às p. 371/372.

Informações desabonadoras à conduta do empregado. Indenização por danos morais

A questão ora tratada refere-se a informações prestadas por ex-empregadora a empresas interessadas em contratar o empregado, cuja conduta foi alvo de críticas desabonadoras.

Sabe-se sobre esse assunto que empregado que presta depoimentos em juízo contra interesses de sua empregadora, gera uma resistência desta contra o empregado consistente em dificultar a obtenção de novos empregos.

O prejuízo causado ao empregado é evidente mediante informações solicitadas por futuros pretendentes, os quais resistem em contratar empregado que prestou depoimento contra sua ex-empregadora.

A conduta do seu empregador é desabonadora e fere sua imagem perante possíveis empregos, dando causa a uma indenização por danos morais.

A Ementa da decisão do TRT/3ª Região, a esse respeito, é a que segue:

Depoimento contrário aos interesses da empresa em reclamação trabalhista. Informações desabonadoras à conduta do empregado. Indenização por danos morais. Cabimento. É notório e a experiência cotidiana tem demonstrado que existe uma resistência dos empregadores em contratar empregados que já tenham ingressado com ação em face de seus ex-patrões. O mesmo não é diferente em relação àqueles que prestaram depoimento, em ações judiciais, contrário ao interesses de sua empregadora. Esse tipo de informação dificulta a obtenção de novo emprego, ferindo a liberdade de trabalho do empregado, pois este não obteria outra colocação profissional com tanta facilidade, visto que dificilmente algum empregador iria querer admiti-lo, diante do fato de já ter servido como testemunha em reclamação trabalhista ajuizada contra a ex-empregadora. Destarte, evidenciada, nos autos, a prática da Reclamada de causar prejuízo ao Autor, aduzindo informações aos futuros pretensos empregadores deque o Obreiro serviu como testemunha em outra demanda trabalhista, aforada em face da empresa, tem-se que tal fato constitui-se desabonador à conduta do empregado, ferindo sua imagem perante os possíveis futuros empregadores. Portanto, o quadro fático delineado configura a presença dos pressupostos da responsabilização civil da Ré, corretamente apenada com indenização por danos morais. TRT 3ª Reg. RO-389/2009-149-03-00.8 — (Ac. 8ª T.) — Rel. Des. Marcio Ribeiro do Valle. DJe/TRT 3ª Reg. n. 334/09, 9.10.09, p. 175/6. (Suplemento de Jurisprudência LTr n. 49/2009, p. 386).

Investigação policial e dano moral

O empregador tem o direito disciplinar de apurar dúvidas sobre a prática de crimes por parte de seus empregados.

Assim, o fato de ser aberto Inquérito Policial para apurar tais dúvidas por suposta prática de crime, normalmente de furto, roubo ou apropriação indébita, sem que esse procedimento possa causar dano moral aos trabalhadores envolvidos.

Assim, mesmo que a apuração não conclua por crime cometido, não se pode atribuir dano moral aos empregados indiciados em inquérito policial, porque o direito do empregador nessa apuração é indiscutível sobretudo para que se faça justiça.

A ementa da decisão a seguir transcrita dá-nos de forma bastante clara tanto o direito como o dever do empregador de usar de seu poder de comando.

Recurso ordinário. Investigação policial. Danos morais. O dano moral a ensejar a indenização é o ato que viola e prejudica a honra, a intimidade, a vida privada, a imagem e a reputação da pessoa, bens jurídicos constitucionalmente tutelados. Na hipótese vertente, a autoridade policial, no legítimo exercício de seu dever legal, intimou as pessoas que trabalhavam na ré para elucidar a suposta prática de crimes em praças de pedágios e pátio da CET, assim prestando depoimentos o autor e outros empregados. A reclamada apenas utilizou seu direito e dever de apurar os fatos verificados nos locais em que desenvolvia suas atividades, sendo certo que a mera investigação policial não gera dano moral. Recurso ordinário ao qual se nega provimento. TRT 2ª Reg. RO 01154200707602001 — (Ac. 4ª T. 20090638438) — Relª. Wilma Nogueira de Araújo Vaz da Silva. DOe/TRT 2ª Reg., 28.8.09, p. 706. (Suplemento de Jurisprudência LTr n. 45/2009, p. 355).

Obrigação do empregador de contratar pessoas portadoras de deficiência. Atuação do Ministério Público do Trabalho. Dano moral coletivo

A Constituição Federal, no art. 7º, inciso XXXI, estabelece a proibição de qualquer discriminação no tocante a salário e critérios de admissão do trabalhador portador de deficiência e o art. 37, VIII, prevê que "a lei reservará percentual de cargos e empregos públicos para as pessoas portadoras de deficiência e definirá os critérios de sua admissão".

Pela Lei n. 7.853/89 normas gerais foram estabelecidas para assegurar o pleno exercício dos direitos individuais e sociais das pessoas portadoras de deficiências, e sua efetiva integração social, nos seus termos.

A Lei n. 8.213/91, no seu artigo 93 determina que o empregador preserve o percentual de deficientes e reabilitados na empresa como um todo, ou seja, 2% (—) a 5% (—) dos seus cargos, respeitada a proporção que varia de acordo com o número total de empregados da empresa.

O Ministério Público do Trabalho, tem competência funcional para, em nome da ordem jurídica, do regime democrático e dos interesses individuais indisponíveis, sociais, homogêneos, difusos e coletivos, agir contra quem descumpre a lei. Também a fiscalização do trabalho atua nessa área, impondo multas administrativas.

A Ementa que abaixo será estampada diz respeito a uma Ação Civil Pública ajuizada pelo Ministério Público do Trabalho em defesa dos direitos difusos dos portadores de deficiência, obrigando as empresas a celebrarem contratos de trabalho com pessoas de tal condição, obtendo condenação por dano moral coletivo.

Indenização por danos morais coletivos. Obrigação do empregador de contratar pessoas portadoras de deficiências. Competência material da justiça do trabalho. Legitimidade do ministério público do trabalho. A Justiça do Trabalho é competente para processar e julgar Ação Civil Pública ajuizada em defesa dos direitos difusos dos portadores de deficiência, visando a instrumentalizar a acessibilidade deles ao mercado de trabalho, interferindo, direta e efetivamente, na liberdade empresarial, quanto à seleção de seus empregados, obrigando à celebração de contratos de trabalho com pessoas de tal condição, observados os requisitos previstos na legislação específica, a exemplo do que dispõe o art. 93, incisos e parágrafos, da Lei n. 8.213, de 24.7.91 — que, não obstante direcionada para questões previdenciárias, dispõe acerca das obrigações trabalhistas e a contratação de empregados portadores de deficiência por empresa privadas —, bem assim, na esfera regularmentar, a Instrução Normativa SIT n. 20, de 26.1.01 — dispondo sobre os procedimentos a ser adotados pela Fiscalização do Trabalho nesse contexto — e a Portaria MTE n. 1.199, de 28.10.03 — normatizando a imposição de multas administrativas a esse respeito. Entendimento em contrário, levaria a negar-se vigência ao comando expresso da ordem constitucional e infraconstitucional — arts. 114, inciso IX, 129, inciso III, ambos da Constituição da República; art. 83, inciso III, da Lei Complementar n. 75/93; art. 82, inciso I, do CPC; arts. 1º, inciso I e 3º da Lei n. 7.347/85; art. 7º da Lei n. 7.853/89; art. 93, incisos e parágrafos, da Lei n. 8.213/91, conferindo relevo ao Ministério Público, como instituição permanente, essencial à função jurisdicional do Estado, incumbindo-lhe a defesa da ordem jurídica, do regime democrático e dos interesses individuais indisponíveis, sociais, homogêneos, difusos e coletivos —, fazendo prevalecer o desrespeito a essa mesma ordem jurídica, com autorização para que todo e qualquer segmento produtivo da sociedade, que utiliza mão de obra subordinada, descumpra a lei, pois livre de ação do Órgão legitimado, pode agir impunemente, na certeza de que mesmo vivendo num Estado democrático de direito, não está sujeito ao comando geral e cogente da lei, o que — há de se convir — é inadmissível. TRT 3ª Reg. RO 00067-2006-076-03-00-0 — (Ac. 3ª T.) — Rel. Juiz Irapuan de Oliveira Teixeira Lyra. DJMG 7.10.06, p. 3. (Suplemento de Jurisprudência LTr n. 05/2007, p. 36).

Prática empresarial censurável. Identificação dos empregados menos produtivos Indenização

O art. 186 do Código Civil tem a seguinte redação:

"Aquele que, por ação ou omissão voluntária, negligência ou imprudência, violar direito e causar dano a outrem, ainda que exclusivamente moral, comete ato ilícito".

O artigo seguinte está assim descrito:

"Também comete ato ilícito o titular de um direito que, ao exercê-lo, excede manifestamente os limites impostos pelo seu fim econômico ou social, pela boa-fé ou pelos bons costumes".

Aplicam-se como uma luva tais dispositivos à situação criada por empregador que, a título de estimular seus empregados vendedores a maior produtividade ofende moralmente aqueles que não conseguiram melhores vendas, com a exposição de seus nomes configurados como "micos".

Valendo-se do disposto nos artigos do Código Civil transcritos, entendeu o TRT/10ª Região, que o poder diretivo do empregador assegurado pelo art. 2º da CLT não autoriza práticas como a citada, principalmente porque atentatória à dignidade do trabalhador como cidadão.

Segue Ementa respectiva:

Contrato de trabalho. Poder diretivo. Prática empresarial censurável. Identificação pública dos empregados menos produtivos. Dano moral. Caracterização. Indenização. Hipótese em que o empregador, a pretexto de estimular seus empregados à maior produtividade, adota a prática equivocada de realçar, negativamente, aqueles que obtiveram os menores resultados, a partir da aposição de boneco de pelúcia (mico) em quadro contendo os nomes dos respectivos empregados. Situação que não se insere no poder diretivo de que é titular o empregador (CLT, art. 2º c/c o art. 187 do CC) e que não se conforma aos postulados éticos que devem presidir a execução do contrato de emprego (CC, art. 422 c/c o art. 8º da CLT), caracterizando-se como ato ilícito (CC, art. 186) gerador do dever de indenizar (CC, art. 927 c/c o art. 8º da CLT). Recurso patronal conhecido e desprovido. TRT 10ª Reg. RO 00611-2007-015-10-00-7 — (Ac. 3ª T./08) — Rel. Juiz Douglas Alencar Rodrigues. DJU 8.2.08, p. 2.356. (Suplemento de Jurisprudência LTr n. 15/2008, p. 117).

Rebaixamento de função

A questão relacionada com o rebaixamento de função que poderia ser configurada como ilícita ou abusiva, nem sempre o é.

O caso ora em exame é o de rebaixamento de função de "supervisora de vendas" para "vendedora", sem alteração formal do contrato de trabalho, sem redução de salário e sem alteração da jornada de trabalho.

A prova dos autos não revelou a exposição da empregada-reclamante a situação vexatória e humilhante, o que lhe daria direito a indenização por dano moral. Como isso ocorreu foi julgado improcedente o pedido, como se pode constatar pela Ementa do TRT da 18ª Região, a seguir transcrita:

Rebaixamento de função. Dano moral. O rebaixamento da função de "supervisora de vendas" para "vendedora", sem alteração formal do contrato de trabalho, sem redução salarial ou modificação da jornada de trabalho, por si só, não enseja indenização por dano moral. O dano moral, no caso, só seria devido se estivesse cabalmente provado nos autos a exposição da autora a situação vexatória e humilhante, mas não foi o que ocorreu. TRT 18ª Reg. RO 01270-2008-010-18-00-2 — (Ac. 1ª T.) — Relª. Desª. Kathia Maria Bomtempo de Albuquerque, DJe/TRT 18ª Reg., ano III, n. 83, 14.5.09, p. 14. (Suplemento de Jurispridência LTr n. 37/2009, p. 291).

Responsabilidade civil do condomínio equiparado a empregador

A Lei n. 10.256, de 9.7.01, no art. 25, declarou que os consórcios ou condomínios de produtores rurais, são equiparados aos produtores rurais.

A rigor, outros tipos de consórcios equiparam-se a empregadores sob a forma de um condomínio regular de pessoas para contentar, gerir e demitir trabalhadores para prestações de serviços, cabendo a cada uma delas, idealmente, sobre o todo e cada uma das partes, os direitos e obrigações, pelas contratações feitas.

Emerge, pois, dessa sociedade firmada por pessoas físicas, a responsabilidade solidária entre elas, conforme arts. 1.315 e 1.319 do Código Civil, de 2002, em havendo dano causado por qualquer condômino contra terceiros, sobretudo, contra aqueles que lhes prestam serviços, como empregados, já que o condomínio é o empregador.

Assim, se houver agressão praticada por condômino, física ou mesmo verbalmente, há que ser responsabilizado o condomínio pelo dano causado, porque ele é o empregador.

Nesse sentido é a Ementa de julgamento do TRT da 15ª Região, com nota da Juíza Luciane Storel da Silva, no processo RO-00675-2000-043-15-87-1 (Ac. n. 10.330/2006 — PATR, 5ª Câmara, DJSP 3.3.06, p. 38), como a seguir transcrita:

Direito civil. Dano moral. Responsabilidade civil do condomínio equiparado a empregador. Agressão praticada por condômino caracteriza acidente de trabalho. Equiparado a empregador face à relação de emprego (art. 2º, CLT), responde o Condomínio pela higidez física e moral de seus empregados em ambiente de trabalho. Ao agredir física e verbalmente o empregado, o condômino-agressor encontra-se na posição de empregador, na qualidade de usuário e fruidor dos espaços e serviços do condomínio, em evidente abuso da subordinação jurídica decorrente da relação de emprego (arts. 1.315 e 1.319, ambos do Código Civil). Caracteriza-se, portanto, acidente de trabalho com culpa do empregador, ensejando a indenização por dano moral e responsabilidade direta do Condomínio, sem prejuízo a eventual direito de regresso contra o condomínio-agressor (art. 1.336, C.Civil). Recurso do empregador provido. (Suplemento Jurisprudência LTr n. 16/2006, p. 123)

Revista em bolsas e sacolas ao fim da jornada de trabalho. Ausência de demonstração de abuso de direito do poder de direção e dos danos sofridos pelo empregado

No caso ora enfocado, pois em direito tudo depende da prova produzida nos autos, decidiu o TST por sua 7ª Turma, que não houve fato gerador de direito à indenização por dano moral como havia entendido o Tribunal Regional.

É que não houve abuso do poder de direção do reclamado porque o trabalhador não foi submetido nenhuma forma de constrangimento ou humilhação em razão das revistas.

Não houve, assim, ferimento à imagem ou à honra do empregado.

A Ementa da decisão em foco é a seguinte:

Danos morais. Revista em bolsas e sacolas ao fim da jornada de trabalho. Ausência de demonstração de abuso de direito do poder de direção e dos danos sofridos pelo empregado. 1. O dano moral constitui lesão de caráter não material ao patrimônio moral do indivíduo, integrado por direitos da personalidade (que são, basicamente, os direitos à vida, integridade física, liberdade, igualdade, intimidade, vida privada, imagem, honra, segurança e propriedade). Nesse contexto, condenar o empregador em dano moral, por força de eventual lesão causada ao obreiro, somente faz sentido quando se verifica a repercussão do ato praticado pelo empregador na imagem, honra, intimidade e vida privada do indivíduo. 2. No caso presente, não obstante reconhecer que o Reclamante não passava por revistas pessoais, pois estas ocorriam tão somente nas bolsas e sacolas dos empregados, o Regional reformou a decisão de primeiro grau e condenou a Reclamada em danos morais com base no entendimento de que qualquer revista fere o direito à intimidade do empregado. 3. Contudo, conforme asseverou o TRT, não havia revistas pessoais, sendo certo, ademais, que não há nenhum registro no acórdão regional acerca de eventual ofensa à imagem e à honra do Obreiro em função da revista em bolsas e sacolas que eventualmente ocorriam. Pelo contrário, a situação fática delineada na decisão recorrida permite concluir que, por um lado, não houve abuso no poder de direção por parte do Reclamado, e que, por outro, o Obreiro não foi submetido a nenhuma forma de constrangimento ou humilhação pelo Reclamado por força das revistas. 4. Logo, não há como enquadrar o caso concreto como gerador do direito à indenização por dano moral, de forma que a decisão recorrida merece reforma, devendo, pois, ser excluída da condenação a indenização deferida. Recurso de revista parcialmente conhecido e provido. TST-RR-744500-30.2005.5.09.0012 (RR-7445/2005-012-09-00.4) — (Ac. 7ª T,) Relª. Min. Maria Doralice Novaes. DJe/TST n. 454/10, 8.4.10, pp. 1.724/5. (Suplemento de Jurisprudência LTr n. 26/2010, p. 204).

Revista em sacolas e bolsas dos empregados. Não configuração

A questão relacionada com revistas feitas pelo empregador em seus empregados tem gerado soluções díspares, dependendo das circunstâncias em que elas são operadas.

Estão em jogo, em tais casos, o poder de direção do empregador, que envolve o poder de fiscalização e punitivo, e a dignidade do trabalhador, que não pode ser humilhado nem passar por atos de vexame.

A intimidade do trabalhador é um direito inerente à sua personalidade, como o direito à vida, à integridade física, à integridade psíquica, à honra, à própria imagem etc..

Dentro deste contexto é que pode haver o direito à indenização por ocorrência de dano moral ao empregado, como, por exemplo, por situações vexatórias e humilhantes impingidas aos vendedores que não conseguem atingir metas mínimas de produção.

Contudo, nem sempre as revistas, para voltarmos ao tema deste Suplemento, são humilhantes, vexatórias ou atentatórias à dignidade dos empregados.

A questão que nos interessa aqui e agora é a relacionada com revistas feitas pelo empregador em seus empregados, em suas sacolas e bolsas à saída dos estabelecimentos em que trabalham.

Sobre ela manifestou-se a 4ª T. do TST, entendendo que a revista realizada com moderação e razoabilidade não caracteriza abuso de direito ou ato ilícito porque decorrente do exercício regular do direito do empregador, conforme Ementa a seguir transcrita:

Indenização por danos morais. Revista em bolsas e sacolas dos empregados. I — A revista realizada com moderação e razoabilidade não caracteriza abuso de direito ou ato ilícito, constituindo, na realidade, exercício regular do direito do empregador inerente ao seu poder diretivo e de fiscalização. Dessa forma, a revista em bolsas, sacolas ou mochilas dos empregados sorteados para tanto, sem que se proceda à revista íntima e sem contato corporal, mas apenas visual do vistoriador, e em caráter geral relativamente aos empregados de mesmo nível hierárquico, não denuncia excesso do empregador, inabilitando a autora à percepção da indenização por danos morais. II — Recurso provido. Fixação do valor da indenização. I — Excluída a indenização por danos morais, fica prejudicado o exame do recurso quanto aos valores arbitrados a tal título. II — Prejudicado. TST-RR-1.229/2005-661-09-00.4 — (Ac. 4ª T.) — 9ª Reg. — Rel. Min. Antônio José de Barros Levenhagen. DJU 5.10.07, p. 1.353. (Suplemento de Jurisprudência LTr n. 52/2007 p. 411).

Solicitação de realização de exame de gravidez. Dispensa. Discriminação não configurada

Diante de solicitação pelo empregador de realização de exame para comprovação de eventual estado gravídico de sua empregada, pleiteou esta, na Justiça do Trabalho, indenização por dano moral, ao argumento de que tal ato teria configurado discriminação.

A pretensão da empregada foi mais uma tentativa de tirar proveito lucrativo dessa situação, tão a gosto do que se pensa como ofensa à dignidade da pessoa humana e dos valores sociais do trabalho.

Na decisão cuja ementa será publicada a seguir, prevaleceu o entendimento de que a solicitação de realização de exame de gravidez não teve caráter ofensivo à empregada despedida, mas a finalidade de resguardar o empregador de hipotética condição de gestante ante a iminência da dispensa imotivada.

Dano moral. Solicitação de realização de exame de gravidez. Dispensa. Discriminação não configurada. A dignidade da pessoa humana e os valores sociais do trabalho constituem fundamentos da República Federativa do Brasil, na forma do art. 1º, III e IV, da CF/88. Além disso, a promoção do bem de todos, sem preconceitos de origem, raça, sexo, cor, idade e quaisquer outras formas de discriminação constitui objetivo fundamental da República, consoante a regra estampada no inciso IV do art. 3º da CF. A solicitação do exame de gravidez deu-se como intuito de resguardar a reclamada (ante a iminência da dispensa imotivada), a hipotética condição de gestante e do suposto nascituro. Discriminação não configurada (art. 2º, I, da Lei n. 9.029/95). Recurso ordinário não provido. TRT 15ª Reg. (Campinas/SP) RO 1224-2008-062- 15-00-9 — (Ac. 27399/09-PATR, 5ªC.) — Rel. Lorival Ferreira dos Santos. DOE 15.5.09, p. 93. (Suplemento de Jurisprudência n. 28/2009, p. 219).

Transferência de riscos do empreendimento ao empregado

Sabe-se que a teor do conceito do empregador contido no art. 2º da CLT, a este cabe assumir os riscos de seu empreendimento, cabendo-lhe, também por esse motivo, dirigir a prestação dos serviços por seus empregados, visando à obtenção de lucros.

De todo esse contexto, fica evidente que o empregador não pode passar a seus empregados obrigações que lhe são inerentes na consecução de suas atividades.

O caso julgado pelo Egrégio TRT, de 3ª Região, escolhido, desta feita, para nossa exposição, trata da responsabilidade do empregador quanto à assunção dos riscos de seu negócio de modo a configurar dano moral a seus empregados a exigência de que contraiam dívida pessoal para aquisição de produtos que revertam em favor de suas atividades comerciais, industriais, rurais, ou de serviços.

Assim, o fato de fazer com que o empregado se sinta em desconforto com a dívida que assume causando-lhe dúvida quanto ao seu pagamento por considerar-se devedor sem benefício nenhum gera não só ato ilícito como dano moral, como se lê da seguinte decisão:

Dano moral. Transferência dos riscos do empreendimento. A transferência dos riscos do empreendimento para o empregado, mediante a exigência de que esse contraia dívida pessoal para a aquisição de produtos que revertem em favor do negócio, configura ilicitude que enseja o pagamento de indenização por danos morais, pois tal comportamento do empregador vai de encontro ao princípio da alteridade, previsto no art. 2º da CLT. Além do ato ilícito, o dano à esfera moral do trabalhador também está caracterizado, em razão do aborrecimento, da apreensão, do desconforto, da ansiedade, da dúvida e da perda da tranqüilidade, pelo fato de ser considerado devedor, por dívidas que foi coagido a contrair, e que não resultaram em benefício próprio. Vale ressaltar que não se trata de mero dissabor ou aborrecimento passageiro, uma vez que uma pessoa que preza pela honestidade sente — se desconfortável e apreensiva ao se deparar com uma dívida muito superior ao valor dos seus rendimentos mensais, capaz de abalar a sua tranqüilidade e afetar sua credibilidade perante o comércio e as instituições. TRT 3ª Reg. RO 01100-2006-113-03-00-5 — (Ac. 2ª T.) — Rel. Des. Sebastião Geraldo de Oliveira. DJMG 4.5.07, p. 12. (Suplemento de Jurisprudência LTr n. 28/2007, p. 219).

DANO MORAL COLETIVO

O Direito do Trabalho, como todo e qualquer ramo jurídico, enfeixa-se num conjunto de direitos e obrigações entre credores e devedores de bens materiais ou imateriais.

Nas relações trabalhistas, a Constituição da República estabeleceu um manto protetor sobre os valores sociais do trabalho e da dignidade da pessoa humana. Tanto assim que nos incisos V e X, do art. 5º, da Carta Magna, foram garantidos os direitos ligados à pessoa e aos seus bens mais preciosos, como a vida, a honra, a intimidade, a vida privada e a imagem.

Por outro lado, os empregados ou aqueles que se beneficiam do trabalho alheio têm obrigações fixadas nas leis de proteção e na responsabilidade civil por danos causados.

Disso resulta que danos podem ser físicos ou psíquicos, corporais ou morais e, se assim é com o trabalhador individualmente considerado, assim também será se referidos danos forem contra uma coletividade.

Decorrente também daí, a responsabilidade civil por dano moral difuso e coletivo quando há descumprimento de leis por parte do empregador (exs.: contratação de empregados portadores de deficiência; contratação de empregados públicos por sociedades de economia mista; violação a normas de proteção à saúde e à segurança dos trabalhadores; exploração de trabalho de doença ou de adolescente, etc.).

Para ilustrar o que estamos comentando, segue a transcrição de Ementa de decisão do Tribunal Regional do Trabalho da 24ª Região, em que o Judiciário muito bem aprecia esta questão do dano moral coletivo:

Dano moral coletivo. Dispensa sem justa causa. Represália ao exercício regular de um direito de cidadania. Caracterização. 1. A lesão moral coletiva decorre não somente da violação de direito difuso ou coletivo, mas de toda violação legal cuja gravidade faça transbordar efeitos para além das fronteiras do individualismo, causando indignação social. 2. O não cumprimento de direitos trabalhistas, ainda que de forma contumaz, afeta especificamente a esfera dos trabalhadores atingidos pela inadimplência, cabendo a eles próprios buscar reparação. 3. Porém, quando o empregador, além de descumprir direitos trabalhistas básicos, assume um comportamento agressivo e vingativo em relação aos trabalhadores prejudicados que buscaram a tutela dos órgãos públicos competentes, acaba ultrapassando os limites da moralidade coletiva e causando um sentimento de indignação social; afinal, não é aceitável que o cidadão ofendido em seus direitos busque a proteção estatal e, exatamente por isso, fique exposto à ira do ofensor. 4. Embora o direito de petição seja de índole individual, a atitude da ré, em punir os empregados que denunciaram ao Ministério Público do Trabalho as irregularidades empresariais, não ofende apenas direito pessoal dos trabalhadores, pois coloca em risco a própria credibilidade do MPT — instituição de imensurável importância no regime constitucional brasileiro —, ofendendo de forma direta o Estado Democrático de Direito e impedindo o exercício da cidadania. 5. Recurso provido para condenar a ré em indenização por danos morais coletivos. TRT 24ª Reg. RO 0596/2005-002-24-00-2. Rel. Juiz Amaury Rodrigues Pinto Junior. DJMS n. 6.825, 6.10.06. (Suplemento de Jurisprudência LTr n. 46/2006, p. 363).

Terceirização ilícita. Indenização dívida

A Ementa da decisão ora focalizada refere-se a dano moral coletivo praticado por empresa que, ao invés de admitir e assalariar seus próprios empregados, optou pela terceirização com diversas empresas para o fornecimento de mão de obra para as tarefas de sua atividade empresarial.

A opção contraria o disposto na Súmula n.331, do TST, agravada ainda por um número muito grande de irregularidades com relação aos trabalhadores terceirizados.

A indenização fixada foi de R$ 1.712.711,13, em favor do FAT, em razão de terem sido 235 trabalhadores submetidos ao injusto tratamento e pelas vultosas horas auferidas pelas empresas terceirizante e terceirizados de quase 45 milhões de reais.

A Ementa está publicada no Suplemento de Jurisprudência LTr n. 19/2010, p. 149/150.

Dano moral coletivo. Terceirização ilícita. Tratamento desumano. Afronta aos arts. 5º e 7º da Constituição da República. Indenização devida. Optou a empresa, ao invés de admitir e assalariar seus próprios empregados, por contratar empresas terceirizadas para o fornecimento de mão de obra para a realização de tarefas inerentes à sua atividade empresarial, em afronta ao entendimento constante da Súmula n. 331 do C. TST. Não bastasse, cometeu inúmeras outras irregularidades, como a sonegação de equipamentos de proteção individual, de instalações sanitárias separadas por sexo, de abrigos contra intempéries, de material para primeiros socorros aos cuidados de pessoa treinada e de proteção para as ferramentas que eram transportadas juntamente com as pessoas, além de não ter provido água fresca e potável à suficiência. As condições sub-humanas às quais foram submetidos os trabalhadores, agrediu-lhes na essência, assim como seus familiares e toda a coletividade. É provável, diga-se, que os trabalhadores não tenham mesmo se apercebido do referido tratamento, pois são pessoas essencialmente humildes e se dispõem ao árduo trabalho agrícola em troca da mera subsistência. Tal circunstância, no entanto, não impede o Ministério do Trabalho e Emprego, e o Ministério Público do Trabalho, de cumprirem suas missões institucionais, especialmente na tutela dos interesses coletivos e difusos. O valor arbitrado a título de indenização, R$ 1.712.711,13, em favor do FAT, aparenta ser excessivo, mas encontra justificativa na quantidade de trabalhadores submetidos ao injusto tratamento (235), na gravidade da conduta e, principalmente, nos vultosos lucros conquistados no período do labor, de quase 45 milhões de reais para as duas empresas. TRT 15ª Reg. (Campinas/SP) Proc. 112300 — 53.2007.5.15.0118 RO — (Ac. 13674/10-PATR, 3ª Câmara) — Rel. *Edmundo Fraga Lopes.* DEJT 18.3.10, p. 680.

DESCONSIDERAÇÃO DA PERSONALIDADE JURÍDICA

Bens do sócio. Terceiro de boa-fé

A desconsideração da personalidade jurídica da empresa hoje é uma realidade indiscutível quando se trata da inadimplência desta, levando o credor trabalhista a buscar o pagamento de seu crédito junto aos bens dos sócios.

Tal busca se faz com fulcro em Convênio entre o banco Central e o Judiciário (BACEN-JUD), por meio do qual o juiz da execução aciona bancos para localizar contas-correntes dos devedores, determinando o bloqueio de numerário para sua satisfação, bloqueio esse que, quase sempre, será convolado em penhora. É a clamada penhora *on line*.

O Judiciário, como é óbvio, tem sempre apreciado questões que envolvem bloqueios as penhoras de bens de sócios, devido à desconsideração da personalidade jurídica da empresa, sobretudo para salvaguarda dos terceiros de boa-fé.

O processo em que ficam decidida uma questão argüida por terceiro de boa fé, serve para ilustrar o posicionamento dado pelo Tribunal, conforme ementa transcrita abaixo, em que a penhora efetuada em bem imóvel de sócio da empresa, que não estava registrada, só válida perante o executado, porém somente surte efeito contra terceiros se provada a existência de ação capaz de reduzi-lo à insolvência ou ocorrência de constituição judicial.

No caso, o terceiro foi considerado de boa-fé porque ao adquirir o imóvel particular do sócio, diligenciou no sentido de verificar, inclusive no Registro de Imóveis.

Segue a Ementa referida, da 1ª Turma do Tribunal Superior do Trabalho:

Recurso de revista. Execução contra bens do sócio. Desconsideração da personalidade jurídica da empresa. Terceiro de boa-fé. Desconhecimento da existência de ação executiva contra o sócio ou da constrição judicial. Eficácia da transação imobiliária. Recaindo a execução em bens do sócio, em face da desconsideração da personalidade jurídica da empresa, age de boa-fé terceiro adquirente de imóvel particular do sócio, sobretudo quando diligencia no sentido de verificar a existência de qualquer embargo sobre o imóvel objeto da transação, devendo ser reputado válido e eficaz o negócio jurídico celebrado entre as partes. A penhora levada a efeito, sem o respectivo registro, é valida perante o executado, porém somente surte efeito contra terceiros se provada a existência de ação capaz de reduzi-lo à insolvência ou ocorrência de constrição judicial. Recurso de Revista conhecido e provido. TST-RR-48.719/2002-902-02-00.7 — (Ac. 1ª T.) — 2ª Reg. — Rel. Min. Luiz Philippe Vieira de Mello Filho. DJU 30.6.06, p. 1.155. (Suplemento de Jurisprudência LTr n. 31/2006, p. 244)

Da empresa. Necessidade de citação do sócio ou responsável

Não constitui mais nenhuma novidade o fenômeno jurídico da desconsideração da personalidade da empresa para apanhar o sócio ou responsável dela, mesmo que já tenha deixado de dela participar ativamente.

A esse respeito, o direito do empregado (credor) é reconhecido, desde que se tome conhecimento da existência do sócio ou responsável, a obrigação do sócio da empresa (devedora) ao pagamento do débito trabalhista, se apurado judicialmente.

Há, contudo, nessa matéria um tópico que muitas vezes tem passado despercebido, qual seja o da citação obrigatória do novo integrante do pólo passivo da ação trabalhista.

Essa obrigatoriedade vem consignada na decisão do TRT/12ª Região, cuja Ementa segue transcrita:

Desconsideração da personalidade jurídica da empresa. Necessidade de citação do sócio ou responsável. A citação é o ato pelo qual o devedor é cientificado do processo de execução contra si movido. De acordo com o art. 880 da CLT, o executado deve ser pessoalmente citado, o qual, uma vez ciente, dispõe do prazo de quarenta e oito horas para pagamento da dívida ou nomeação de bens à penhora, que, caso inobservado, motiva a constrição judicial de tantos bens quantos bastem para a garantia da execução. Se assim o é, então deve ser observado para todos os executados, indistintamente, inclusive quando se tratar do sócio da empresa executada. TRT 12ª Reg. AP 01493-2004-027-12-85-3. Maioria, (Ac. 2ª T., 4.12.08) — Red. Desig. Juíza Sandra Marcia Wambier. Disp. TRT-SC/DOE 30.1.09. Data de Publ. 2.2.09. (Suplemento de Jurisprudência LTr n. 15/2009, p. 117)

Execução. Ex-sócio. Responsabilidade limitada no tempo

Sabe-se que vigora na processualística do trabalho o princípio da despersonalização do empregador.

Por esse princípio, devem os sócios da empresa executada responder pelas dívidas trabalhistas da sociedade da qual fez parte.

Segundo dispõe o art. 1.032 do Código Civil, a responsabilidade do ex-sócio solidariamente com os demais sócios, será mantida até dois anos após a sua saída da empresa.

Confronte-se, a esse respeito à decisão do TRT/2ª Região, que tem a seguinte Ementa:

Agravo de petição. Execução. Ex-sócio. Responsabilidade patrimonial. Limite no tempo. Comprovado o mau uso ou o desvio de finalidade da pessoa jurídica pelas pessoas físicas que a compuseram, em detrimento do direito de terceiros, o patrimônio do sócio responde pelas dívidas trabalhistas da sociedade, diante da teoria da despersonalização da figura jurídica da empresa. Em relação aos ex-sócios, essa responsabilidade, entretanto, há de encontrar limites no tempo. Aplica-se subsidiariamente o disposto no parágrafo único do art. 1.032 do Código Civil, segundo o qual, o ex-sócio tem responsabilidade solidária com os demais sócios perante a sociedade e terceiros quanto às obrigações contraídas, até dois anos após a sua saída. Agravo de petição a que se nega provimento. (Suplemento de Jurisprudência LTr n. 44/2008, p. 348)

Execução fiscal. Responsabilidade pessoal do sócio. Multa por infração a CLT. Impossibilidade

Decisão do TRT/15ª Região, sobre a matéria em referência, dá-nos a orientação de que se a pessoa jurídica tornar-se insolvente o sócio que exerceu o cargo de gerente, não se responsabilizará pessoalmente por execução fiscal decorrente de multa por infração a dispositivo da CLT, se não houver comprovação de ato praticado com excesso de poder ou em infração à lei.

Em tais condições, entendeu-se pela impossibilidade de se atribuir responsabilidade a sócio existente ou retirante que não tenham agido de forma temerária ou ruinosa.

Para bom entendimento dessa questão, na forma que foi decidida, transcrevemos abaixo a Ementa do acórdão respectivo, a saber:

Responsabilidade pessoal do sócio. Execução fiscal. Multa por infração a CLT. Insolvência da pessoa jurídica. Não exercício de cargo de gerência ou administração. Ausência de comprovação de ato praticado com excesso de poder ou em infração à Lei. Impossibilidade. Inteligência do art. 135, III, CTN. A jurisprudência do Colendo Superior Tribunal de Justiça é forte no sentido de que é possível o redirecionamento da execução fiscal contra o sócio de sociedade limitada, desde que: a) não tenham sido encontrados bens da pessoa jurídica; e b) haja prova de que o membro da sociedade empresária agiu com excesso de poder ou em infração à lei. Tratando-se de sócio retirante, sem poder de gerência ou administração societária, incumbe à Fazenda Pública comprovar que, enquanto integrante da empresa executada, agiu de forma temerária ou ruinosa. Não havendo comprovação da prática de ato infracional ou ilícito, impossível estender a ex-membro da sociedade mercantil a responsabilidade tributária. TRT/15ª Região n. 00201-2006-008-15-00-0 — (Ac. 51195/07-PART, 4ªC.) — Rel Juiz Luís Carlos Cândido Martins Sotero da Silva. DJSP 11.10.07, p. 59. (Suplemento de Jurisprudência LTr n. 48/2007)

Sócio quotista. Responsabilidade restrita ao sócio-gerente

Dispõe o artigo 981 do Código Civil de 2002 que:

"celebram contrato de sociedade as pessoas que reciprocamente se obrigam a contribuir, com bens ou serviços, para o exercício das atividades econômicas e a partilha, entre si, dos resultados".

Normalmente, o reclamante que não consegue localizar o sócio-gerente, que usufruiu dos serviços dele e não partilhou com o outro sócio nenhum resultado econômico e/ou financeiro apurado, tenta buscar seus créditos trabalhistas junto àquele que é conhecido, tem domicílio certo e tem bens mesmo que usufruídos com esforços próprios de outra maneira, em outra atividade.

Esquece-se do sócio responsável, porque fugiu do local em que trabalhou a reclamante, na tentativa de receber o devido por ela, mercê da penhora de bens do sócio que nunca participou da gerência nem dos resultados da empresa, como prevê o art. 981 do Código Civil vigente.

Além dessa hipótese, mais corriqueira, outra há que vem configurada na decisão cuja ementa será transcrita neste artigo. É a de que a responsabilidade dos sócios da empresa, pelos créditos trabalhistas e previdenciários decorre do disposto no art. 186 e no art.135, III, ambos do Código Tributário Nacional, como segue:

Execução. Sócio-quotista. Responsabilidade restrita ao sócio-gerente. A responsabilidade dos sócios de pessoa jurídica pelos créditos trabalhistas decorre do disposto no art. 186, do CTN que ressalva a preferência dos créditos resultantes da legislação do trabalho ou do acidente de trabalho. Por tal razão, todos os privilégios e regras destinados ao crédito tributário são aplicados ao crédito trabalhista. A responsabilidade pela execução dos créditos trabalhistas é imposta ao sócio-gerente por força do estabelecido no art. 135, inciso III, do CTN. Ainda que se possa reconhecer que os atos que resultaram na execução tenham sido praticados com excesso de poderes, por resultantes de infração das leis trabalhistas, não é possível reconhecer a responsabilidade da agravante sócia-quotista, pois não exerce os encargos de gerência. Nem se alegue que a matéria poderia ser decidida com fulcro nas disposições pertinentes legislação previdenciária A posição atual do STJ é no sentido de que as disposições encartadas na Lei n. 8.620/93, art. 13, não podem ser acolhidas, pois a responsabilidade pelos créditos tributários exige a existência de lei complementar (CF, art. 146, 111, *b*). TRT 15ª Reg. (Campinas/SP) AP 220-2004-105-15-00-3 — (Ac. 34309/08-PATR, 3ª C.) — Relª Regina Dirce Gago de Faria Monegatto. DOE 20.6.08, (Suplemento de Jurisprudência LTr n. 34/2008, p. 267)

Sócio retirante. Responsabilidade

Sabe-se que a desconsideração da personalidade jurídica da empresa para responsabilizar seus sócios atualmente é entendimento pacífico nas execuções trabalhistas, com apoio no Código Civil, no Código de Defesa do Consumidor e também na Lei Federal.

Contudo, há que se respeitar outros limites para que isso ocorra, mormente quando se trata de sócio retirante da empresa devedora.

A regra é a de que o sócio que se retira da sociedade não pode ter responsabilidade por créditos trabalhistas de empregados, se a retirada se deu antes do início da prestação de serviços do empregado-credor.

A Ementa que estamos divulgando dá respaldo a esse entendimento, como segue:

Desconsideração da personalidade jurídica. Sócio retirante. Induvidosa a possibilidade dos sócios responderem por créditos trabalhistas quando a empresa não tenha condições de fazê-lo, há de se respeitar limites impostos pela razoabilidade. O sócio deve ter se beneficiado da mão de obra do trabalhador, ao menos durante parte do contrato de trabalho, o que equivale a afirmar que responde quando sua saída do quadro social ocorre durante ou após o encerramento do vínculo de emprego. Em contrapartida, o sócio que se retirou antes mesmo do início da prestação de serviços, não pode ser responsabilizado por débitos trabalhistas da empresa em relação a esse contrato. Agravo de petição do exequente a que se dá provimento para estender a responsabilidade da ex-sócia até a data do registro da alteração contratual que marcou sua saída da sociedade. TRT 9ª Reg. Proc. 02802-2004-007-09-00-1 — (Ac. SE 13237/09) — Relª. Marlene T. Fuverki Suguimatsu. DJe/TRT 9ª Reg. n. 085, 8.5.09, p. 368. (Suplemento de Jurisprudência n. 36/2009, p. 283).

Sócio retirante. Responsabilidade por obrigação trabalhista

A questão relacionada com a responsabilidade por obrigação trabalhista de sócio que se retira da empresa antes da admissão do empregado é, sem dúvida nenhuma, o de que tal sócio não se aproveitou em momento algum dos serviços prestados por empregado admitido após sua retirada da empresa.

Apesar de ser a mais lógica das interpretações que vêm sendo levadas a efeito por alguns Tribunais Regionais, vale o registro da seguinte ementa:

Sócio retirante. Responsabilidade. Obrigação trabalhista. Não responde pelos débitos trabalhistas o sócio que se desliga da sociedade antes do período em que o empregado prestou serviços à empresa executada, haja vista que não mais mantinha aquela qualidade na ocasião e, portanto, não se beneficiou da força de trabalho do empregado. Exegese do disposto no art. 339 do Código Comercial, vigente por ocasião do ajuizamento de ação trabalhista, e no parágrafo único do art. 1.003 da Lei n. 10.406/02 (CC). Agravo de petição a que se nega provimento. TRT 15ª Reg. (Campinas/SP) AP 2001-2002-014-15-01-2 — (Ac. 17017/07-PATR, 10ª C.) — Rel. Juiz Fernando da Silva Borges. DJSP 20.4.07, p. 55. (Suplemento de Jurisprudência LTr n. 22/2007, p. 172).

DISSÍDIO COLETIVO

Acordo coletivo de trabalho. Renúncia de multa do art. 477 da CLT. Multa de 40% do FGTS

A flexibilização de conquistas trabalhistas não pode ir além do que a Constituição da República permite sobre jornada de trabalho e salário (art. 7º, incisos VI e XIII).

Fora dessas hipóteses, não podem os Sindicatos, através de negociação coletiva, dispor sobre direitos individuais dos trabalhadores, como no caso ora aventado, em que ficou acordado a renúncia dos trabalhadores à multa do art. 477, da CLT, e da multa de 40% do FGTS.

O reconhecimento feito pela CF/88, de convenções e acordos coletivos, não é suficiente para dar validade a cláusulas que ferem direitos individuais expressamente previstos no art. 477, § 8º da CLT e 10, inciso I, do Ato das Disposições Constitucionais Transitórias da Constituição.

São direitos indisponíveis dos trabalhadores que não podem ser suprimidos ou alterados, a não ser, nestes casos, que estejam em jogo concessões mútuas de parte a parte do acordo ou da convenção coletiva de trabalho. Suprimidos, jamais.

A decisão que tratou dessa matéria, vai publicada em seguida:

Acordo coletivo de trabalho. Multa do art. 477 da CLT e multa de 40% do FGTS. Renúncia. Invalidade. 1. O Sindicato da categoria profissional, ao encetar negociação coletiva visando à flexibilização de conquistas trabalhistas, não tem poder de disposição plena sobre os direitos individuais dos empregados representados, pois a Constituição Federal somente a autoriza em matéria de jornada de trabalho e de salário (CF/88, art. 7º, incisos VI e XIII). Ainda assim, a negociação coletiva supõe concessões mútuas e, portanto, uma contrapartida à categoria profissional que denote razoável comutatividade. Do contrário, cuida-se de renúncia de direitos, pura e simples. 2. Inválida cláusula de acordo coletivo de trabalho que contempla exclusivamente renúncia dos empregados ao pagamento da multa de 40% sobre os depósitos do FGTS e da multa prevista no art. 477 da CLT, em caso de rescisão contratual. Avença desse jaez afronta os arts. 477, § 8º, da CLT, e 10, inciso I, do Ato das Disposições Constitucionais Transitórias da Constituição Federal. 3. O reconhecimento, em tese, de convenções e acordos coletivos de trabalho (art. 7º, inciso XXVI, da Constituição Federal) não implica a validade de cláusula de acordo coletivo de trabalho que importe patente renúncia a direitos indisponíveis dos empregados. 4. Embargos conhecidos, por violação aos arts. 896 da CLT, e providos para restabelecer a sentença. TST-E-RR-58.407/2002-900-24-00.9 — (Ac. SBDI1) — 24ª Reg. — Rel. Min. João Oreste Dalazen. DJU 9.2.07, p. 610. (Suplemento de Jurisprudência n. 13/2007, p. 98)

Contribuição assistencial patronal. Não homologação

A recurso ordinário interposto pelo Ministério Público do Trabalho foi dado provimento pelo setor de Dissídios Coletivos do TST, para indeferir cláusula constante de Dissídio Coletivo em que o sindicato profissional e o econômico, criaram contribuição assistencial patronal obrigando as empresas da categoria respectiva ao seu recolhimento.

Em verdade, o sindicato profissional não tem poder para concordar com uma obrigação como essa, porque não é, em tese, titular desse direito.

Como bem observado no julgado, cujo teor será conhecido, a seguir, "o fundamento lógico de uma determinada cláusula — inclusive a de natureza obrigacional — é a existência de interesses contrapostos entre as partes representantes das categorias, ou então entre aquelas representadas."

Dissídio coletivo. Acordo. Contribuição assistencial patronal. 1. A negociação coletiva, bem assim o dissídio coletivo visam a compor o conflito entre as partes nele envolvidas (arts. 114, *caput* e § 2º, da Constituição da República, 611, 613, 616, § 4º, da CLT). Decorre que o fundamento lógico de uma determinada cláusula — inclusive a de natureza obrigacional — é a existência de interesses contrapostos entre as partes representantes das respectivas categorias ou, então, entre aquelas representadas. 2. Não se homologa, assim, em dissídio coletivo de natureza econômica, cláusula avençada entre o sindicato da categoria profissional e o sindicato da categoria econômica, criando contribuição assistencial devida por empresas ao respectivo sindicato patronal, até porque o sindicato suscitante não tem nenhum poder de disposição, a respeito, não podendo transigir sobre direito de que nem sequer em tese é o titular. 3. Recurso ordinário interposto pelo Ministério Público do Trabalho a que se dá provimento para indeferir a homologação da cláusula 37. TST-RODC-76.242/2003-900-04-00.7 — (Ac. SDC) — Red. Desig. Min. João Oreste Dalazen. DJU 9.2.07, p. 596. (Suplemento de Jurisprudência LTr 13/2007, p. 101)

Dissídio coletivo de trabalho. Comum acordo. Abuso de direito. Colisão de direitos fundamentais

Como se sabe, o art. 114, § 2º, da Constituição Federal foi alterado pela EC n. 45/04, para viger sob a redação seguinte:

"Recusando-se qualquer das partes à negociação coletiva ou à arbitragem, é facultado às mesmas, de comum acordo, ajuizar dissídio coletivo de natureza econômica, podendo a Justiça do Trabalho decidir o conflito, respeitadas as disposições mínimas legais de proteção ao trabalho, bem como as convencionadas anteriormente."

Para resolver a situação de recusa reiterado do sindicato patronal em participar da negociação, afastando a aplicação do disposto no art. 867, alínea "a", que determina a data da vigência da sentença normativa, decidiu o TRT 15ª Região, com o voto ponderado da Desembargadora Teresa Asta, que a recusa, no caso, configura abuso de direito de uma parte que leva ao cerceamento do acesso à jurisdição para a outra parte, como um direito fundamental garantido pela Carta Magna.

Se é nula a recusa do sindicato patronal à negociação, por inconstitucional, na forma muito bem explicitada pela Des. Teresa Asta, como contorná-la para que o acesso à jurisdição seja restabelecida?

A nosso ver, o meio a ser utilizado será a greve com espeque no que dispõe o art. 3º da Lei de Greve, n. 7.783, de 28.6.89, por ter sido frustrada a negociação que deveria ser de comum acordo, eis que durante a paralisação poderá ocorrer acordo como prevê o art. 9º da Lei de Greve.

Segue a Ementa da decisão aqui cogitada:

Dissídio coletivo. A reiterada recusa injustificada à participação no processo negocial afasta a aplicação do disposto no parágrafo único e inciso "a" do art. 867 da CLT e leva a manutenção da database. Também implica na concordância que configura o comum acordo, devendo ser rechaçada a preliminar de ausência de pressuposto processual para instauração de instância, sob pena de configurar cerceamento do direito de acesso à jurisdição, garantido como fundamental pela CF. Interpretação dos arts. 5º, XXXV e LXXVIII, 8º III e 114, § 2º da CF/1988. A comprovada recusa reiterada do sindicato patronal em participar do procedimento negocial afasta a aplicação do disposto no parágrafo único e inciso "a" do art. 867 da CLT, e leva à manutenção da data-base. Também configura comum acordo para a instauração do dissídio coletivo, pois o abuso de direito de uma das partes não pode levar ao cerceamento do acesso à jurisdição para a outra parte, direito fundamental garantido pela CF em vigor. A aplicação da norma infraconstitucional e a interpretação do preceituado no §2º do art. 114 da CF/1988 não pode levar à colisão dos direitos fundamentais assegurados pelos arts. 5º, XXXV e LXXVIII, 8º III da CF/1988, devendo ser pautada pelos princípios de hermenêutica constitucional, notadamente o da concordância prática e da efetividade, a fim de preservar a unidade da Carta Constitucional da República. TRT 15ª Reg. (Campinas/SP) Proc. 1260-2009-000-15-00-7 — (Ac. 198/10-PADC, SDC.) — Relª Tereza Aparecida Asta Gemignani. DEJT 20.5.10, p. 24.(Suplemento de Jurisprudência LTr n. 32/2010, p. 254).

Emenda Constitucional n. 45/04. Dissídio coletivo de greve

A instauração da greve, de que trata recente decisão proferida pelo SDC, da 2ª Região, relatada pela Juíza Wilma Nogueira de Araújo Vaz da Silva, versa sobre dispensa de empregados.

Após examinadas as várias formalidades desse tipo especial de processo e de seus incidentes na vigência da EC n. 45/04, ficaram mantidas as normas preexistentes constantes de acordo proferido em dissídio coletivo anterior e quanto à paralisação foi dada como indevida por que a matéria (dispensa de 12 empregados) foge ao âmbito de apreciação em dissídio coletivo por envolverem interesses concretos, próprios de dissídios individuais.

Segue transcrição do acórdão, em seu inteiro teor:

I — Preliminares. 1. Greve. Competência. Art. 114, II, da Constituição Federal. Permanece incólume e inconteste a competência da Justiça do Trabalho para processar e julgar as ações que envolvam o exercício do direito de greve, nos estritos termos do inciso II acrescentando ao artigo 114 da Constituição Federal pela Emenda Constitucional n. 45/2004. Não se pode forjar uma antinomia entre o artigo 114 e a cláusula pétrea da indeclinabilidade da jurisdição, contemplada no inciso XXXV do artigo 5º da Carta Magna, resumida no princípio segundo o qual a lei não excluirá da apreciação do Poder Judiciário lesão ou ameaça a direito. 2. Interesse de agir. Negociação intersindical: O fato de as negociações entre o sindicato suscitante e o sindicato patronal se encontrarem em vias de finalização para conclusão de Convenção Coletiva de Trabalho não impede o estabelecimento das normas entre a Fundação e o sindicato patronal, até porque já existe norma coletiva preexistente entre ambos; 3. Legitimidade. Negociação: A condução das negociações pela associação resta legítima, porquanto se trata de movimento localizado, o que não afasta a legitimidade do sindicato profissional para instauração do dissídio coletivo de greve, vez que é o representante da categoria; 4. Abrangência: A abrangência da norma coletiva fica limitada à área de representatividade do sindicato suscitante, bem como à categoria por este representada, quando a correspondente carta sindical, juntada nos autos, assim o autoriza; 5. Pedidos econômicos e sociais em dissídio de greve: Ação com natureza de dissídio coletivo de greve obviamente possui um objeto que, no caso, é traduzido por condições econômicas e sociais; II — Mérito — 6. Greve localizada. Formalidades: O movimento grevista localizado não exige maiores formalidades para sua instauração; 7. Dispensa de empregados. Interesse concreto: As dispensas, em número de doze, não configuram despedida em massa e não foram realizadas após a deflagração da greve, de modo que a matéria foge ao âmbito de apreciação em dissídio coletivo. Questão afeta a dissídio individual, por se tratar de interesse concreto; 8. Dissídio coletivo. Normas preexistentes: As cláusulas sociais constantes de acordo proferido em dissídio coletivo anterior são mantidas em dissídios subseqüentes, por expressa disposição contida na parte final do § 2º, do artigo 114, da Constituição Federal. TRT 2ª Reg. DCG 20086200500002009 — (Ac. SDC 2005000777) — Rela Juíza Wilma Nogueira de Araújo Vaz da Silva. DJSP 13.5.05, p. 247. (Suplemento de Jurisprudência. LTr n. 22/2005, p. 172).

Estabilidade temporária firmada em cláusula de convenção coletiva ou acordo coletivo. Exceção à doença profissional ou acidente de trabalho ocorridos durante a vigência da cláusula

A grande discussão que existe em torno dessa matéria é, sem dúvida, o do direito adquirido do empregado em face de cláusula de acordo ou convenção coletiva que o beneficia e que não tenha sido renovado no término de sua vigência.

Sobre o tema a respeito do direito adquirido o Prof. *Arion Sayão Romita*, em seu artigo publicado na Revista LTr 51-5/553, esclarece que:

"não há que se falar aqui em direito adquirido. Em tema de sucessão de convênios coletivos, a noção de direito adquirido aparece manifestamente deslocada, se o tema em foco é de natureza contratual, portanto de direito privado, descabe a alusão ao direito adquirido, noção emergente do campo de garantias individuais, de caráter negativo, como limitação à interferência estatal na esfera dos direitos de cada um".

O mesmo ocorre com a sentença normativa que tem eficácia de coisa julgada e que, no entanto, também é eficaz no tempo, ou seja, até que seja substituída por outra norma coletiva ou até que decorra o prazo de sua vigência.

No que toca a essa matéria vem a tona o Enunciado n. 277, como segue:

"En. n. 277: As condições de trabalho alcançadas por força de sentença normativa vigoram no prazo assinado, não integrando, de forma definitiva, os contratos" (Res. n. 10/1988, DJ 1º.3.1988).

Uma exceção, no entanto, foi aberta para esse entendimento, pela finalidade social e humana do acidentado ou daquele que sofre doença profissional a ele equiparado, como se pode verificar pela OJ n. 41, da SBDI-I (TST), cujo teor é o seguinte:

"Estabilidade. Instrumento normativo. Vigência. Eficácia. Preenchidos todos os pressupostos para a aquisição de estabilidade decorrente de acidente ou doença profissional, ainda durante a vigência do instrumento normativo, goza o empregado de estabilidade mesmo após o término de vigência deste".

Norma coletiva. Legitimidade ativa exclusiva do Ministério Público do Trabalho

O entendimento de que empregado ou empregador possam ajuizar ação anulatória de cláusula constante de norma coletiva é equivocado.

A razão é simples para que tal procedimento não possa ocorrer, eis que a vontade do trabalhador ou do empregador, de forma isolada é individual não pode se sobrepor à vontade das categorias respectivas (econômica ou profissional).

Caberá, isto sim, ao empregado ou ao empregador, em ação individual discutir o direito subjetivo que julguem contrários a seus interesses, para tornar a norma violadora sem eficácia apenas para os postulantes.

Contudo, será muito difícil anular uma vontade coletiva respaldada na legitimidade da representação das categorias envolvidas e na aprovação de assembleia legal.

Daí porque se entende que a legitimidade para pretender anular, judicialmente, norma coletiva é do Ministério Público do Trabalho, com exclusividade, já que a ele cabe a importante tarefa constitucional de defender também os interesses sociais e individuais indisponíveis, na forma do que dispõe o art. 127, da CR/88, e o art. 83, IV, da Lei Complementar n. 75, de 20.5.93

Nesse sentido é a decisão do SDC/TST, cuja Ementa segue publicada:

Ação anulatória. Legitimidade ativa exclusiva do Ministério Público do Trabalho (arts. 127 e seguintes da Constituição Federal, c/c o art. 83 da Lei Complementar n. 75, de 20.5.93). Ilegitimidade ativa do empregado. O membro de uma categoria, seja econômica seja profissional, não tem legitimidade para pleitear, em ação anulatória, a declaração de nulidade, formal ou material, de uma ou de algumas das condições de trabalho constantes de instrumento normativa. Se entende que seu direito subjetivo está ameaçado ou violado, cabe-lhe discutir, por meio de dissídio individual, a validade, formal ou material, seja da assembleia-geral, seja das condições de trabalho, postulando, não a sua nulidade, mas sim a sua ineficácia, com efeitos restritos no processo em que for parte. Realmente, permitir que o trabalhador ou uma empresa, isoladamente, em ação anulatória, venha se sobrepor à vontade da categoria, econômica ou profissional, que representa a legítima manifestação da assembleia, quando seus associados definem o objeto e o alcance de seu interesse a ser defendido, é negar validade à vontade coletiva, com priorização do interesse individual, procedimento a ser repelido nos exatos limites da ordem jurídica vigente. Ação anulatória extinta sem apreciação do mérito, nos termos do art. 267 do CPC. TST-ROAA-771/2002-000-12-00.1 — (Ac. SDC) — 12ª Reg. — Red. Desig. Min. Milton de Moura França. DJU 11.4.06, p. 515. (Suplemento de Jurisprudência LTr 22/2006, p. 169)

EQUIPARAÇÃO SALARIAL

Equiparação salarial entre empregado da prestadora de serviços e empregado da empresa tomadora de serviços. Possibilidade. Precedentes

A presente decisão refere-se a equiparação salarial entre empregados de duas empresas distintas, ou seja, entre a prestadora de serviços e a tomadora de serviços.

O fundamento do decidido é o art. 12, da Lei n. 6.019/74 em face dos arts. 5º, *caput* e 7º, XXXII da Constituição Federal, por interpretação analógica.

O art. 12 da Lei n. 6.019/74 que dispõe sobre o trabalho temporário estabelece que fica assegurado ao trabalhador temporário remuneração equivalente à percebida pelos empregados da mesma categoria da empresa tomadora.

O art. 5º, *caput*, da CF/88, declara que "todos são iguais perante a lei", e o art. 7º, inciso XXXII proíbe distinção entre trabalho manual, técnico e intelectual entre os profissionais respectivos. A Ementa é a que segue:

Recurso de embargos interposto na vigência da Lei n. 11.496/2007. Equiparação salarial entre empregado da empresa prestadora de serviços e empregado da empresa tomadora de serviços. Possibilidade. Precedentes. Esta Corte, tendo em vista uma interpretação analógica do art. 12 da Lei n. 6.019/1974 em face dos arts. 5º, *caput*, e 7.º, XXXII, da Constituição Federal, perfilha o entendimento de que aos empregados da empresa prestadora de serviços deve ser conferida isonomia de direitos em relação aos empregados da empresa tomadora de serviços. Recurso de Embargos conhecido e desprovido. TST-E-RR-215/2007-017-06-00.4 — (Ac. SBDI-1) — Relª. Min. Maria de Assis Calsing. DJe/TST n. 381/09, 17.12.09, p. 802. (Suplemento de Jurisprudência n. 13/2010, p. 100).

Grupo econômico

O grupo econômico, também chamado Grupo Empresário, é o fenômeno da concentração das empresas como um conjunto de unidades autônomas e independentes, subordinados, contudo, a um controle de direção.

A concepção legal do grupo empresário está no art. 2º, § 2º, da CLT, definindo uma solidariedade que opera efeitos jurídicos, pressupondo uma empresa dominadora (empresa mater) e outras controladas.

Quanto à solidariedade entre as empresas de um mesmo grupo, tem-se que ela é ativa, por representar "empregador único", para os efeitos da relação de emprego.

A questão que ora enfrentamos diz respeito à equiparação salarial de empregado tendo por comparação outro empregado, este porém, de outra empresa do mesmo grupo econômico.

O art. 461/CLT dá os requisitos para que haja a equiparação salarial, a saber: 1) função idêntica; 2) trabalho de igual valor; 3) prestado ao mesmo empregador; 4) na mesma localidade; 5) entre pessoas cuja diferença de tempo de serviço na função, não seja superior a dois anos.

Se tais requisitos forem atendidos, inclusive com trabalho prestado ao mesmo empregador, neste caso, ao mesmo grupo econômico, como empregador único, será procedente o pedido de equiparação.

É o que se contém da decisão cuja ementa segue transcrita:

Recurso de Revista. Equiparação salarial. Grupo econômico. O Tribunal Regional entendeu que Reclamante e paradigma prestavam serviços a empresas distintas integrantes do mesmo grupo econômico. Tal fato levou o julgado revisando a reconhecer que restou desatendido apenas um dos requisitos do art. 461 da CLT. Porém, reconhecida a identidade de tarefas desempenhadas pelo reclamante e paradigma, alinho-me ao entendimento doutrinário no sentido de que "...a equiparação é um efeito da relação de emprego e o legislador, ao definir a natureza da responsabilidade em exame, não estabeleceu qualquer distinção no tocante às obrigações contratuais, entre as quais encontra-se o respeito ao princípio da isonomia. Dessa forma, as empresas integrantes de um mesmo grupo econômico serão consideradas pela mesma empresa, para fins de equiparação (...)". (Alice Monteiro de Barros). Recurso de revista conhecido e provido. TST-RR-794/2006-010-19-00.9 — (Ac. 6ª T.) — 19ª Reg. — Rel. Min. Horácio Raymundo de Senna Pires. DJU 7.3.08, p. 261. (Suplemento de Jurisprudência LTr 28/2008, p. 221)

Mesma titulação acadêmica

Para que ocorra a equiparação de salários entre dois empregados de um mesmo empregador, por trabalhos na mesma localidade, necessário se faz que sejam atendidos os requisitos do art. 461, da CLT, no sentido de se apurar se existe entre ambos "trabalho de igual valor", cuja diferença de tempo de serviço não seja superior a dois anos.

A prova do "trabalho de igual valor" há de ser produzida no sentido da idêntica produtividade e mesma perfeição técnica, ou seja, quantitativamente e qualificadamente.

Tais requisitos não se aplicam ao empregador que tiver pessoal organizado em carreira, caso em que as promoções deverão obedecer a critérios de antiguidade e merecimento.

A questão que serve de objeto a este artigo diz respeito a dois empregados que possuem a mesma titulação acadêmica, sendo certo que o empregador de ambos não conseguiu provar a diferença, seja na produtividade, seja na qualidade dos serviços prestados, resultado remanescente apenas a mesma titulação acadêmica.

É que, em matéria de equiparação salarial o *ônus probandi* para elidir o pedido de um empregado em relação ao outro, é do empregador quanto aos fatos impeditivos, modificativos ou extintivos do reclamante.

A Ementa dessa decisão é a que segue:

"Equiparação salarial. Reclamante e paradigma com mesma titulação acadêmica. O art. 461 e parágrafos da CLT prevêem quais são os requisitos que devem ser preenchidos para que o empregado tenha direito à equiparação salarial. Desse modo, a identidade de função, de empregador, de localidade e de simultaneidade no exercício de função idêntica são fatos constitutivos do direito do reclamante, cabendo a este a prova dos mesmos, por força do disposto nos arts. 818 da CLT c/c 333, I, do CPC. Ao reclamado, por sua vez, incumbe a prova dos fatos impeditivos, modificativos e extintivos do direito do reclamante (art. 333, II, do CPC e item VIII da Súmula n. 06 do C. TST), que no pleito por equiparação salarial são: diferença de perfeição técnica e produtividade, diferença de tempo de serviço superior a 2 (dois) anos, existência de quadro de carreira e paradigma investido na função em decorrência de readaptação previdenciária (/S/S4 do art. 461 da CLT). Assim, considerando que modelo e reclamante são detentores do mesmo título de Mestre e que a reclamada não logrou êxito em comprovar que o paradigma é possuidor de maior formação teórica, torna-se cabível a equiparação pleiteada". TRT 3ª Reg. RO 01891-2006-147-03-00-0 — (Ac. 5ª T.) — Rel. Des. Lucilde D'Ajuda Lyra de Almeida. DJMG 15.3.08, p. 17. (Suplemento de Jurisprudência LTr n. 29/2008, p. 229)

Identidade de função. Perfeição técnica. Efeitos

A Ementa da decisão do TRT/9ª Região, que trata da matéria epigrafada, dá-nos conta de interpretação do termo perfeição técnica de que menciona o art. 461 da CLT.

Por essa interpretação, a perfeição técnica capaz de possibilitar a equiparação salarial na se refere à formação universitária do profissional, mas, sim, à qualidade dos serviços prestados.

Assim, a prova produzida no processo é que irá dar a conclusão sobre a mesma perfeição técnica entre equiparando e equiparado.

Equiparação salarial. Identidade de função. Local. Perfeição técnica. O que caracteriza a identidade de função para efeito de equiparação salarial é o conjunto de atividades e atribuições do autor e paradigma. O labor em setores distintos e com especialidades diversas não descaracteriza a identidade de função, nem diferencia a perfeição técnica. O art. 461 da CLT exige que a prestação de serviços seja na mesma localidade e não no mesmo setor. A perfeição técnica não está ligada à especialidade do setor, mas à qualidade do serviço prestado. Neste sentido, irrelevante para a configuração da equiparação a formação acadêmica mais elevada do paradigma, pois a formação acadêmica não é elemento definidor da qualidade do serviço, mesmo que utilizada pelo empregador como critério para a contratação. TRT 9ª Reg. RO-33097/2007-009-09-00.0 — (Ac. 4ª T.) — Rel. Rel. *Sérgio Murilo Rodrigues Lemos*. DJe/TRT n. 368/09, 30.11.09, p. 71. (Suplemento de Jurisprudência LTr n. 13/2010, p. 100).

ESTABILIDADE

Contrato de experiência. Acidente de trabalho. Estabilidade acidentária

Por divergência jurisprudencial foi conhecido Recurso de Revista imposto por reclamante que, apesar de contratado por experiência, nesse período sofreu acidente de trabalho.

A divergência foi constatada em razão de interpretação dada ao contrato de experiência considerado como contrato a termo ou por prazo determinado (art. 443, da CLT).

Tal contrato, no entender de *Mauricio Godinho Delgado* é o acordo bilateral entre empregado e empregador, com prazo máximo de noventa dias, cuja dilatação temporal justifica-se em função da fase probatória porque possam as partes antes da contratação definitiva (*Curso de Direito do Trabalho*, LTr. 2003. p. 536).

Ocorre, no entanto, que o art. 118 da Lei n. 8.213/91, afirma que o segurado que sofreu acidente de trabalho tem garantido, pelo prazo mínimo de doze meses, a manutenção de seu contrato de trabalho, após a cessação do auxílio-doença acidentário, sem menção a prazo da duração do contrato de trabalho.

Registre-se que o art. 472, § 2º, da CLT, a suspensão dos contratos em casos de acidentes do trabalho, dispositivo esse que deve ser analisado em conjunto com o art. 476, da CLT, e o art. 63 da Lei n. 8.213/91, todos levando à conclusão de que deve haver a manutenção do contrato de emprego enquanto o trabalhador estiver em período de incapacidade ou de redução laborativa, com a duração de um ano, a teor do art. 118 da Lei n. 8.212/91.

Nesse sentido a Ementa da decisão da 3ª T., do TST abaixo transcrita:

Recurso de Revista. 1. Contrato de experiência. Caracterização. Impossibilidade de revolvimento de fatos e provas. Divergência jurisprudencial não caracterizada. Aresto inespecífico. O recurso de revista se concentra na avaliação do direito posto em discussão. Assim, em tal via, já não são revolvidos fatos e provas, campo em que remanesce soberana a instância regional. Diante de tal peculiaridade, o deslinde do apelo considerará, apenas, a realidade que o acórdão atacado revelar (Súmula n. 126 do TST). Por outra face, sem divergência jurisprudencial específica (Súmulas ns. 23 e 296 do TST), não prospera o recurso de revista. Recurso de revista não conhecido. 2. *Estabilidade provisória decorrente de acidente do trabalho (Art. 118 da Lei n. 8.213/91). Contrato de Experiência. Cabimento.* 2.1. "O contrato de experiência é modalidade de ajuste a termo, de curta duração, que propicia às partes uma avaliação subjetiva recíproca: possibilita ao empregador verificar as aptidões técnicas e o comportamento do empregado e a este último analisar as condições de trabalho" (Desembargadora Alice Monteiro de Barros). Cuida-se de contrato especial, diverso daqueles (de prazo determinado) a que a Lei o irmana, na medida em que traz como ínsita à sua natureza a expectativa de prorrogação e indeterminação, sendo esta circunstância chancelada pela normalidade dos fatos, pelo que ordinariamente acontece. Em tal espécie, não está o contrato ligado a trabalho ou atividade empresarial transitórias, mas se agrega ao absoluto cotidiano dos contratos de prazo indeterminado mantidos pelo empregador, salvo pela possibilidade de se definir prazo de duração. 2.2. O art. 118 da Lei n. 8.213/91, respondendo à diretriz do art. 7º, XXII, da Carta Magna, afirma que "o segurado que sofreu acidente do trabalho tem garantida, pelo prazo mínimo de doze meses, a manutenção do seu contrato de trabalho na empresa, após a cessação do auxílio doença acidentário, independentemente da percepção de auxílio-acidente." 2.3. Com atenção aos fins sociais buscados pela Lei (LICC, art. 5º), não se deve, no entanto, rejeitar a estabilidade provisória do empregado acidentado no curso de contrato de experiência. O infortúnio do trabalhador ceifa-lhe a oportunidade de manutenção do trabalho — expectativa que legitimamente mantém —, impondo-lhe o desemprego por força de evento que, acrescido o dano à sua saúde, decorre de fato estritamente vinculado à atividade empresarial. Não se espera que, ante o ônus que a Lei ordena, permitindo-se-lhe o desfazimento do pacto laboral, opte o empregador pela sua prorrogação. Mesmo que viessem a ser aprovadas as suas aptidões técnicas, o empregado amargará as consequências de sua saúde deteriorada sob a austeridade e sofrimento do desemprego. Não disporá do prazo que o ordenamento objetivo, sabiamente, disponibilizaria à sua recuperação. 2.4. Devida a estabilidade provisória, ainda quando se cuide de contrato de experiência. Precedente. Recurso de revista conhecido e parcialmente provido. TST-RR-1519/2005-020-12-00.7 — (Ac. 3ª T.) — Rel. Min. Alberto Luiz Bresciani de Fontan Pereira. DJe/TST n. 181/09, 26.2.09 (Div.), p. 601. (Suplemento de Jurisprudência LTr n. 27/2009, p. 211)

Estabilidade acidentária. Contrato a prazo certo. Inviabilidade

A decisão ementada sobre a matéria em epígrafe refere-se a contrato de safra em que as partes têm prévio conhecimento de que, uma vez encerrada a safra, acontece a extinção do contrato de trabalho (Lei n. 5.889/1973, art. 14).

Está correta a decisão com fundamento no fato de que o instituto da estabilidade é incompatível com o contrato por prazo certo ou determinado.

A ementa dá-nos de modo claro e satisfatório, os pormenores da questão posta em juízo e devidamente apreciada pela 15ª Região, como segue:

Estabilidade acidentária. Contrato a prazo certo. Inviabilidade. Celebrado o contrato a prazo certo, ainda que não haja data certa de limite de duração, como no caso da safra, as partes têm prévia ciência de que, encerrada a safra, ocorre a extinção do contrato (Lei n. 5.889/73, art. 14). Logo, não se cogita de direito a aviso prévio e outras verbas pertinentes aos contratos por prazo incerto, nem se admite a ocorrência de fato que no contrato a prazo incerto confere direito à estabilidade provisória e venha a beneficiar o empregado, sob pena de violação da manifestação legítima de vontade das partes. No caso, a reclamante não logrou provar que o seu contrato teve início antes do início da colheita, mesmo porque argumenta na inicial e no seu recurso que no curso do contrato executava serviços que eram de colheita. Além dessa circunstância, não há prova de que a colheita só tenha se iniciado depois de 25.4.2005, haja vista que é fato público e notório que as novas variedades de cana plantadas nas lavouras paulistas não só propiciaram início da colheita antes do que costumeiramente ocorria alguns tempos atrás, como se ampliou a duração da colheita. Com efeito, se antes a colheita de cana no Estado de São Paulo se iniciava em maio/junho e se encerrava outubro/novembro, atualmente inicia-se em abril/maio e se encerra em novembro/dezembro. Em razão da modalidade de contratação (a prazo certo), não há como reconhecer o direito à estabilidade porque o instituto é incompatível com o contrato a prazo certo. Recurso conhecido e desprovido. TRT 15ª Reg. (Campinas/SP) Proc. 132200-68.2008 — 5.15.0156 RO — (Ac.

28704/10-PATR, 10ªC.) — Rel. José Antonio Pancotti. DEJT 20.5.10, p. 317. (Suplemento de Jurisprudência LTr n. 33/2010, p. 261).

Estabilidade acidentária em contrato de experiência. Reintegração

Como se sabe, o contrato de experiência é um contrato por prazo determinado e, por isso, sofre certas restrições com relação a direitos do empregado assim contratado.

No caso, porém, de ocorrência de acidente do trabalho durante seu curso, não haverá nenhuma restrição quanto à proteção do art. 118 da Lei n. 8.213/91, que é de um ano, mantido o emprego.

Isto porque o texto legal, em sua literalidade, não faz nenhuma distinção entre os beneficiários desse tipo de proteção quanto aos prazos dos contratos de trabalho.

A Ementa da decisão a seguir transcrita é esclarecedora, a saber:

Acidente de trabalho. Contrato de experiência. Estabilidade acidentária. Reintegração. Contrato de experiência tem natureza efetiva de contrato de prova, permitido por lei, no qual o empregador se utiliza para aferir a capacidade técnica do obreiro, assiduidade, disciplina, convivência colegas de serviço, não havendo como afastar o trabalhador da proteção do art. 118 da Lei n. 8.213/91, caso durante essa experiência sobrevenha o infortúnio. A literalidade do texto legal não distingue os beneficiários dessa proteção: se são os que firmaram contratos a prazo determinado ou indeterminado. Solução simplista seria aplicarmos o brocardo hermenêutico segundo o qual não nos cabe distinguir onde a lei não o faz. Entretanto, sabe-se que na árdua tarefa de interpretarmos a lei mister auscultarmos a verdadeira razão de ser do instituto, sua dimensão teleológica. A estabilidade visa mitigar os efeitos do infortúnio ocorrido em virtude do trabalho, obrigando a participação das empresas, na medida em que não podem dispensar o trabalhador cujo acidente ocorreu quando estava colocando a força de trabalho à sua disposição. Parafraseando Dr. Danilo Augusto Abreu de Carvalho, eminente Juiz do Trabalho que infelizmente já nos deixou, o trabalhador não é uma laranja que o empregador suga o sumo e joga o bagaço fora. Há o lado do interesse público em jogo, pois é cediço que interessa à sociedade que todos estejam devidamente empregados, restando despiciendo relatarmos os efeitos deletérios do desemprego, pois disto se encarregam os noticiários. Se durante esse contrato de prova a capacidade técnica e demais regras de convivência ainda não foram aferidas — interesse do empregador — ocorrendo o infortúnio, o empregado passa a gozar da estabilidade legal — interesse público. TRT 17ª Reg. RO 00806.2008.009.17.00.8 — (Ac. 8616/09) — Relª. Juíza Wanda Lúcia Costa Leite França Decuzzi. DJe/TRT 17ª Reg, 20.8.09, p. 12. (Suplemento de Jurisprudência LTr n. 45/2009, p. 345).

Estabilidade de gestante. Concepção no curso do aviso prévio indenizado

O aviso prévio pode ser, pela CLT, concedido no tempo concomitante à vigência do contrato de trabalho ou, ainda, indenizado, com o pagamento do salário respectivo, sem a prestação do trabalho.

Esse aviso, quando indenizado, projeta a contrato para o futuro garantida a integração do período ao tempo de serviço do empregado.

Por força disso, defende-se que tudo o que venha a ocorrer no período projetado pelo aviso prévio indenizado, passa a ser direito do respectivo empregado.

A jurisprudência do Tribunal Superior do Trabalho vem se firmando no sentido de que não é bem assim, tanto que a concepção no curso do aviso prévio indenizado não assegura à empregada a estabilidade provisória da gestante.

A matéria está, inclusive, sumulada após OJ no mesmo sentido.

A decisão da 4ª Turma do TST, é bastante clara e elucidativa a esse respeito, razão pela qual a transcrevemos em seguida:

Gestante. Estabilidade provisória. Concepção no curso do aviso prévio indenizado. O Regional consigna expressamente que "não há nenhuma dúvida de que a concepção tenha ocorrido no período do aviso prévio indenizado" e conclui que "os fatos ocorridos no tempo destinado ao aviso prévio que geram conseqüências no contrato de trabalho repercutem como direito do trabalhador, pois no prazo do aviso prévio ainda vigora o contrato". Esta Corte, entretanto, firmou o entendimento, sedimentado na Orientação Jurisprudencial n. 40 da SDI-1, recentemente convertida na Súmula n. 371, primeira parte, de que "A projeção do contrato de trabalho para o futuro, pela concessão do aviso prévio indenizado, tem efeitos limitados às vantagens econômicas obtidas no período de pré-aviso, ou seja, salários, reflexos e verbas rescisórias", razão pela qual a reclamante não faz jus à estabilidade. Precedentes: TST-RR 473/2003-023-05-00; 4ª Turma, Relator Ministro Barros Levenhagen, DJ 10.12.2004; TST-RR 541067/1999, 4ª Turma, Relator Ministro Barros Levenhagen, DJ 8.3.2002; TST-RR 669555/2000, 5ª Turma, Relator Ministro João Batista Brito Pereira, DJ 22.9.2000. Recurso de revista conhecido e provido. TST-RR 737/2001-091-09-00.4 — (Ac. 4ª T.) — 9ª Reg. — Rel. Juiz Convocado José Antônio Pancotti. DJU 24.6.05, p. 1031. (Suplemento de Jurisprudência LTr 31/2005, p. 245)

Gestante. Confirmação da gravidez. Efeitos

A estabilidade provisória da gestante está assegurada pela alínea *b* do inciso II do art. 10 do Ato das Disposições Constitucionais Transitórias, com início na confirmação da gravidez, até cinco meses após o parto.

A questão, portanto, a ser examinada em tais casos, é, sem dúvida, o relacionado com a confirmação do estado gravídico, em razão de ser ela o elemento deflagrador do período da estabilidade.

A ementa a seguir transcrita refere-se a julgamento da 12ª Região sobre essa questão, firmando o princípio de que tal confirmação deve ocorrer durante o contrato de trabalho ou no período do aviso prévio, mediante exame médico ou laboratorial.

Gestante. Estabilidade. A alínea *b* do inciso II do art. 10 do Ato das Disposições Constitucionais Transitórias assegura à empregada gestante o direito à estabilidade desde a confirmação da gravidez até cinco meses após o parto. Relativamente à confirmação, deve ela se operar ainda durante o contrato de trabalho ou no período de projeção do aviso prévio, mediante exame médico ou laboratorial. Se nem sequer a empregada tinha ciência sobre o seu estado gravídico quando do rompimento do contrato, não há como imputar-se ao empregador o dever de reintegração ou de indenização. TRT 12ª Reg. RO 02310-2007-003-12-00-7 — (Ac. 2ª T., 26.8.2009) — Relª: Juíza Sandra Marcia Wambier. Disp. TRT-SC/DOE 14.9.2009. Data de publ. 15.9.2009. (*In* Suplemento de Jurisprudência LTr n. 47/09, p. 373).

Gestante. Estabilidade provisória

Como se sabe, o art. 10, II, B do Ato das Disposições Constitucionais Transitórias (ADCT), conferiu estabilidade à empregada gestante desde a confirmação da gravidez até cinco meses após a parte.

Ocorre que, em muitas vezes, o empregador desconhece a gravidez de sua ex-empregada e, ao saber do fato, propõe a ela seu retorno ao trabalho, para cumprimento da lei.

Apesar de tais ocorrências, o Judiciário Trabalhista tem reconhecido a estabilidade provisória da gestante (até cinco meses após o parto), e, assim entendendo, tem condenado o empregador, pela omissão, a pagar à empregada o correspondente ao período considerado estável.

Nesse sentido, a Ementa do TST, 8ª Turma, como segue:

I. *Agravo de Instrumento em Recurso de Revista. Procedimento sumaríssimo. Gestante. Estabilidade provisória.* Demonstrada possível violação do art. 10, II, *b*, do ADCT, dá-se provimento ao Agravo Instrumento para determinar o processamento do Recurso de Revista. II. *Recurso de Revista. Procedimento sumaríssimo. Gestante. Estabilidade provisória. Desconhecimento da gravidez pelo empregador. Recusa à oferta de emprego pela reclamante.* Consoante a iterativa, notória e atual jurisprudência desta Corte, consubstanciada na Súmula n. 244, item I, o desconhecimento do estado gravídico pelo empregador não afasta o direito ao pagamento da indenização decorrente da estabilidade. Por outro lado, o fato de a Reclamante ter se recusado a aceitar a proposta de retornar ao trabalho, não implica em renúncia à garantia de emprego, cujo alcance atinge a esfera dos direitos do nascituro. Assim, a decisão que, não obstante reconheça o estado gravídico da empregada quando da dispensa não lhe assegura a indenização decorrente da estabilidade provisória constitucionalmente assegurada, ofende o art. 10, II, *b*, do ADCT. Recurso de Revista conhecido e provido. TST-RR-413/2004-121-15-40.8 — (Ac. 8ª T.) — Rel. Min. Márcio Eurico Vitral Amaro. DJe/TST n. 128/08, 4.12.08 (div.), p. 1.241. (Suplemento de Jurisprudência LTr n. 15/2009, p. 119)

Gestante. Estabilidade provisória. Contrato de experiência. Indenização substitutiva

A jurisprudência dos tribunais trabalhistas desde algum tempo vem entendendo que o contrato de experiência por ser prazo determinado ao se extinguir não constitui dispensa arbitrária ou sem justa causa, conforme Súmula do TST n. 244, inciso III.

Em face disso, o entendimento de nossa Corte Superior é a de que não há direito da empregada gestante à estabilidade provisória em caso de extinção da relação de emprego, se o contrato for de experiência.

A decisão do TRT/17ª Região, cuja Ementa será publicada a seguir dá-nos conta de um entendimento contrário ao da Súmula n. 244, do TST, ao argumento de que o ajuste particular não pode confrontar como o direito fundamental da proteção e amparo à maternidade.

Gestante. Estabilidade provisória. Contrato de experiência. Exaurimento do período de estabilidade. Indenização substitutiva. O direito à licença-gestante, com duração de 120 (cento e vinte) dias, sem prejuízo do emprego e do salário, encontra-se previsto no art. 7º, inciso XVIII, da CRFB/88, combinado com o art. 392, da CLT. Recentemente, a Lei n. 11.770, de 2009 de setembro de 2008, veio instituir o Programa Empresa Cidadã, destinado a prorrogar por 60 (sessenta) dias a duração da licença-maternidade prevista no referido dispositivo constitucional. A estabilidade provisória da empregada gestante, por sua vez, está assegurada no art. 10, II, b, do ADCT desde a confirmação da gravidez até cinco meses após o parto. Tal disposição transitória regulamenta o art. 7º, inciso I, da CRFB até a superveniência da lei complementar ali prevista. As normas constitucionais citadas visam proteger a saúde da trabalhadora e do nascituro, e não fazem expressa distinção entre contratos a prazo determinado e a prazo indeterminado, não cabendo ao julgador fazer tal restrição que, inclusive, encontra-se em desacordo com o princípio da proteção e amparo à maternidade, contido no art. 6º, da CRFB. Portanto, sendo o contrato de experiência uma restrição ao contrato de trabalho por prazo indeterminado, oriundo de ajuste particular, não pode confrontar com o direito fundamental, motivo pelo qual a eficácia da experiência resta prolongada no tempo até o término da garantia do emprego. Apelo a que se dá parcial provimento. TRT 17ª Reg. RO 00953.2007.161.17.00.8 — (Ac. 7606/2009) — Rel. Desª. Sérgio Moreira de Oliveira. DJe/ TRT 17ª Reg. 20.7.09, p. 5. (Suplemento de Jurisprudência LTr n. 42/2009, p. 334).

Membro da CIPA. Estabilidade provisória. Ação proposta após o término do mandato

Em segura decisão, o Egrégio TRT/2ª Região, por sua 10ª Turma, deixou patenteado que a garantia de emprego do representante dos empregados na CIPA, visa a proteger seu mandato, para o bom cumprimento de sua função, como membro eleito para zelar pelos serviços especializados em matéria de segurança e medicina do trabalho.

Nessa conformidade, a dispensa do empregado há que ser discutida judicialmente se o reclamante entendê-la injusta, e se ainda estiver sob o manto da garantia de seu emprego.

No caso da decisão sob comento, a questão se circunscreviu ao exame do exercício do direito e os limites impostos pelo seu fim econômico e social e pela boa-fé (art. 187, do CC).

Assim, se o reclamante, que era membro eleito pelos empregados para compor a CIPA, ingressou com a ação cerca de um ano e seis meses após o término de seu mandato, e, portanto, depois do fim do período da estabilidade provisória, revela a intenção do empregado de receber verbas indevidas, inclusive de salários, FGTS e multa de 40 % referentes ao período de estabilidade.

Segue a Ementa dessa decisão:

A garantia de emprego do representante dos empregados da CIPA, visa a proteger seu mandato, para o bom cumprimento de sua função. No caso de dispensa, o empregado deve buscar seu retorno imediato, propondo a ação judicial em prazo que viabilize sua reintegração. Não se trata de discutir o prazo legal para o ingresso da ação e sim o interesse no retorno ao trabalho e no cumprimento do mandato. A demora no ingresso da ação revela a intenção do empregado de receber salários do período de estabilidade sem o correspondente trabalho, desvirtuando a finalidade da garantia prevista para o representante dos trabalhadores em tão importante comissão. TRT 2ª Reg. RO 01122200206802007 – (Ac. 11ª T. 20060115879) – Rel. Juiz Pedro Carlos Sampaio Garcia. DJSP 21.3.06, p. 179. (Suplemento de Jurisprudência LTr n. 22/2006, p. 173).

EXCEÇÃO DE SUSPEIÇÃO

Amizade íntima entre julgador e patrono da parte. Ausência de provas

A decisão cuja Ementa será transcrita ao final, trata de exceção de suspeição entre o julgador e o advogado de uma das partes no processo em que ambos atuaram.

A exceção foi aceita dado o direito da parte adversa de levantar a questão com a intenção de anular a decisão proferida em seu desfavor.

Contudo, foi julgada improcedente em razão de alegada suspeição ter sido baseado tão somente em amizade entre juiz e advogado de uma das partes no processo.

É claro que amizade íntima poderia como pode levar o julgador a proferir decisão favorável ao advogado, seu amigo. No caso ora examinado, o Juiz poderia dar-se por suspeito por motivo de foro íntimo. Como não o fez, caberia à parte que arguiu a suspeição produzir a prova suficiente.

Essa a Ementa a seguir transcrita:

Exceção de suspeição. Amizade íntima entre julgador e patrono da parte. Cabimento. Improcedência do mérito. Ausência de provas. O fato de o Código de Processo Civil não vislumbrar expressamente a hipótese de suspeição do juiz por amizade íntima com o advogado de uma das partes não desautoriza o conhecimento da exceção. Em primeiro lugar, porque embora não seja parte da demanda principal, o advogado — do mesmo modo que o juiz — pode vir a ser parte em demandas incidentais. Em segundo, porque a sistemática de nossa Lei Adjetiva Cível estende os casos de impedimento e suspeição ao órgão do Ministério Público, aos serventuários da Justiça, ao perito e ao intérprete (art. 138, I a IV), não sendo razoável que exclua unicamente os advogados das partes, cuja proximidade com o juiz pode evidentemente macular a imparcialidade dos julgados. A taxatividade da hermenêutica gramatical não pode prevalecer diante da análise sistêmica do Código de Processo Civil e do princípio da razoabilidade. Ocorre que, no caso concreto, o excipiente não trouxe qualquer elemento comprobatório da alegada amizade íntima entre a Desembargadora Relatora e o advogado da reclamada. Sua alegação de suspeição recaiu no completo vazio da falta de provas, resumidas em uma petição de uma lauda. Não se desvencilhou o excipiente do ônus previsto nos arts. 818 da CLT e 333, I do CPC, razão por que é improcedente sua pretensão. TRT 19ª Reg. EXSUSP 259/2009-000-

19-00.3 — Rel. Severino Rodrigues. DJe/TRT 19ª Reg. n. 378/09, 15.12.09, p. 6. (Suplemento Trabalhista LTr n. 12/2010, p. 094).

EXECUÇÃO

Acordo judicial. Coisa julgada

É da SBDI-I o Acórdão desta notícia, sobre matéria por vezes debatida sem unanimidade de entendimento.

Trata-se de Acordo judicial homologado pela Justiça do Trabalho pelo qual se deu quitação ampla das verbas decorrentes do contrato de trabalho.

A amplitude da transação cobre, pois, eventuais diferenças na multa do FGTS resultantes dos expurgos inflacionários, dado o efeito imunizador da coisa julgada, só rescindível por ação rescisória, na ocorrência das hipóteses previstas em lei.

Segue a transcrição da referida Ementa:

Embargos. Expurgos inflacionários. Multa do FGTS. Acordo judicial homologado. Quitação ampla. Coisa julgada 1. O instituto da coisa julgada constitui um dos pilares da ordem constitucional, representando, ao lado do respeito ao ato jurídico perfeito e ao direito adquirido, afirmação do compromisso da República Federativa do Brasil com a segurança jurídica. 2. Embora a doutrina e a jurisprudência debatam a possibilidade de flexibilização da coisa julgada, em face das circunstâncias que caracterizam cada caso concreto, certo é que não se pode tomar a exceção por regra, ignorando que a coisa julgada constitui princípio e direito fundamental. 3. Existindo, como no caso, acordo judicial homologado, pelo qual deu-se quitação ampla das verbas decorrentes do contrato de trabalho, não é possível fugir à conclusão de que inclusive as diferenças na multa do FGTS, decorrentes dos expurgos inflacionários, estão acobertadas pelo efeito imunizador da coisa julgada. Embargos conhecidos e desprovidos. TST-E-RR-1041/2003- 041-12-00.4 — (Ac. SBDDI-1) — 12ª Reg. — Rel. Min. Aloysio Corrêa da Veiga. DJe/TST n. 69/08, 12.9.08, p. 54. (Suplemento de Jurisprudência n. 50/2008, p. 395).

Execução provisória. Pendência de recurso extraordinário perante o STF

A dúvida que de certa forma existe quanto a este tema se circunscreve ao disposto no art. 893, da CLT, no sentido de que:

"A interpretação de recurso para o Supremo Tribunal Federal não prejudicará a execução do julgado".

Para bem entendermos a matéria será preciso que nos voltemos para o que dispõe o § 2°, do art. 542, do CPC, a saber:

"Os recursos extraordinário e especial serão recebidos no efeito devolutivo", cuja redação leva-nos à conclusão de que, na pendência de tais recursos, a execução será provisória.

Em sede trabalhista o mesmo entendimento prevalece, como se pode verificar pela Orientação Jurisprudencial n. 56, da SDI-2/TST editada em matéria de mandado de segurança, tendo a Súmula n. 228, de STF perdido sua eficácia.

Sobre este assunto, leia-se a Ementa de julgado do TRT/3ª Região, como segue:

Execução. Pendência de recurso extraordinário perante o STF. Não obstante a previsão inserta no parágrafo segundo do art. 893 do Texto Consolidado, no sentido de que "A interposição de recurso para o Supremo Tribunal Federal não prejudicará a execução do julgado", não se pode olvidar do disposto no parágrafo segundo do art. 542 do CPC, segundo o qual "os recursos extraordinário e especial serão recebidos no efeito devolutivo", o que leva à inexorável conclusão de que, na pendência de recurso, a execução será provisória e não definitiva. Aliás, de acordo com o art. 587 do CPC, "A execução é definitiva, quando fundada em sentença transitada em julgado ou em título extrajudicial; é provisória, quando a sentença for impugnada mediante recurso, recebido só no efeito devolutivo". Ora, se existe recurso pendente de julgamento, a sentença exeqüenda não se encontra acobertada pela autoridade da coisa julgada. Portanto, nesse caso, a execução é provisória e não definitiva. Este também é o entendimento que se extrai da Orientação Jurisprudencial n. 56 da SDI-2 do Col. TST, *verbis*: "Mandado de segurança. Execução. Não há direito líquido e certo à execução definitiva na pendência de recurso extraordinário ou de agravo de instrumento visando a destrancá-lo". A Súmula n. 228 do STF perdeu sua eficácia com a vigência do CPC de 1973. De autorizar-se, no entanto, o levantamento parcial do crédito, no importe correspondente a 60 vezes o salário-mínimo, o que se faz com fulcro no art. 475-O, inciso III, e § 2º, inciso I, do CPC. TRT 3ª Reg. AP 00104-2003-064-03-00-8 — (Ac. 4ª T.) — Rel. Des. Julio Bernardo do Carmo. DJMG 15.12.07, p. 18. (Suplemento de Jurisprudência LTr n. 11/2008, p. 83).

Impenhorabilidade de móveis e eletrodomésticos que guarnecem a residência do executado. Inteligência do inciso II do art. 649 do CPC

Invocando o princípio do não aviltamento do devedor, o TRT da 11ª Região, julgou no sentido de que os bens que guarnecem a moradia são impenhoráveis.

Não fosse assim, segundo a decisão, não estaria mantida a sobrevivência com um mínimo de dignidade.

Prossegue esclarecendo que os atos executórios devem observar a margem protetora que lhe garante o artigo 649, do CPC sob pena do aviltamento do devedor.

A Ementa a seguir transcrita encontra-se no Suplemento de Jurisprudência LTr n. 14/2010, p.111.

Princípio do não-aviltamento do devedor. Impenhorabilidade dos móveis e eletrodomésticos que guarnecem a residência do executado. Inteligência do inc. II do art. 649 do CPC. A condição de devedor não implica o despojamento do executado dos bens que guarnecem sua moradia, proporcionando-lhe sobrevivência com o mínimo de dignidade, sem reduzi-lo a situação de miserabilidade. Os atos executórios devem observar a margem protetora que lhe garante o art. 649 do CPC, sob pena de lesão aos princípios da dignidade humana e do não-aviltamento do devedor. *In casu*, os bens penhorados são constituídos por cadeiras, mesas, cama, armário, fogão, guarda-roupa, pequenas TVs, etc., alguns em péssimo estado, todos muito simples e já desgastados pelo uso, haja vista o valor com que foram avaliados, que sequer garante integralmente o juízo. Tratam-se em verdade de bens absolutamente impenhoráveis, impondo--se a nulidade do auto de penhora. TRT 11ª Reg. AP-15660/2000-004-11-00 — (Ac. 1ª T.) — Relª. Desª. Francisca Rita Alencar Albuquerque. DJe/TRT 11ª Reg. n.398, 11.12.09, p. 6.

Penhora *on line*. Início do prazo para embargos à execução

O Tribunal Regional do Trabalho da 12ª Região, por sua 1ª Turma, proferiu decisão a respeito do tema em referência, a qual sinaliza para uma importante questão processual, qual seja, a do início do prazo para oferecimento dos embargos à execução nos casos de bloqueio de conta bancária.

A esse respeito há quem entenda que o início do prazo para oferta de embargos à execução ocorre a partir do auto de penhora e da devida intimação da executada.

Para os que assim entendem, não há penhora com o bloqueio de conta bancária por ter esse bloqueio a natureza jurídica de medida cautelar e não de penhora.

A decisão mencionada da 12ª Região, no entanto, é no sentido de que na hipótese de penhora *on line*, assim como se dá com o depósito de valor da execução, é desnecessária a formalização do auto respectivo.

A seguir vai a transcrição da Ementa dessa decisão, cuja íntegra pode ser encontrada no Suplemento indicado:

Embargos à Execução. Início do prazo. Ciência inequívoca da realização de penhora on line. *Desnecessidade de intimação para oposição de Embargos à Execução.* O executado que, expressamente, noticia e comprova a realização da penhora *on line*, e deixa de opor embargos à execução, no prazo de cinco dias que se seguem, não pode alegar o desconhecimento da penhora, como justificativa para a inobservância do prazo dado pelo art. 884 da CLT. (TRT 12ª Reg. AP 03177-2002-018-12-85-3 — (Ac. 1ª T., 20.11.07) — Rel. Juiz Marcus Pina Mugnaini. TRT-SC/DOE 14.12.07). (Suplemento de Jurisprudência LTr, n. 10/2008, p. 76).

FÉRIAS

Imposto de renda. Férias. Ausência de fato gerador. Liberalidade do empregador na rescisão sem justa causa. Caráter indenizatório

Recente decisão do TRF-4ª Região, com fundamento na ausência de fato gerador, isenta da incidência do Imposto de Renda, 1º) as férias indenizadas por não usufruídas, e 2º) a indenização paga por liberalidade pelo empregador a seus empregados nas rescisões dos contratos de trabalho sem justa causa.

No primeiro caso, o pagamento de férias não gozadas constitui, efetivamente, uma indenização pelo dano ocasionado pela perda do direito de gozá-las, como determina a lei.

No segundo caso, a mesma figura jurídica ocorre eis que não há, na lei, a obrigação de pagar indenização para empregados nas rescisões contratuais, além das verbas entendidas como rescisórias.

Segue a publicação da Ementa do julgamento mencionado:

Tributário. Imposto de Renda. Férias. Conversão em pecúnia. Verba de liberalidade. Natureza indenizatória. Fato gerador não configurado. 1. Se o direito a férias não for usufruído, seja por necessidade de serviço, seja por opção do empregado, o pagamento correspondente objetiva apenas compensar o dano ocasionado pela perda do direito de legalmente ausentar-se do trabalho. Há um direito do servidor que gera um dever jurídico correlato do empregador; se esse direito não foi satisfeito na forma, modo e tempo estabelecidos, as importâncias equivalentes visam simplesmente a recompor o patrimônio jurídico lesado, inexistindo o acréscimo de riqueza nova, imprescindível à caracterização do fato gerador do Imposto de Renda. 2 — Quanto à verba de liberalidade, paga pelo empregador pela rescisão sem justa causa, denota-se o mesmo caráter indenizatório, posto que nada mais é do que uma forma não prevista em lei de indenizar o rompimento brusco e imotivado do contrato de trabalho, quebrando-se relação de emprego de longos anos. (TRF — 4ª Região — 1ª T.; AP em MS n. 2006.72.05.001450-7-Blumenau-SC; Rel. Des. Federal Joel Ilan Paciornik; j. 28.2.07; v.u.)

Gestante

Estabilidade provisória de gestante. Pedido limitado ao pagamento da indenização substitutiva do período estabilitário. Abuso de direito

A empregada gestante não poderá ser dispensada, salvo por justa causa, desde a confirmação da gravidez até 5 meses após o parto (art. 10, II, *b*, ADCT).

A divergência que se aprofundou quanto à confirmação objetiva da gravidez e quanto à comunicação ao empregador restou dirimida pelo Supremo Tribunal Federal, por voto do Min. Celso de Mello, assim concebido:

"A empregado gestante tem direito à estabilidade provisória, bastando, para efeito de acesso a essa inderrogável garantia social de índole constitucional, a confirmação objetiva do estado fisiológico de gravidez, independentemente, quanto a este, de sua prévia comunicação ao empregador, revelando-se írrita, de outro lado e sob tal aspecto, a exigência de notificação à empresa, mesmo quando pactuada em sede de negociação coletiva."

A Súmula do TST n. 244, II, tem a seguinte redação: "A garantia de emprego à gestante só autoriza a reintegração se esta se der durante o período da estabilidade. Do contrário, a garantia restringe-se aos salários e demais direitos correspondentes ao período de estabilidade".

A decisão cuja ementa será publicada neste pequeno comentário, a empregada deixou para reclamar a indenização substitutiva quando faltavam poucos dias para o término do período estabilitário.

Daí a decisão negando à empregada o pedido, devido ao abuso de direito, ao visar, tão somente, a vantagem pecuniária sem a contraprestação dos serviços.

Segue a Ementa:

Estabilidade provisória da gestante. Pedido limitado ao pagamento da indenização substitutiva do período estabilitário. Abuso de direito. A estabilidade da gestante, prevista pelo artigo 10, inciso II, alínea "b", do ADCT da Constituição da República de 1988, visa proteger o emprego da trabalhadora contra despedida discriminatória. Porém, configura abuso de direito o fato de a empregada ajuizar ação faltando poucos dias para o término do período estabilitário e pleiteando apenas a indenização substitutiva correspondente e não a reintegração ao emprego. Evidenciando, assim, o intuito de obter vantagem pecuniária sem a contraprestação laboral. Recurso ordinário a que se nega provimento. DECISÃO: A Turma, à unanimidade, conheceu do recurso ordinário e das contrarrazões; no mérito, sem divergência, negou provimento ao apelo. TRT 3ª Reg. RO-91-64.2010.5.03.0056 (*RO-91/2010-056-03-00.1*) — (Ac. 10ª T.) — Rel. Des. Deoclecia Amorelli Dias. DJe/TRT 3ª Reg. n. 519/10, 12,7,10, p. 103. (Suplemento de Jurisprudência LTr. n. 41/2010, p. 325)

GREVE

Interdito proibitório na justiça do trabalho. Competência

Se a questão a ser apreciada pelo Judiciário envolve relação de emprego, a competência para julga-la é da Justiça do trabalho.

No caso ora focalizado, a matéria é originariamente de direito civil, porque trata da turbação ou ameaça de esbulho da posse, no caso de imóvel de propriedade do empregador.

Contudo, estará a matéria relacionada com o direito do trabalho se a ameaça de turbação ou esbulho da posse do empregador, como ocorre, por vezes, com a greve, em cujo movimento paredista pode se encontrar o elemento perturbador da posse, como um direito líquido e certo do proprietário do estabelecimento empresarial.

A Ementa da decisão do TRT/15ª Região que segue transcrita, analisa de forma didática e convincente essa matéria:

Interdito proibitório. Justiça do Trabalho. Competência. Ainda que não sufragada pela Justiça Comum, é de se ressaltar que o E.STF tem entendimento, unânime, no sentido de ser da competência desta Justiça Especializada a análise e o julgamento do interdito possessório originado de uma questão afeta à relação de emprego. Precedente. *Interdito proibitório. Ajuizamento. Iminência de greve. Possibilidade.* O interdito proibitório, como disposto no art. 932 do CPC, é a proteção possessória adequada, de forma essencial, para as hipóteses de ameaça de turbação ou esbulho da posse de quem detém determinado bem, na condição de possuidor direto ou indireto, desde que presente o justo receio da concretização da ameaça. A ação em comento pode ser ajuizada nesta Justiça Especializada em face de uma greve ou da sua ameaça. Se por um lado o art. 9º da Magna Carta assegura direito de greve, por outro assegura a inviolabilidade da propriedade (art. 5º, *caput*), aqui utilizada no seu sentido amplo, incluindo a posse. Estando tais direitos, constitucionalmente garantidos, em choque, deverá o aplicador do direito, através de técnicas integrativas, levá-los a um patamar comum, lhes garantido a coexistência. Assim, a ação sob enfoque e no âmbito de uma greve ou da ameaça de sua realização terá como objetivo garantir ao seu autor a resguarda da sua posse sobre determinado bem, coibindo-se qualquer excesso provocado pelo movimento paredista. Destarte, o procedimento escolhido pela empresa, em tese, atende à natureza da causa ainda que conexo a um estado de greve, devendo esta Justiça Especializada passar para a análise dos seus pressupostos processuais, das condições da ação e, se possível, do seu mérito. Não estando a questão fundada em matéria exclusivamente de direito (art. 515, § 3º, da CLT), é de rigor determinar a remessa dos autos à instância originária para a continuidade no seu julgamento. Prejudicada, com isso, a apreciação das demais matérias recorridas. Recurso provido". TRT 15ª Reg. (Campinas/SP) RO 1450-2006-014-15-00-4 — (Ac. 140/08- PADC, SDC) — Rel. Flavio Nunes Campos. DOE 27.6.08, p. 6. (Suplemento de Jurisprudência LTr n. 35/2008, p. 276)

Participação em greve. Abuso de direito. Configuração

O direito de greve está incluído como um dos direitos e garantias fundamentais na Constituição da República,nos seguintes termos:

"é assegurado o direito de greve, competindo aos trabalhadores decidir sobre a oportunidade de exerce-lo e sobre os interesses que devam por meio dele defender". (artigo 9º).

A lei que regulamenta esse direito é a de n. 7.783/89, cujo artigo 2º estabelece que:

"para os fins desta lei, considera-se legítimo exercício do direito de greve a suspensão coletiva, temporária e pacífica, total ou parcial, de prestação pessoal de serviços a empregador".

Este o exercício regular do direito de greve. Se assim não for, considerar-se-á abusiva a utilização desse direito para depredar ônibus da empresa ou qualquer outro ato não pacífico, como, por exemplo o impedimento ao acesso ao trabalho dos que não aderiram a greve.

A Ementa a seguir transcrita e de decisão da 8ª Região nesse sentido, a saber:

Justa causa. Participação em greve. Abuso de direito. A participação em greve é direito assegurado ao trabalhador, porém dentro dos limites estabelecidos pela Lei n. 7.783/89, segundo a qual as manifestações e atos de persuasão utilizados pelos grevistas não poderão impedir o acesso ao trabalho nem causar ameaça ou dano à propriedade ou à pessoa. No caso dos autos, as provas documental e testemunhal outros colegas foram responsáveis pela depredação dos ônibus da empresa, causando avarias nos veículos, com o objetivo de impedir a livre circulação e o trabalho dos empregados que não aderiram ao movimento, o que caracteriza abuso do direito de greve e autoriza a dispensa desonerada. TRT 8ª Reg. RO/0113100-44.2009.5.08.0009 — (Ac. 2ª T.) — Relª Desª Elizabeth Fátima Martins Newman. DJe/ TRT 8ª Reg. n. 475/10, 10.5.10, p. 25. (Suplemento de Jurisprudência LTr n. 35/2010, p. 277)

GRUPO ECONÔMICO

Grupo econômico. Responsabilidade solidária trabalhista

Além das hipóteses clássicas de sucessão trabalhista, com destaque para a sucessão de empresa ou de estabelecimento, pela alienação, fusão, cisão, incorporação, uma nova hipótese vem sendo agasalhada pela jurisprudência, que é a da coordenação horizontal.

Grupo econômico, na concepção prática de Sérgio Pinto Martins (in Direito do Trabalho, Ed. Atlas, p. 180) "a relação que deve haver entre empresas do grupo econômico é de dominação, mostrando a existência de uma empresa principal, que é a controladora e as empresas controladas...".

Decisões há no entanto, que admitem a existência de grupo econômico pela relação de coordenação horizontal entre as empresas, para fins trabalhistas.

Neste sentido é a Ementa seguinte:

Grupo econômico. Coordenação. Responsabilidade solidária trabalhista. A ligação entre as empresas não se caracteriza, hoje em dia, somente pela relação de subordinação ou controle de uma sobre a outra, mas antes também pela coordenação horizontal. Objeto social que evidencia o propósito comum das empresas. Sócios em comum. Caracterização do grupo econômico. Recurso do autor a que se dá provimento. TRT 2ª Reg. Proc. 02127200504702009 RO — (Ac. 11ª T. 20100471263) — Rel. Eduardo de Azevedo Silva. DOe/TRT 2ª Reg. 1.6.10, p. 14. (Suplemento de Jurisprudência n. 36/2010, p. 284).

HABEAS CORPUS

Invocação do Pacto de São José da Costa Rica sobre direitos humanos contra dispositivo expresso da Constituição Federal

Decisão inédita do TST, com fulcro em decisão do Pleno do STF, concedeu ordem de hábeas corpus com base no Pacto de São José da Costa Rica, que, no art. 7.7, excepciona a prisão por descumprimento de obrigações alimentar.

Essa norma do Pacto, como se sabe, contraria frontalmente o que dispões nossa Lei Maior no art. 5º, LXVII que prevê expressamente a prisão civil do depositário infiel e do devedor de pensão alimentícia.

A Ementa a seguir transcrita é auto-explicativa e contem uma orientação do Supremo Tribunal Federal a respeito de matéria até então respaldada no texto constitucional.

Habeas corpus. Depositário infiel. Configuração da infidelidade no exercício do múnus. *Invocação do Pacto de São José da Costa Rica sobre direitos humanos (1969) para afastar a possibilidade de prisão civil.* 1. Trata-se de recurso ordinário em *habeas corpus*, em face de decreto de prisão expedido pelo juízo da execução, em virtude da condição de depositária infiel decorrente da não-apresentação do bem penhorado (caminhão carreta), quando instada a fazê-lo, após arrematado em juízo, como decidido pelo acórdão do 13º TRT. 2. De plano, verifica-se que restou configurada a condição de depositária infiel da Paciente, tanto nos presentes autos quanto nos da ação trabalhista principal, uma vez que assumiu o *munus publicum* de depositária, nos termos do art. 629 do CC, negligenciando a guarda do bem penhorado e não o restituindo quando instada a fazê-lo, o que revelaria a legalidade da decretação prisional e a ausência de direito à concessão do *habeas corpus* impetrado. 3. A par de a Constituição Federal prever expressamente a prisão civil do depositário infiel (CF, art. 5º, LXVII), o próprio art. 7.7 do Pacto de São José excepciona a prisão por descumprimento de obrigação alimentar, *verbis*: ninguém deve ser detido por dívidas. Este principio não limita os mandados de autoridade judiciária competente expedidos em virtude de inadimplemento de obrigação alimentar. 4. Vê-se de forma clara, que o dispositivo em tela admite exceções, em relação ao descumprimento de obrigação alimentar, na qual se enquadra o crédito judicial trabalhista. Daí a inexistência de conflito entre o art. 7.7 do Pacto de São José e o art. 5º, LXVII, da CF, que prevê expressamente a prisão civil do depositário infiel. 5. No entanto, com ressalva de entendimento pessoal, adoto a decisão do Pleno do Supremo Tribunal Federal firmada no processo RE-466.343/SP, relatado pelo Min. Cezar Peluso e julgado na sessão de 3.12.2008 e publicado no Diário de Justiça Eletrônico de 12.12.2008, para conceder a ordem, calcado no Pacto de São José da Costa Rica.

Recurso ordinário provido para conceder a ordem de *habeas corpus*. (Suplemento de Jurisprudência LTr n. 28/2009, p. 220).

HORAS EXTRAS

Ação anulatória de imposição de multa pelos órgãos de fiscalização do trabalho. Compensação semanal de horas. Acordo individual

O caso examinado que deu origem à Ementa sobre a matéria em epígrafe, refere-se a compensação semanal de horas sob a égide de acordo individual.

Na decisão ficou esclarecido que somente em casos de banco de horas, previsto no art. 59, § 2º da CLT, haverá necessidade de instrumento normativo da categoria, já que a compensação pode ocorrer no período de um ano.

A ação anulatória de imposição de multa pela fiscalização do trabalho foi julgada procedente.

Segue a Ementa

Ação anulatória de imposição de multa pelos órgãos de fiscalização do trabalho.Compensação semanal de horas. Necessidade acordo coletivo de trabalho. Se a jornada não extrapola as 44 semanais e a compensação é feita dentro do módulo semanal, resta cumprida a jornada constitucional (art. 7º, XIII, CF). Prescinde de norma coletiva da categoria a compensação semanal de horas, bastando para tanto o acordo individual. Inteligência da Sumula n. 85, I, do TST. Ressalte- se que o caso em tela não versa sobre o banco de horas previsto no art. 59, § 2º da CLT, cuja compensação pode ocorrer no período de um ano. Este sim exige instrumento normativo da categoria. A infração questionada foi aplicada considerando-se a compensação semanal. Ação anulatória procedente mantida. TRT 2ª Reg. RO 00464200705202009 — (Ac. 4ª T. 20091028919) — Relª. Ivani Contini Bramante. DOe/TRT 2ª Reg., 4.12.09, p. 297. (Suplemento Trabalhista LTr n. 12/2001, p. 94)

Advogado. Viagens a serviço

É muito comum ter o advogado empregado que efetuar viagens para atender a audiências ou para acompanhar mais de perto o andamento de processos em cidades fora daquela em que presta normalmente seus serviços.

As horas consideradas extras em tais hipóteses são as prestadas além das contratuais inclusive as que são gastas nos trajetos entre a cidade da prestação normais de serviços, a teor do disposto no art. 4º da CLT.

Nesse sentido é a Ementa de decisão proferida pelo TRT da 14ª Região, a seguir transcrita:

Advogado. Viagens a serviço. Horas extras. Tempo à disposição do empregador. O art. 4º da CLT dispõe que constituem tempo de serviço não só aquele em que o empregado se ocupa propriamente da prestação laboral, mas também aquele em que permanece à disposição do empregador aguardando ordens. Considerando que o reclamante comprovou ter desenvolvido viagens a outras localidades, no decorrer de todo o contrato de trabalho, a fim de prestar serviços no interesse das atividades desenvolvidas pela reclamada, caracteriza-se o tempo à disposição tutelado pelo mencionado dispositivo consolidado. TRT 14ª Reg. RO 00307.2005.004.14.00-2 — (Ac. 1ª T.) — Rel. Des. Vulmar de Araújo Coêlho Junior. DJe/TRT 14ª Reg., ano III, n. 048, 13.3.09, p. 12. (Suplemento de Jurisprudência LTr n. 26/2009, p. 205).

Assinatura do empregado nos cartões de ponto

A Súmula n. 338/TST que dispõe sobre "jornada de trabalho, registro e ônus da prova", em primeiro lugar esclarece que é ônus do empregador, com mais de 10 empregados, o registro da jornada de trabalho na forma do art. 74, § 2º da CLT. Em seguida afirma que a presunção de veracidade da jornada de trabalho, ainda que prevista em instrumento normativo, pode ser elidida por prova em contrário.

Deixa bem claro também que os cartões de ponto que demonstrem horários de entrada e saída uniformes são inválidos como meio de prova, invertendo-se o ônus probandi relativo às horas extras, que passa a ser do empregador, prevalecendo o alegado pelo empregado se o empregador não se desincumbir de seu ônus.

Em nenhum momento trata essa Súmula da exigibilidade da assinatura do empregado nos seus cartões, embora seja essa providência de muito proveito para o empregador na hora da prova.

A Ementa da decisão proferida pelo TRT/9ª Região, trata dessa matéria, como se pode constatar pela sua leitura, como segue:

Inexigibilidade legal da assinatura do empregado nos cartões-ponto. Não pode prevalecer o entendimento do juízo a quo de invalidar alguns dos cartões-ponto juntados aos autos apenas por não estarem assinados pelo autor. O art. 74 da CLT não prevê que os cartões de ponto precisam ser assinados para terem validade. Portanto, a eventual ausência de assinaturas nos controles de ponto, por si só, não é suficiente para invalidá-lo sendo relevante, isto sim, o fato dos registros serem, ou não, corretamente efetuados. A prova contida nos cartões-ponto é relativa e, ressalvadas as hipóteses da Súmula n. 338 do TST, há presunção de que os horários foram corretamente anotados pelo empregado, sendo ônus do obreiro a produção de prova em contrário para desconstituí-los. Neste aspecto, *in casu*, o reclamante não se desvencilhou do seu ônus a contento, eis que as suas próprias testemunhas asseveraram que ele registrava corretamente os horários nos controles de ponto. TRT 9ª Reg. RO 00898-2005-020-09-00-4 — (Ac. 4ª T. 10109/08) — Rel. Sérgio Murilo Rodrigues Lemos. DJPR 4.4.08, p. 870. (Suplemento de Jurisprudência LTr n. 29/2008, p. 230)

Banco de horas. Invalidação. Extrapolamento do limite de 10 horas diárias de trabalho

Estabelece o § 2º do art. 59, da CLT, que as compensações de horas de trabalho, por força de acordo ou convenção coletiva de trabalho, não podem fazer com que seja ultrapassado o limite máximo de dez horas diárias.

É que o desrespeito a esse limite torna extenuante o trabalho, de forma comprometedora à segurança do trabalhador quanto à sua higidez física e mental.

Segue a Ementa da decisão sob essa matéria:

Banco de horas. Invalidação. Extrapolamento do limite de 10 horas diárias de trabalho. O fundamento jurídico para a invalidação do acordo de compensação, quando há extrapolamento do limite máximo de dez horas diárias de trabalho, é a proteção à saúde e segurança do trabalhador, consoante prescreve o art. 59, § 2º, da CLT, vez que o desrespeito a este limite produz efeito extenuante à higidez física e mental do trabalhador, contrariando a finalidade da norma prevista no inciso de proteção à saúde, higiene e segurança no trabalho. Recurso da reclamada a que se nega provimento. TRT 9ª Reg. RO-6391/2006-892-09-00.4 — (Ac. 3ª T.) — Rel. Cássio Colombo Filho. DJe/TRT 9ª Reg. n. 456/10, 12.4.10, p. 34. (Suplemento de Jurisprudência LTr n. 25/2010, p. 199).

Compensações de horários. Feriados e *dias-ponte*. Validade

Sabe-se que as empresas, em sua maioria, utilizam-se de regime de compensação de horários mediante acrescentamento de alguns minutos nas jornadas de seus empregados que possam não trabalhar nos feriados e nos *dias-ponte,* previamente acordados.

É uma compensação lícita bem ao gosto dos empregados que só ganham com isso, em tempo ou em folgas mais longas.

Nesse sentido a Ementa de decisão proferida pelo E. TRT/15ª Região, a saber:

Horas extras. Compensações de horários. Feriados e "dias-ponte". Empresas que têm por costume acrescentar alguns minutos nas jornadas de seus empregados só para o fim de conceder-lhes a possibilidade de emendarem certos feriados que porventura venham a cair ou na terça ou na quinta-feira, não podem ser penalizadas com o pagamento de diferenças de horas extras. Afinal, não parece justo conceder ao trabalhador diferenças de horas extras sobre períodos que, em verdade, a ele foram convertidos em benefício próprio, e que já foram, inclusive, usufruídos. Trata-se de situação que tipificaria o enriquecimento indevido do trabalhador. TRT 15ª Reg. (Campinas/SP). RO 0059-2008-003-15-00-0 RO — (Ac. 79762/08-PATR, 9ªC.) — Rel. Gerson Lacerda Pistori. DOE 5.12.08, p. 111. (Suplemento de Jurisprudência LTr n. 05/2009, p. 37).

Controles assinados pelo trabalhador. Ônus da prova

A hipótese ora cogitada é a dos cartões de ponto que registram horários certos, porém assinados pelo trabalhador.

A decisão em causa, além de se ater à questão da aprovação pelo trabalhador dos horários consignados em seus cartões de ponto trata também do aspecto referente ao *onus probandi.*

É que tendo o reclamante impugnado referidos cartões ao argumento de que são inservíveis os horários consignados em razão da inverossimilhança da jornada sempre invariável, atraiu para si o ônus da prova, a qual não foi produzida.

Prevaleceu na hipótese, a concordância do reclamante com os registros feitos, pelas assinaturas neles postas.

Esta a Ementa do caso em foco:

Horas extras. Validade cartões de ponto sem assinatura do empregado. Da leitura do Capítulo II da Seção V da Consolidação das Leis do Trabalho é possível extrair-se a vontade do legislador, qual seja, o de que fosse efetuado o efetivo controle da jornada de trabalho do obreiro. O que traz como certo que, para a validade dos referidos documentos há a necessidade de serem assinados pelo trabalhador para que os mesmos possam fazer prova da real jornada cumprida — presumindo-se com a mesma veracidade do que foram neles anotados. Nem se alegue com o fato de que o art. 74, § 2º do mesmo diploma não exige que os cartões de ponto venham assinados para a validade do ato jurídico, vez que o ordenamento deve ser interpretado na sua globalidade e, como já dito, para que a jornada anotada nos controles de frequência tenham presunção de veracidade — afirmar que lá restam demonstradas as efetivas horas laboradas pelo empregado — é necessária a assinatura do obreiro (solenidade indispensável à validade do ato jurídico). Isso sob pena de se dar interpretação contrária ao posicionamento daquele que se teve como objetivo de proteger — o empregado — possibilitando a empregadores menos escrupulosos substituir ou mesmo criar a qualquer momento cartões de ponto. Portanto, perdem o valor probante os cartões de ponto não assinados pelo empregado e não constituem prova da jornada trabalhada o que traz como consequência a veracidade da jornada declinada na inicial. TRT 2ª Reg. RO 03400200608302007 — (Ac. 4ª T. 20090240523) — Rel. Ivani Contini Bramante. DOe/TRT 2ª Reg., 17.4.09, p. 330. (Suplemento de Jurisprudência LTr n. 20/2009, p. 157).

Horas gastas em cursos por imposição do empregador consideradas como extraordinárias

Empregados que são matriculados pelas empresas em cursos de capacitação profissional ficam horas fora do trabalho, as quais são consideradas como horas à disposição do empregador, nos termos do art. 4º da CLT.

É bem verdade, que tais cursos visam ao aprimoramento do empregado dando-lhe maior eficiência no desempenho de seu trabalho.

Apesar desse lado subjetivo da questão, não se pode perder de vista que tais cursos são uma exigência da empresa para melhorar o desempenho funcional de seus empregados.

O benefício é, pois, de ambas as partes. Só que para o empregado as horas gastas em cursos desse tipo, são horas extras à disposição do empregador.

A Ementa da decisão do TRT/3ª Região a respeito desse tema segue abaixo transcrita:

Cursos "treinet". Horas extras. Cabimento. A capacitação profissional adquirida através dos cursos virtuais realizados pela autora, por imposição do réu, são em prol do mesmo, sendo oriunda, inclusive, de exigência funcional. Esse raciocínio leva à conclusão de que o tempo despendido nesses estudos é à disposição do empregador, nos termos do art. 4º, da CLT, sendo inegável, ainda, que o aprimoramento alcançado acarreta maior eficiência ao trabalhador. Portanto, as horas dispensadas em tais cursos devem se remuneradas como extraordinárias, porque realizadas fora do horário normal de trabalho. TRT 3ª Reg. RO 01100-2008-043-03-

00-0 — (Ac. 6ª T.) — Rel. Des. Jorge Berg de Mendonça. DJe/TRT 3ª Reg. n. 261/09, 26.6.09, p. 136. (Suplemento de Jurisprudência LTr n. 49/2009, p. 389).

Horas in itinere. Direito indisponível. Desvirtuamento da negociação coletiva

Empresa que fornece transporte a seus empregados não pode, escudada em Convenção ou Acordo Coletivo, deixar de pagar horas extras assim consideradas as decorrentes de percursos até o local de destino.

Essa situação cria um direito indisponível que não pode ser desvirtuado por negociação coletiva, já que se trata de direito irrenunciável pelo trabalhador.

A decisão cuja Ementa será transcrita abaixo, deixa claro o entendimento de que a negociação coletiva tem limites quando se trata de direitos inegociáveis porque indisponíveis, como segue:

Horas in itinere. *Direito indisponível. Desvirtuamento da negociação coletiva.* É inaceitável que uma norma coletiva, decorrente de acordo ou convenção, obrigue a renúncia a direitos adquiridos ou a direitos previstos no ordenamento legal. As horas *in itinere* são direitos referentes à jornada de trabalho e, portanto, irrenunciáveis. O fornecimento de transporte, pela empresa, não pode ser visto como contrapartida oferecida aos empregados, diante da irrenunciabilidade do direito. Ademais, se o transporte configura a única forma de os trabalhadores chegarem ao seu local de destino e, assim, cumprirem a obrigação que o contrato de trabalho lhes impõem, a empresa é obrigada a transportar seus empregados em veículos com condições mínimas de tráfego. E mais: compete-lhe ainda computar as horas do percurso na jornada de trabalho de cada um desses empregados, conforme disciplina o art. 58 da CLT. TRT 8ª Reg. RO 00222-2008-126-08-00-5– (Ac. 1ª T.) — Relª. Desª. Rosita de Nazare Sidrim Nassar. DJe/TRT 8ª Reg. n. 206/2009, 2.4.09, p. 10. (Suplemento de Jurisprudência LTr n. 28/09, p. 220).

Horas in itinere. Jornada de trabalho

A 1ª Turma do TST julgou, sobre a matéria em referência, que o período de espera do transporte fornecido pela empresa, ao final da jornada de trabalho, não pode ser considerado como tempo à disposição do empregador.

Isto porque, nesse período, o empregado não está trabalhando nem aguardando ordens de seu empregador.

A leitura da Ementa a seguir transcrita é autoexplicativa, como segue:

Recurso de Revista. Horas in itinere. Tempo de espera da condução. O período gasto pelo empregado à espera do transporte fornecido pela empresa ao final da sua jornada de trabalho não pode ser considerado como a disposição do empregador, porque ele não está aguardando ordens ou prestando serviços ao seu empregador, nos termos do art. 4º da CLT. Por outro lado, também não pode ser considerado o tempo de espera pelo transporte fornecido pela empresa como horas *in itinere* porque não está, ainda, o empregado percorrendo o trajeto que o leva ao local de trabalho, conforme previsão contida no § 2º do art. 58 da CLT. Recurso de revista conhecido e provido. TST-RR-437/2003-027-04-00.1 — (Ac. 1ª T.) — Rel. Min. Luiz Philippe Vieira de Mello Filho. DJe/TST n. 181/09, 26.2.09 (Div), p. 203/4. (Suplemento de Jurisprudência LTr n. 25/2009, p. 197).

Horas in itinere. Supressão de direito mediante negociação coletiva

Sabe-se que o art. 58, § 2º da CLT prevê o pagamento de horas de trajeto entre o emprego e a residência do empregado e vice-versa, se o local de trabalho for de difícil acesso ou não servido por transporte público, situações em que o empregador deve fornecer a condução

A jurisprudência majoritária dos Tribunais é no sentido de que o disposto no art. 58, § 2º, da CLT, introduzido pela Lei n. 10.243/01, embora tenha reconhecido o direito às horas de percurso, chamados de horas in itinere, não o classifica como norma de ordem pública e nem se caracteriza como direito indisponível dos empregados.

Com esse entendimento a negociação coletiva, constante de ajuste autônomo das relações coletivas de trabalho, pode suprimir ou regular de forma diferente as horas de percurso.

A Ementa da decisão sobre essa matéria do TRT/3ª Região, traduz sinteticamente a possibilidade de supressão do direito mediante negociação coletiva, como segue:

Horas initinere. Supressão de direito mediante negociação coletiva. Validade. A cláusula normativa que suprime o direito ao pagamento das horas in itinere tem plena eficácia, nos termos expressos do art. 7º, XXVI da Constituição Federal, que reconhece a fiel observância das convenções e acordos coletivos de trabalho, legitimamente firmados pelas entidades sindicais representativas das categorias econômicas e profissionais. A hora de percurso não se traduz como norma de ordem pública e tampouco cuida da higiene, saúde e segurança do trabalhador, sendo matéria própria para flexibilização através da norma coletiva, porquanto não se enquadra como direito indisponível do trabalhador, ainda que previsto no art. 58, § 2º. da CLT. TRT 3ª Reg. RO-529/2009-056-03-00.8 — (Ac. 2ª T.) — Red. Des. Luiz Ronan Neves Koury. DJe/TRT 3ª Reg. n. 309/09, 3.9.09, p. 101. (Suplemento de Jurisprudência LTr n. 50/2009, p. 398/399).

Prova dividida

A matéria trazida aqui, desta vez, relaciona-se com o ônus da prova, no que concerne à pretensão de percepção de horas extraordinárias, pela via judicial.

No caso julgado pela 8ª Turma do Colendo TST, o reclamante ao pretender a condenação da reclamada em horas extras alegadas, atraiu para si a prova de te-los prestado, já que postulou a não validade dos registros de ponto.

Tal prova não foi produzida, sendo certo que a prova testemunhal feita pelo reclamante foi contraditória em face daquela que foi feita pela reclamada.

Diante de tais circunstâncias aplicou-se o princípio da prova dividida, qual seja, a de que cabe ao autor a prova do fato constitutivo de seu direito e, ao réu a prova da existência de fato impeditivo, modificativo ou extintivo do direito do autor, a teor da que dispõe o art. 333 do CPC, em consonância com o disposto no art. 818, da CLT.

Leia-se, em seguida, a Ementa do acórdão que decidiu a questão em foco, a saber;

Recurso de Revista. Preliminar de Nulidade por negativa de prestação jurisdicional. A teor da Orientação Jurisprudencial n. 115 da SBDI-1 do TST, só é admissível o conhecimento do recurso quanto à preliminar de nulidade por negativa de prestação jurisdicional por violação dos arts. 832 da CLT, 458 do CPC ou 93, IX, da Constituição Federal. Dessarte, como a parte não fundamenta seu inconformismo em nenhum desses dispositivos, o conhecimento do recurso encontra-se inviabilizado, por ausência de fundamentação. Recurso não conhecido. *Prova dividida. Horas extras. Ônus da prova.* A regra da distribuição do ônus da prova, nos termos do art. 333 do CPC, é de que cabe ao autor a prova do fato constitutivo de seu direito, e ao réu, o da existência do fato impeditivo, modificativo ou extintivo do direito do autor. Ademais, a teor do art. 818 da CLT, a prova das alegações incumbe à parte que as fizer. Em tal contexto, o princípio in dubio pro misero não pode ser aplicado no presente caso, pois, ao alegar a invalidade dos registros de ponto, porque não era permitido o registro da real jornada laborada, o reclamante efetivamente atraiu para si o ônus de provar tal alegação, do qual não se desincumbiu, já que a prova testemunhal por ele apresentada foi contraditória com a que foi produzida pelo reclamado. Recurso de revista conhecido e não provido. TST-RR-1168/2003-008-18-00.6 — (Ac. 8ª T.) — Relª Min. Dora Maria da Costa. DJe/TST n. 222/09, 30.4.09 (Div.), p. 490. (Suplemento de Jurisprudência LTr n. 20/2009, p. 158).

Trabalho ininterrupto pelo prazo de sete dias. Violação ao art. 67, *caput*, da CLT

Agravo de Instrumento, dando seguimento a recurso de Revista denegado pela Instância Inferior, acabou julgando-o para lhe dar provimento.

A matéria em questão cingiu-se à questão da possibilidade, ou não, de se ultrapassar o período do descanso semanal de vinte quatro horas consecutivas.

Assim, será invalido o acordo ou convenção coletiva que vier a estipular repouso semanal em desrespeito ao disposto no art. 67 da CLT.

Nem mesmo a concessão de um número maior de folgas não será capaz de equilibrar a necessidade de o descanso ocorrer.

Veja-se decisão cuja Ementa vai publicada a seguir:

Agravo de Instrumento. Recurso de Revista. Horas extras. Trabalho ininterrupto pelo prazo de sete dias. Violação. Art. 67, caput, *daCLT.* Demonstrado no agravo de instrumento que o recurso denegado preenchia os requisitos do art. 896 da CLT, ante a constatação de violação, em princípio, do art. 67, caput, da CLT, deve ser dado seguimento ao recurso de revista. Agravo de Instrumento provido. *Recurso de Revista. Horas extras. Trabalho ininterrupto pelo prazo de sete dias. Violação art. 67,* caput, *da CLT. Configuração.* O art. 67, *caput*, da CLT estabelece que será assegurado a todo empregado um descanso semanal de vinte e quatro horas consecutivas. Também o art. 7º., XV, da CF, estabelece o direito dos trabalhadores ao repouso semanal remunerado preferencialmente aos domingos. Prevê a ordem jurídica uma periodicidade máxima semanal para o descanso. Nessa linha, o tipo legal do descanso semanal remunerado supõe que, a cada módulo semanal de labor cumprido (seja a duração padrão de 44 horas, sejam as durações semanais especialmente reduzidas, como as de 40, 36 ou até mesmo 30 horas ou menos), terá direito o trabalhador a uma porção integral de 24 horas consecutivas de descanso. Há regimes de trabalho negociados que têm o efeito de reduzir essa periodicidade do repouso semanal, permitindo que ela se realize em distâncias temporais inferiores à da semana. É o que se passa, por exemplo, com o regime denominado 12 por 36 horas, pelo qual a cada 12 horas laboradas o trabalhador descansa 36 horas (ultrapassando, assim, a soma 11 + 24 de intervalos inter-semanais). Na mesma direção, o regime denominado 24 por 72 horas. Sob a estrita ótica da periodicidade semanal máxima do descanso semanal remunerado, tais regimes, como se percebe, não contêm irregularidade, uma vez que o lapso mínimo de 35 horas interjornadas semanais fica repetidamente respeitado. Não prevê a ordem jurídica, em princípio, possibilidade de ampliação da periodicidade semanal máxima de ocorrência do descanso semanal remunerado. Uma leitura rigorosa do texto da Lei n. 605/49 evidencia que o diploma se refere à viabilidade ou de folga compensatória ou de pagamento dobrado da respectiva remuneração, em face dos casos de desrespeito ao descanso em dias de feriado (art. 9º), silenciando-se, porém, no tocante ao repouso semanal remunerado. Porém, em vista dos objetivos enfocados pela figura do descanso semanal remunerado (objetivos vinculados não somente a metas assecuratórias da inserção familiar, social e política do trabalhador metas de cidadania, portanto), e em vista também do silêncio (eloqüente, sem dúvida) das regras jurídicas aplicáveis à matéria, deve-se interpretar que a ordem jurídica fica afrontada caso o descanso semanal remunerado não seja assegurado em um lapso temporal máximo de uma semana. Em face dos objetivos ínsitos ao descanso semanal, torna-se inaceitável a alteração do lapso temporal em que deve ocorrer a folga, mesmo que amparada por norma coletiva ou plano de cargos e salários, já que não se pode, por essas vias, suprimir ou transacionar direitos que garantem ao trabalhador o mínimo de proteção à sua saúde e à sua segurança. A posterior concessão de um número maior de folgas não equilibra a necessidade de o descanso acontecer no lapso de sete dias. Recurso de revista parcialmente provido. (Suplemento de Jurisprudência LTr n. 03/2009, p. 21 e 22).

Jornada de Trabalho

Digitação. Intervalos para descanso

A Súmula n. 346, do Tribunal Superior do Trabalho, dispõe sobre o direito a intervalos de descanso de 10 minutos a cada 90 de trabalho consecutivo no concernente a digitadores, por aplicação analógica do artigo 72 da CLT, equiparando-os aos trabalhadores nos serviços da mecanografia (datilografia, escrituração ou cálculo).

Por óbvio, a digitação capaz de gerar esse direito a intervalos para descanso, há de ser para os trabalhadores que a esse serviço se dedicam em toda sua jornada de trabalho, ou na maior parte de tempo de seu labor.

Assim, se tal serviço é feito apenas de forma parcial no tempo de trabalho diário, não haverá necessidade da concessão dos intervalos de descanso de 10 minutos a cada 90 de trabalho consecutivo.

Sobre essa matéria, vale a transcrição da seguinte decisão:

Digitação. Utilização em apenas parte da jornada de trabalho. Intervalos para descanso indevidos. A jurisprudência da mais alta Corte Trabalhista consagrada na Súmula n. 346 reconheceu, por aplicação analógica do art. 72, da CLT, que os digitadores se equiparam aos trabalhadores nos serviços de mecanografia, entendendo que teriam direito aos intervalos previstos naquela norma. Na verdade, tal equiparação tem como finalidade proteger o trabalho do digitador, contra o esforço concentrado nas mãos, mais especificamente, punhos e dedos, causadores da doença profissional conhecida como tenossinovite (inflamação da bainha dos tendões). Portanto, o benefício previsto na lei se destina apenas aos trabalhadores que trabalham exclusivamente com digitação na maior parte de seu tempo de labor. Restando comprovado que a trabalhadora laborava apenas parte de sua jornada com digitação, não faz jus aos intervalos previstos no art. 72 da CLT. Recurso ordinário não-provido. TST 15ª Reg. (Campinas/SP) RO 01271-2003-017-15-00-3 — (Ac. 44800/2005- PATR, 5ª Câmara) — Rel. Juiz Lorival Ferreira dos Santos. DJSP 16.9.05, p. 37. (Suplemento de Jurisprudência LTr n. 41/2005, p. 326)

Jornada de 12 x 36. Não concessão de intervalo intrajornada

Como se sabe, têm os Tribunais do Trabalho entendido que é válida a jornada diferenciada de 12 x 36 horas, se prevista em acordo ou convenção coletiva, na forma do disposto no artigo 7º, XXXVI, da CF/88.

O que ocorre, normalmente, é que os empregados ao implantarem essa especial jornada de trabalho, fazem-no de forma a que os empregados trabalhem as 12 horas acordadas sem nenhum intervalo.

De observar-se, contudo, que não se pode deixar de aplicar o que determina o artigo 71, e seus parágrafos da CLT que tratam da concessão obrigatória de intervalos para refeição e descanso, por serem preceitos de ordem pública, editados para resguardar a saúde e a integridade física do trabalho.

As consequências da não concessão de tais intervalos, é a condenação do empregador no pagamento da remuneração do período do correspondente com um acréscimo de, no mínimo, 50% sobre o valor da remuneração da hora normal de

Nesse sentido é a OJ n. 307 da SDI-I, do TST.

Para ilustrar o que aqui ficou dito veja-se "Decisão do TRT/15ª Região, a seguir transcrita:

Jornada de 12 x 36. Não concessão de intervalo intrajornada. Horas extras devidas. Embora já pacificado nos Tribunais Trabalhistas o entendimento de que é válida a jornada especial de 12 x 36 horas, quando prevista em acordo ou convenção coletiva de trabalho, consoante art. 7º, XXVI, da CF, o seu cumprimento não suprime a concessão de intervalo para refeição e descanso, posto que prevalecem os dispositivos do Capítulo II, da Seção III, da CLT, em que se insere o art. 71 e parágrafos, que cuidam dos períodos destinados a descanso, preceitos esses de ordem pública e, portanto, de natureza cogente, que visam resguardar a saúde e a integridade física do trabalhador, no ambiente de trabalho. Não usufruído pelo reclamante o intervalo legal mínimo, impõe-se a observância da norma do § 4º, do art. 71, da CLT, que assegura a remuneração do período correspondente com um acréscimo de no mínimo 50% (cinquenta por cento) sobre o valor da remuneração da hora normal de trabalho, bem como da jurisprudência sedimentada na OJ n. 307 da e. SDI 1 do TST. A assistência judiciária, que compreende, dentre outros benefícios, a justiça gratuita, a isenção de custas e os honorários periciais, está disciplinada na Lei n. 1.060/50, de aplicação subsidiária no Processo do Trabalho, em tudo que não for incompatível com a Lei n. 5.584/70, de caráter especial, que não regulamenta, por inteiro, a matéria. Recurso parcialmente provido. TRT 15ª Reg. (Campinas/SP) RO 00853-2002-024-15-00-0 — (Ac. 2ª T. 16217/2005-PATR) — Rel. Juiz Samuel Corrêa Leite. DJSP 20.4.05, pág. 69, (Suplemento de Jurisprudência LTr n. 20/2005, p. 159).

Jornada de 12 x 36. Pactuação em convenção coletiva. Validade

Recente decisão da seção de Dissídios Coletivos, do TST, ratifica o entendimento jurisprudencial no sentido de que a jornada especial de 12 x 36 é válida porque atende ao permitido pela Constituição da República.

Assim é que, o inciso XIII do art. 7º, da Carta Magna, diferentemente do que dispõe o art. 59, da CLT, não impõe limites ao excesso da Jornada Legal de oito horas, deixando às partes interessadas o estabelecimento de regime especial, em convenção coletiva, desde que não seja ultrapassada a duração semanal de quarenta e oito horas.

A essa conclusão se há de chegar por força do inciso XXVI do art. 7º da Constituição Federal que elevou "a patamar constitucional a supremacia da vontade coletiva privada".

Esse o entendimento consubstanciado no Acórdão SDC, em processo oriundo da 24ª Região, a seguir transcrito:

Recurso ordinário em ação anulatória. Jornada de 12 x 36. Pactuação em convenção coletiva. Validade. Inteligência dos incisos XIII e XXVI do art. 7º da Constituição. I. Diferentemente do art. 59 da CLT, a norma do inciso XIII do art. 7º da Carta Magna não impõe limites ao excedimento da jornada legal de oito horas, deixando a critério dos protagonistas das relações coletivas de trabalho estabelecerem regime especial de compensação que melhor consulte as peculiaridades das respectivas atividades profissional e econômica, tal como se verifica no âmbito da atividade hospitalar, em que a adoção do regime de 12 por 36 horas se identifica como regime padrão e histórico. II — Efetivamente, enquanto o art. 59 da CLT cuida de acordo de compensação firmado entre o empregado e o empregador, caso em que a jornada diária não pode exceder a 10 horas, o inciso XIII do art. 7º da Constituição cuida de regime especial de compensação, em que essa pode eventualmente exceder aquele limite diário, desde que, ao fim e ao cabo, não seja ultrapassada a duração semanal de quarenta e quatro horas, tendo por norte a norma do inciso XXVI daquele artigo, pela qual o Constituinte de 88 elevou a patamar constitucional a supremacia da vontade coletiva privada. III — Nesse mesmo sentido precedentes da SBDI-I desta Corte. Recurso desprovido. TST-ROAA-233/2005-000-24-00.4 — (Ac. SDC) 24ª Reg. — Rel. Min. Antônio José de Barros Levenhagen. DJU 16.2.07, p. 1.175. (Suplemento de Jurisprudência 17/2007, p. 133/134).

Telefone celular. Sobreaviso

A utilização do telefone celular, nos dias que correm e, com certeza, no futuro, é uma novidade de que se ocupa um enorme contingente da humanidade, em quase todos os países do mundo.

Sua praticidade é elogiável e, por certo, ocupará o lugar do telefone fixo.

Pretender, no entanto, que seu uso por empregado seria análogo ao do sobreaviso de que cuida o art. 244, § 2º, da CLT, é querer forçar demais a lógica dos acontecimentos.

Como se sabe, o art. 244, § 2º, da CLT, disciplina o trabalho dos funcionários, considerando como de sobreaviso o empregado efetivo que permanecer em sua própria casa, aguardando a qualquer momento o chamado para o serviço. Tais horas, segundo a lei, serão contadas à razão de 1/3 do salário normal.

O fato de o empregado ter telefone celular seu ou mesmo da empresa para seu uso, sem estar obrigado a permanecer em sua casa para atender a chamadas e ordens de seus superiores hierárquicos, repele a idéia de identidade com o sobreaviso dos ferroviários.

Para ilustrar esse posicionamento da jurisprudência, segue a transcrição da Ementa de acórdão da 4ª Turma do Tribunal Superior do Trabalho:

Telefone celular. Sobreaviso. Inaplicabilidade analógica do art. 244, § 2º, da CLT. Inviável a aplicação analógica do art. 244, § 2º da CLT, que disciplina o trabalho dos ferroviários em regime de "sobreaviso", ao empregado que se utiliza de telefone celular. Efetivamente, o fato de o empregado estar à disposição do empregador, em razão de portar telefone celular, sem, no entanto, estar obrigado a permanecer em sua própria casa para atender às chamadas e determinações de seu superior, repele a ideia de identidade, ainda que analógica, com a figura do ferroviário prevista no dispositivo em exame. Recurso de revista provido. TST-RR-6.778/2001-037-12-00.2 — (Ac. 4ª T.) — 12ª Reg. — Rel. Min. Milton de Moura França. DJU 4.8.06, p. 1021. (Suplemento de Jurisprudência LTr n. 39/2006, p. 310).

Trabalho da mulher. Intervalo para refeição e descanso. Artigo 383 e § 3º do art. 71/CLT

O período de refeição e descanso do trabalho da mulher, tem validade constitucional uma vez que o princípio da isonomia previsto no artigo 5º, I, da CF/88, admite exceções.

Nesse contexto, o certo é que o artigo 383 autoriza o alargamento do intervalo para refeição e repouso, ao fazer remissão ao disposto no § 3º do artigo 71 da CLT, condicionando-o à existência do acordo escrito entre as partes.

É bem verdade que a OJ n. 342, da SBDI-I (TST) considera inválida cláusula de acordo ou convenção coletiva de trabalho que contemple supressão ou redução do intervalo intrajornada por questão de ordem pública.

No caso ora tratado a hipótese não é nem de supressão, nem de redução do intervalo intrajornada, mas, sim, de alargamento do referido intervalo, destinado à refeição e repouso.

A Ementa a seguir transcrita focaliza essa matéria de forma muito clara, a saber:

Mulher Intervalo para refeição e descanso. Elastecimento. Possibilidade. Art. 383 da CLT.Constitucionalidade. 1. O art. 383 da CLT, que regulamenta o período de refeição e descanso do trabalho da mulher, foi recepcionado pela Constituição Federal, porquanto o princípio da isonomia (CF, art. 5º, I) admite exceções, sendo certo que a própria Constituição da República estabelece algumas diferenças entre os sexos, a exemplo da aposentadoria para as mulheres, com menos idade e tempo de contribuição previdenciária (CF, art. 201, § 7º, I e II). Essa diferenciação em matéria previdenciária apenas se justifica diante da realidade do desgaste maior da mulher trabalhadora, quando se tem em conta a necessidade a que está sujeita, de compatibilização dos de domésticos com o trabalho profissional. 2. Para *Edith Stein*, três características se destacam na relação homem-mulher: igual dignidade, complementa a diferenciação (não só biológica, mas também anímica). Cada um dos sexos teria sua vocação primária e secundária, em que, nesta segunda, seria colaborador do outro: a vocação primária do homem seria a atividade produtiva e a da mulher a geração e educação dos filhos (*"A primeira vocação profissional da mulher é a construção da família"*). Por isso, a mulher deve encontrar, na sociedade, a profissão adequada que não a impeça de cumprir a sua vocação primária, de ser *"o coração da família e a alma da casa"*. O papel da mulher é próprio e insubstituível, não podendo limitar-se à imitação do modo de ser masculino (cfr. Elisabeth Kawa, "Edith Stein", Quadrante — 1999 — São Paulo, p. 58-63). 3. Nesse diapasão, levando-se em consideração a máxima albergada pelo princípio da isonomia, de tratar desigualmente os desiguais na medida das suas desigualdades, ao ônus da dupla missão, familiar e profissional, que desempenha a mulher trabalhadora, corresponde o bônus da jubilação antecipada e da concessão de vantagens específicas, em função de suas circunstâncias próprias, como é o caso da possibilidade de elastecimento do intervalo intrajornada por ajuste coletivo. 4. Assim, reconhecida a constitucionalidade do art. 383 da CLT, tem-se que o aludido preceito consolidado, ao remeter às disposições do § 3º do art. 71 da CLT, autoriza o alargamento do intervalo para refeição e descanso quando houver acordo escrito entre as partes. Isso porque o legislador não vedou a ampliação do intervalo intrajornada para o trabalho da mulher, mas apenas disciplinou que seria necessária a existência de acordo escrito ou contrato coletivo, o que restou evidenciado nos autos. A jurisprudência do TST, contra posicionamento pessoal deste Relator, não tem admitido a redução ou a supressão do intervalo intrajornada (cfr. Orientação Jurisprudencial n. 342 da SBDI-1). Todavia, esta Corte tem admitido o elastecimento do intervalo para repouso e alimentação. Recurso de revista parcialmente conhecido e provido. TST-RR-51/2002-028-12-00.1 — (Ac. 4ª T.) — 12ª Reg. — Rel. Min. Ives Gandra Martins Filho. DJU 13.5.05, p. 720. (Suplemento de Jurisprudência LTr n. 25/2005, p. 200)

JUSTA CAUSA

Abandono de emprego. Convocação publicada em jornais

Muitas empresas, ante o abandono de emprego por seus empregados, tenta caracteriza-lo por convocação publicada em jornais para efeito de prova em juízo, se necessário.

A ementa da decisão sobre essa prova esclarece o que normalmente os tribunais do trabalho entendem a respeito, tendo em vista a presumida ausência de ciência pelos empregados dada a ignorância dessas publicações.

A presunção é, pois, a de que os empregados não tomam conhecimento de tais publicações.

Efetiva será, no entanto, a convocação para o retorno ao trabalho se feita pessoalmente por cartório, com efeito extrajudicial.

Segue a Ementa objeto deste artigo, a saber:

Abandono de emprego. Convocação publicada em jornais. Não se afigura apta ao fim almejado a prova documental do abandono calcada em publicação jornalística de aviso para retorno ao emprego, face à presumida ausência de ciência do empregado, uma vez que o ordinário (ignorância de tais publicações) se presume. Aplicação dos arts. 818 da CLT e 333, II, do CPC, e dos princípios da continuidade, da proteção e da primazia da realidade. Recurso a que se dá provimento, no particular. TRT 18ª Reg. RO-0000370-92.2010.5.18.0004 — (Ac. 2ª T.) — Rel. Des. Paulo Pimenta. DJe/TRT 18ª Reg., ano IV, n. 97, 8.6.10, p. 16. (Suplemento de Jurisprudência LTr n. 31/2010, p. 246)

Abandono de emprego. Prisão provisória. Justa causa não caracterizada

A prisão provisória do empregado não se confunde com abandono de emprego, em primeiro lugar porque não há o elemento vontade de abandonar e, em segundo lugar porque eram apenas suspensos os efeitos do contrato de trabalho.

Há ainda, a considerar nessa situação o princípio da continuidade da relação de emprego como fato gerador da manutenção do vínculo. Justa causa para a rescisão haverá, no entanto, se a prisão provisória for convertida em definitiva por ato criminoso praticado pelo empregado.

Veja-se Ementa a respeito:

Contrato de trabalho. Prisão provisória. Suspensão dos efeitos. Justa causa por abandono de emprego. Inviabilidade. A custódia do empregado em estabelecimento penal, em cumprimento de prisão provisória, suspende os efeitos do contrato de trabalho, com suporte no pressuposto fático-jurídico da pessoalidade em relação ao empregado, sem que traduza, sua ausência no âmbito do estabelecimento, em abandono de emprego. Eficácia do princípio da continuidade da relação jurídica de natureza empregatícia. Recurso a que se nega provimento, por unanimidade. TRT 24ª Reg. 870/2009-2-24-0-7-RO.1 — (Ac. 2ª T.) — Des. João de Deus Gomes de Souza. DJe/TRT 24ª Reg. n. 370/09, 2.12.09, p. 53/4. (Suplemento de Jurisprudência LTr n. 11/2010, p. 85).

Abandono de emprego. Sua configuração como justa causa praticada pelo empregado

O abandono de emprego há que ser configurado como ato de vontade do empregado.

Esse ato deve ser muito bem provado pelo empregador, dadas as consequências dele para o empregado que perde seu lugar de trabalho, seus salários e suas garantias contratuais como plano de saúde, etc, além da percepção das verbas rescisórias.

Daí porque se faz necessária a prova do *animus* do empregado de não continuar no emprego.

No caso figurado na Ementa a seguir transcrita o empregador logrou provar o ato volitivo do empregado para ficar aceita a justa causa alegada em defesa.

Justa causa. Abandono de emprego. Presença do elemento volitivo. Caracterização. A justa causa deve ser comprovada de forma cabal, imune de dúvida, ante os sérios prejuízos que ela ocasiona na vida profissional e particular do trabalhador, dificultando-lhe sobremodo a obtenção de um novo emprego, privando-o do recebimento do salário necessário à sua subsistência e de sua família, diminuindo-lhe o valor das verbas rescisórias, impossibilitando-lhe o levantamento do FGTS e a obtenção do seguro-desemprego, sempre fulcrada na quebra do princípio da boa-fé contratual. Na hipótese dos autos, a recorrida logrou se desvencilhar do encargo probatório que lhe incumbia, nos termos do art. 818, da CLT e art. 333, II, do CPC, aplicado subsidiariamente a esta Especializada. Assim, presentes os elementos probatórios convincentes de que houve o "animus" de não continuar a prestar serviços, deve ser reputada a justa causa praticada pelo empregado, apta a ensejar a ruptura contratual de forma motivada. Recurso a que se nega provimento. TRT 15ª Reg. (Campinas/SP) RO 730-2008-140-15-00-1 — (Ac. 32.625/09-PATR, 5ª C.) — Rel. Lorival Ferreira dos Santos. DOE 29.5.09, p. 87. (Suplemento de Jurisprudência LTr n. 26/2009, p. 205).

Ato de improbidade. Adulteração de atestado odontológico

Melchíades Rodrigues Martins, em sua excelente obra sobre justa causa, ao tratar de improbidade assim escreve: "Não é por acaso que o ato de improbidade figura em primeiro lugar como uma das hipóteses da justa causa. O significado de improbidade é muito amplo, já que ímprobo é todo aquele que age fora dos padrões morais de conduta. A própria sociedade repele tal conduta, daí porque o ato pode ocorrer no serviço ou fora dele".

Decisão publicada na citada obra serve como precedente dessa matéria, a saber:

"configura quebra de fidúcia indispensável à relação de emprego a apresentação pela autora de atestado médico adulterado..." TRT/3ª Região, RO 73/2008-091-03-00.2 (Ac. 10ª T.) Relatora Deoclécia Amorelli Dias DO/TRT 3ª Região n. 166/09, de 3.2.09, p. 187).

A Ementa da decisão que nos levou a trazê-la neste pequeno comentário é a que segue:

Falta grave. Justa causa. Adulteração de atestado odontológico. O empregado que adultera atestado odontológico comete falta grave ensejadora de despedida por justa causa, na forma do disposto no art. 482, "a", da CLT. TRT 12ª Reg. Proc. RO-V 01347-2008-010-12-00-7 — (Ac. 3ª T., 4.5.10) — Rel. Juiz Gracio Ricardo Barboza Petrone. Disp. TRT-SC/DOE 18.5.10. Data de Publ. 19.05.10. (Suplemento de Jurisprudência LTr n. 27/2010, p. 213

Despedida motivada. Configuração

As dispensas de empregados em razão da prática justa causa, por qualquer das hipóteses previstas no art. 482, da CLT, devem ser muito bem aplicadas para evitar reclamações trabalhistas julgadas procedentes, despesas e preocupações para as empresas.

Suponha-se um empregado, cujo contexto reveja a possibilidade de sua transferência, por necessidade da empresa, para estabelecer em local diverso daquele da contratação.

Suponha-se, ainda, que a esse empregado tenha sido determinada sua transferência para outro estabelecimento, e que ele não tenha atendido a determinação feita.

Claro que se não tiver o empregado aposentado justificativa plausível para o recurso, e, se houver necessidade para transferência determinada, haverá motivo para a dispensa por justa causa, em indisciplina e/ ou insubordinação.

Uma das justificativas aceitáveis senão, por exemplo, a existência de uma doença em família que o impossibilitasse de vir a ser transferido para esta localidade.

Se a recusa for simplesmente em razão de comodidade pessoal, ela configurará justo motivo para a dispensa.

Nesse sentido, é a Ementa de julgado regional a seguir transcrita:

Despedida motivada. Possibilidade de transferência prevista no contrato de trabalho. Necessidade evidenciada. Recusa do empregado sem justificativa plausível. Falta grave. Prevendo o contrato de trabalho a possibilidade de transferência do empregado e havendo necessidade desta, a persistência dele na recusa em se mudar para município diverso daquele onde vinha prestando serviços sem nenhuma justificativa plausível, mesmo após a aplicação de outras penalidades mais brandas, configura falta grave, passível de punição máxima, qual seja, a dispensa motivada. TRT 12ª Reg. RO-VA 03994-2004-004-12-00-8 — (Ac. 3ª T. 03169/06, 10.1.06) — Relª Juíza Gisele Pereira Alexandrino. DJSC 16.3.06, p. 298. (Suplemento de Jurisprudência LTr n. 15/2006, p. 117).

Desídia. Desnecessidade de gradação da pena

A desídia, como se sabe, configura-se como punível por justa causa por atos repetitivos, como faltar sem justificativa, diversas vezes, demonstrando pouco caso com o serviço.

Essa reiteração faltosa é, na maioria das vezes, a causa da dispensa motivada, depois de punição gradativa por advertência, suspensão por um dia, suspensão por três dias, até a rescisão final.

Há casos, no entanto, que a desídia pode ocorrer por um ato só, desde que a gravidade dele seja patente, como por exemplo, uma falta de atenção com determinada providência que acarrete prejuízo ao empregador.

A desnecessidade da reiteração ou da gradação da pena é objeto da decisão do TST, apreciando Agravo de Instrumento, cuja Ementa vai abaixo:

Agravo de Instrumento. Recurso de Revista. Desídia. Desnecessidade de gradação da pena. Justa causa. O Tribunal Regional consignou que a prova dos autos revelou a ocorrência de fatos de intensa gravidade, tendo em vista o tipo de trabalho realizado pela Reclamante (enfermeira), razão pela qual seu contrato de trabalho foi rescindido, independentemente da necessidade da gradação de pena. Ora, ainda que subsista posicionamento doutrinário em sentido contrário, inexiste em nosso ordenamento jurídico previsão legal que determine a necessidade da gradação das penas, mormente em se tratando de conduta excepcionalmente grave, como é o caso dos autos, bastando para tanto a ocorrência do comportamento desidioso da Empregada, fato este que sequer foi contestado pela Reclamante. Logo, não há que se falar violação do art. 482, "e", da CLT, haja vista este artigo dispor justamente sobre a possibilidade da rescisão contratual por justa causa, diante da caracterização da desídia. Agravo de instrumento não provido. TSTAIRR-1129/2003-050-03-40.0- (Ac. 6ª T.) — Rel. Min. Horácio Raymundo de Senna Pires. DJe/TST n. 186/09, 5.3.09, (Div.), p. 531. (Suplemento de Jurisprudência LTr n. 30/2009, p. 236).

Dispensa por justa causa no curso de benefício auxílio-doença. Efeitos

Interessante decisão foi recentemente proferida pela Egrégia 4ª Turma do Colendo TST, sobre a averiguação de dispensa por justa causa, no curso do benefício auxílio-doença.

É interessante e importante o que restou decidido no sentido da possibilidade da dispensa enquanto o empregado goza do auxílio-doença, independentemente de se perquirir se tal benefício interrompe ou suspende o contrato de trabalho.

O que se mostrou relevante no exame da questão em foco, foi a quebra de confiança gerada pelo empregado durante o período em que esteve afastado do serviço em razão de doença.

No caso, pela decisão do Colendo TST não se fica sabendo qual foi a quebra de confiança, eis que a mesma foi admitida pelo regional, e, assim, com fulcro nessa decisão em que a falta grave fôra clara e incisivamente reconhecida, diante do contexto fático probatório.

Recurso de revista. Dispensa do empregado, por justa causa, no curso de benefício auxílio-doença. I. O cerne da questão cinge-se à averiguação da possibilidade de dispensa, por justa causa, no curso do benefício auxílio-doença. II. Ao contrário de correntes doutrinárias, que defendem tal possibilidade apenas quando a falta tipificada tenha ocorrido no próprio período de suspensão do contrato, inclino-me por aquela corrente que conclui por tal possibilidade independentemente da distinção sugerida. III. Não se verifica, no capítulo em que se encontra inserto o art. 482 consolidado, (Capítulo V da rescisão), nenhuma restrição ao direito de demitir do empregador, na hipótese em comento, que é absoluto. IV. E nem poderia haver, porque a configuração da justa causa compromete o prosseguimento da relação, não havendo porque postergar a ruptura do pacto para o término da licença. V. Se é possível romper o contrato de trabalho, por justa causa, em função de faltas ocorridas no período da licença, por que não fazê-lo em relação àquelas ocorridas antes desse período, mas que só vieram à tona ao término de procedimento investigativo do Banco quando o empregado já se encontrava de licença? Qual a motivação para acobertá-lo da consequência imediata dos seus atos faltosos e impedir o empregador de se reestruturar adequadamente com relação às funções que esse empregado desempenha? VI. Independentemente da controvérsia acerca de esse afastamento caracterizar suspensão ou interrupção do contrato de trabalho, o certo é que permanecem obrigações contratuais, como o compromisso de lealdade processual, intimamente relacionado com o sentimento de confiança recíproca. Quando esta é quebrada, há sério comprometimento de importante pilar da contratação, sendo irrelevante que os fatos ensejadores dessa quebra tenham ocorrido antes ou durante o período de afastamento do empregado, porque a fixação de tal marco não vai restaurar a confiança abalada. E o dispositivo consolidado, como enfatizado, apenas prevê a possibilidade de rescisão do contrato de trabalho pelo empregador, nas hipóteses elencadas, sem excepcionar situações de afastamento por gozo de auxílio doença e/ou similares, uma vez que exceções do gêneros comprometeriam a gênese da norma. VII. Ultrapassada a tese de não ser admissível dispensa por justa causa, no período de gozo de benefício previdenciário, não obstante o Regional tivesse corroborado a falta grave praticada pelo recorrido, ocorreu a este relator determinar a devolução dos autos à Corte de origem para publicação do acórdão que reconhecera a justa causa, a fim de permitir ao reclamante a interposição de recurso de revista, por conta do disposto no art. 5º, LV da Constituição, sendo prematura e irrelevante a discussão se o apelo lograria ou não admissibilidade, por estar em jogo o direito transcendental à preservação da garantia constitucional ali consagrada. VIII. A douta maioria, no entanto, entendeu ser desnecessária a baixa dos autos à Corte de origem, uma vez que a falta grave fora clara e incisivamente reconhecida na decisão impugnada, lavradas ao rés do contexto fático-probatório, orientando se no sentido de a Turma prosseguir no julgamento do recurso de revista a fim de convalidar a justa causa ali contemplada. IX. Obediente ao posicionamento da maioria, cabe a este relator apenas endossar o fundamento pelo qual o Colegiado de origem dera pela prática da falta grave, e, por consequência, estender o provimento ao recurso de revista para julgar improcedente o pedido de pagamento de verbas rescisórias. Recurso provido. TST-RR-530/2002-701-04-00.0 (Ac. 4ª T.) — 4ª Reg. Rel. Min. Antônio José de Barros Levenhagen. DJU 13.10.06, p. 1002. (Suplemento de Jurisprudência LTr n. 48/2006, p. 382)

Férias proporcionais. Rescisão por justa causa. Convenção n. 132 da OIT

Como se sabe, as Convenções Internacionais de Trabalho, da OIT, têm aplicação no território dos países membros que as ratificaram.

Dentre elas, destaca-se a de n. 132 que trata das férias, sabendo-se que suas normas se aplicam quando compatíveis com o regime legal dos países respectivos.

Com as férias proporcionais ocorreu sua aplicação ao Direito brasileiro derrogando as normas incompatíveis com o nosso instituto sobre férias remuneradas, para prevalecer o entendimento de que são elas devidas independentemente do motivo da rescisão contratual, alterando o Direito brasileiro no tocante a esse tema, que não as considerava devidas se a rescisão se desse por justa causa.

Sobre essa matéria veja-se a Ementa a seguir transcrita:

Férias proporcionais. Rescisão por justa causa. Aplicabilidade da Convenção n. 132 da OIT. Considerando a superveniência de norma internacional ratificada pelo Brasil e os termos da Convenção n. 132 da OIT que dispõe no seu art. 11 a respeito de férias proporcionais, restaram derrogadas as normas da CLT com ela incompatíveis, em específico o entendimento restritivo previsto no parágrafo único do art. 146 da CLT. Assim, as férias proporcionais são devidas independentemente do motivo da rescisão contratual, ainda que, no caso, tenha ocorrido por justa causa. Recurso ordinário da parte reclamada conhecido e, nesse aspecto, não provido. TRT 9ª Reg. RO 00287-2006-093-09-00-7 — (Ac. 3ª T. 34965/08) — Rel. Archimedes Castro Campos Júnior. DJPR 30.9.2008, p. 406. (Suplemento de Jurisprudência LTr n. 52/08, p. 413)

Mau procedimento. Abandono de emprego

O que se conclui da ementa da decisão judicial transcrita a final é que o empregado de uma empresa falsificou atestado médico para dele ser favorecido.

Conclui-se também que após faltar ao serviço por alguns dias, foi convocado pelos jornais e por correspondência direta para retornar ao trabalho.

Na audiência inicial da reclamação que formulou contra a empresa, confessou o reclamante que recebeu a correspondência que lhe foi enviada.

Em tais circunstâncias, considerou o Judiciário que houve mau procedimento e abandono de emprego por parte do reclamante, dando como correta a aplicação da justa causa pela empresa, como segue abaixo:

Justa causa. Apresentação de atestado médico falso. Mau procedimento. Abandono de emprego. Envio de correspondência. publicação de editais. Se há nos autos prova de que o atestado médico fornecido pelo autor foi falsificado, no mínimo, já houve caracterização de quebra da fidúcia a preponderar em toda e qualquer relação de emprego; isso para nem sequer se cogitar de possível prática de crime tipificado na lei penal. Havendo ruptura na confiança que todo empregador deve depositar em seu empregado, em face da deslealdade por parte deste, já existem subsídios para a justa causa pelo mau procedimento. Some-se a esse contexto o fato de que, em audiência, o próprio autor confirmou o recebimento de correspondência convocando — o para retornar ao trabalho, tendo também sido publicados em jornal de grande circulação no DF dois editais de convocação neste mesmo sentido. A situação revelada pelos autos é suficientemente capaz de atrair a justa causa aplicada pela empresa ao trabalhador para ruptura do contrato de trabalho. 2. Recurso conhecido e desprovido. TRT 10ª Reg. ROPS 01155-2007-021-10-00-4 — (Ac. 2ª T./08) — Rel. Juiz Gilberto Augusto Leitão Martins. DJU 14.3.08, p. 972. (Suplemento de Jurisprudência LTr n. 29/2008, p. 230).

Rescisão indireta. Descumprimento de obrigações contratuais

A rescisão indireta é aquela que pode ser requerida judicialmente, em determinados casos, como por exemplo, o caracterizado pelo não cumprimento de obrigações contratuais por parte do empregador.

Esse descumprimento confere ao trabalhador o direito de pleitear a rescisão de seu contrato de trabalho com percepção de todas as verbas rescisórias como se a rescisão tivesse sido de iniciativa do empregador, sem justa causa.

O descumprimento, no caso, diz respeito ao atraso no pagamento de salário e no recolhimento do FGTS, dentre outros.

A Ementa da decisão sobre a hipótese aventada, do TRT da 3ª Região, é didática como segue:

Descumprimento de obrigações contratuais. Art. 483, "d" e § 3º, da CLT. Rescisão indireta do contrato de trabalho. Provado nos autos que a reclamada vinha descumprindo obrigações contratuais, atraso no pagamento de salário, no recolhimento do FGTS, dentre outras, tal situação atrai a aplicação das disposições contidas no art. 483, "d", e § 3º, da CLT. *In casu*, os atrasos no pagamento do salário, ou o pagamento da remuneração de forma desmembrada, assim como, o fato de o pagamento das comissões serem realizados em data distinta da do salário-base, e, ainda, em datas variadas, afastam a obrigação de a reclamante demonstrar a gravidade da falta, ou seja, que a irregularidade do pagamento causava transtornos à sua vida pessoal, situação que, aliás, é de todo presumível, tendo em vista a natureza alimentar do salário. Não poderia a recorrente admitir a continuidade do contrato, diante das irregularidades apontadas, principalmente a mora salarial, já que o trabalhador depende diretamente do salário para viver. O empregado organiza sua vida e paga seus compromissos na expectativa de receber seus salários em dia. Se o empregador não cumpre com sua obrigação de efetuar o pagamento no prazo legal, aquele se vê sujeito a prejuízo financeiro e moral ao atrasar o pagamento de suas contas pessoais e à impossibilidade de mantença básica de sua família, no que se refere principalmente à alimentação. Em se tratando de prestações sucessivas, é de se reconhecer que a falta se reproduz no tempo, nascendo, com isso, novas ou repetidas infrações contratuais e, pois, agravando o quadro de descumprimento do pactuado. Ressalte-se, ainda, que o § 3º do art. 483/CLT faculta ao trabalhador se afastar do serviço até final decisão do processo judicial. O contrato de trabalho é uma relação sinalagmática, contendo direitos e obrigações recíprocas. O único bem que o trabalhador tem é a sua mão de obra, e, dela se dispondo, deve receber os salários no prazo legal. O prazo estipulado no parágrafo único do art. 459 da CLT, que determina o pagamento do salário até o 5º dia útil do mês subseqüente ao trabalhado e/ou a disposição do empregador, não pode deixar de ser observado, pois constitui norma de ordem pública. TRT 3ª Reg. RO-918/2008-004-03-00.3 — (Ac. 10ª T.) — Relª. Juíza Convocada Taisa Maria M. de Lima. DJe/TRT 3ª Reg. n. 211/09, 14.4.09 (Div.), p. 132/3. (Suplemento de Jurisprudência LTr n. 35/2009, p. 248).

MULTAS DA FISCALIZAÇÃO

Auto de infração. Nulidade e restituição da multa paga

A decisão sobre a matéria em epígrafe refere-se aos limites legais da atuação funcional do Auditor Fiscal sobre a legalidade de cláusulas de convenção coletiva de trabalho.

Esclarecido ficou na referida decisão que a competência para decidir a respeito de legalidade ou constitucionalidade das normas coletivas é exclusiva da Justiça do Trabalho.

No caso, o Auditor Fiscal extrapolou seus limites funcionais ao entrar no mérito da flexibilização da jornada reduzida noturna, cuja validade formal não foi contestada. Assim, declarada nula a autuação fiscal, deferida foi a restituição do valor da multa aplicada à empresa.

Nulidade do auto de infração e restituição da multa paga. Fiscalização trabalhista. Atribuições. Limites legais. A atribuição do auditor fiscal do trabalho, delimitada pela Lei n. 10.593/2002 (art. 11, inciso IV) e Decreto n. 4.552/2002 (art. 18, inciso I, alínea *"c"*), restringe-se à verificação do cumprimento dos instrumentos de negociação coletiva regularmente pactuados pelas categorias envolvidas. Extrapola os limites legais da atuação funcional a decisão do auditor fiscal sobre a legalidade da cláusula de CCT que autorizou a flexibilização da jornada reduzida noturna, cuja validade formal não foi questionada. A competência para decidir acerca da legalidade ou constitucionalidade das normas coletivas é exclusiva da Justiça do Trabalho, em ação individual ou anulatória de cláusula convencional. 2. *Regime de revezamento de jornada 12x36. Hora noturna reduzida. Exclusão por convenção coletiva de trabalho. Validade.* Tem validade a cláusula de CCT que exclui a redução da jornada noturna no regime de compensação 12x36. Mantenho a sentença que declarou a nulidade do auto de infração e deferiu a restituição do valor da multa aplicada à empresa autora. TRT 18ª Reg. RO 0127600-42.2009.5.18.0008 — (Ac. 3ª T.) — Relª. Juíza Marilda Jungmann Gonçalves Daher. DJe/TRT 18ª Reg., ano IV, n. 67, 22.4.10, p. 32. (Suplemento de Jurisprudência LTr n. 25/2010, p. 198).

Desconstituição de multas aplicadas pela delegacia regional do trabalho. Natureza jurídica do vale-transporte

Ao entendimento da fiscalização do trabalho de que o vale-transporte, pago em dinheiro, deixa de ter natureza indenizatória para ser considerado como salário, foi aplicada multa administrativa a empresa que não recolheu contribuição previdenciária ou do FGTS sobre pagamento a esse título.

Julgando Recurso de Revista cuja decisão foi a de que a natureza jurídica do vale-transporte pago em pecúnia era salarial, ficou decidido em acórdão da 6ª Turma do TST que o vale-transporte não tem natureza salarial nem se incorpora à remuneração para quaisquer efeitos, a teor do disposto no art. 2º da Lei n. 7.418/85, alínea *a*.

Além do mais, o art. 458, § 2º, III, da CLT, exclui do salário a utilidade concedida pelo empregador para o transporte destinado ao deslocamento para o trabalho e retorno, em percurso servido ou não por transporte público. A aplicação da multa pela Delegacia Regional do Trabalho feriu direito líquido e certo.

A Ementa desse acórdão segue adiante:

Recurso de revista. Desconstituição de multas aplicadas pela delegacia regional do trabalho, impostas em razão do reconhecimento da natureza salarial do vale-transporte concedido aos empregados em dinheiro, sem o recolhimento para o FGTS e sem a consideração da parcela para efeito de pagamento do 13º salário. Existência de expressa disposição legal acerca da natureza indenizatória da parcela e de sua não constituição como base de incidência do FGTS — Violação ao art. 2º da Lei n. 7.418/85 — Configuração. Dispõe o art. 2º da Lei n. 7.418/85 que o vale-transporte não tem natureza salarial, nem se incorpora à remuneração para quaisquer efeitos (alínea *a*) e não constitui base de incidência de contribuição previdenciária ou de Fundo de Garantia por Tempo de Serviço (alínea *b*). Essa natureza indenizatória e a inaptidão do vale-transporte para constituir base de incidência para o INSS e o FGTS foram confirmadas no art. 6º do Decreto n. 95.247/87, ao regulamentar a concessão do referido benefício. De igual forma, o art. 458, § 2º, III, da CLT exclui do salário a utilidade concedida pelo empregador para o transporte destinado ao deslocamento para o trabalho e retorno, em percurso servido ou não por transporte público. A controvérsia instaurada nos autos diz respeito à transmudação da natureza jurídica da parcela de indenizatória para salarial quando o benefício é concedido aos empregados em pecúnia. Não obstante, reconhece a jurisprudência que a mera concessão do benefício em dinheiro não tem o condão de transmudar a natureza jurídica do vale-transporte, que, por disposição legal, é indenizatória e não constitui base de incidência para a contribuição previdenciária e para o FGTS. Precedentes da Corte. De par com isso, o pagamento do vale-transporte em pecúnia era previsto nas normas coletivas, que devem ser privilegiadas, a teor do disposto no art. 7º, XXVI, da CF. E, à luz do princípio da adequação setorial negociada, a previsão normativa de pagamento do vale-transporte em dinheiro não afronta direito irrenunciável do trabalhador nem reduz o padrão geral oriundo da legislação estatal, já que cumprida a finalidade legal, qual seja, o fornecimento de meios para o empregado se deslocar da residência para o trabalho e vice-versa. Nesse contexto, e havendo, repita-se, expressa disposição legal acerca da natureza indenizatória do vale-transporte e de que a referida verba não constitui base de incidência da contribuição previdenciária ou do Fundo de Garantia por Tempo de Serviço (alíneas *a* e *b* do art. 2º da Lei n. 7.418/85), a imposição de multas pela Delegacia Regional do Trabalho, pela ausência de recolhimento para o FGTS e pela desconsideração da parcela para efeito de pagamento do 13º salário dos empregados, implicou violação a direito líquido e certo da Impetrante, autorizando a concessão da segurança pretendida, nos termos do art. 1º da Lei n. 1.533/51. Decisão em sentido contrário constitui afronta ao art. 2º da Lei n. 7.418/85. Recurso de revista conhecido e provido. TST-RR-2462/2005-066-02-00.5 — (Ac. 6ª T.) — Rel. Min. Mauricio Godinho Delgado. DJe/TST n. 304/09, 27.8.09, p. 1.585/6. (Suplemento de Jurisprudência LTr n. 49/2009, p. 388 e 389).

Fiscal do trabalho. Competência funcional. Limites. Usurpação de atividade jurisdicional

É do conhecimento geral que a EC n. 45/04 atribuiu à Justiça do Trabalho o deslinde de questões relacionadas com autuações realizadas pela fiscalização do trabalho, junto a empresas ou a quem mantém pessoas físicas a seu trabalho, sob regime de emprego declarado, ou não.

Contudo, a fiscalização tem seus limites, quais sejam os de respeitar o ordenamento jurídico do País, para autuarem ainda que com presunção de irregularidades praticadas pelos dadores de serviços, ao argumento de que evidente se mostra eventual relação de emprego.

Impossível a caracterização da natureza jurídica de relações de trabalho pela fiscalização, sob pena de usurpação da atividade da Justiça.

Nesse sentido, é a Ementa abaixo transcrita:

Fiscal do trabalho. Competência funcional. Limites, usurpação de atividade jurisdicional. Se os auditores fiscais do trabalho têm por atribuição assegurar, em todo o território nacional, o cumprimento das disposições legais e regulamentares no âmbito das relações de trabalho e de emprego — e esta atribuição obedece ao princípio da legalidade — daí, entretanto, não se infere que possuam competência para lavrar autos de infração assentados em declaração de existência de contrato de emprego, derivada unicamente sua apreciação da situação fática subjacente. A transmutação da natureza jurídica dos diversos tipos de contrato que envolvem a prestação de trabalho — como os de prestação ou locação de serviços, de empreitada e outros, inclusive o que decorre de associação cooperativa — em contratos individuais de trabalho, depende de declaração expressa, que se constitui em atividade jurisdicional, exclusiva do Poder Judiciário. Recurso Ordinário provido, para se conceder a segurança. TRT 2ª Reg. RO 01096200601702008 — (Ac. 11ª T. 20070036823) — Relª Juíza Maria Aparecida Duenhas. DJSP 13.3.07, p. 108. (Suplemento de Jurisprudência LTr n. 15/2007, p. 117/118)

Fiscalização trabalhista. Cumprimento da lei

A proteção do empregado quanto a seus direitos tem, na fiscalização do trabalho, um dos pontos mais significativos, já que a lei tutelar deve ser cumprida pelos empregados.

Assim, quando a lei determina uma providência a ser tomada em prol do trabalhador, cabe ao empregador cumpri-la sob pena de multa administrativa, e, por vezes, de rescisão indireta do contrato de trabalho, se de seu descumprimento causar-lhe prejuízo.

A hipótese de que nos ocupamos refere-se à exigência do Quadro de horário, conforme dispõe o art. 74, § 2º da CLT, com ênfase no aspecto de sua prova, a qual só pode ser documental.

É que, em não tendo sido feito o documento para formalização do quadro de horário de seus empregados, julgou o empregador que a prova da exigência legal pudesse ser feita por testemunhas.

A Ementa transcrita, do TRT/7ª Região, é nesse sentido, como segue:

Quadro de horário. Art. 74, § 2º, da CLT. Não apresentação à fiscalização. Autuação. Indeferimento de produção de prova testemunhal. Cerceio de defesa. Inocorrência. O quadro de horário é imposição do art. 74, § 2º, da CLT, e, desta forma, a prova do cumprimento da regra se dá pelo simples fato da apresentação do documento que discrimine a jornada dos empregados. Ou seja, a conformidade com a lei depende da existência material do documento, caso que não pode ser suprido por relato testemunhal, não constituindo em cerceio de defesa o indeferimento respectivo. Recurso ordinário conhecido, porém improvido. TRT 7ª Reg. RO 2579/2005-004-07-00-5 — Rel. Des. Jose Ronald Cavalcante Soares. DJe/7ª Reg., ano XIV, n. 21, 4.2.09, p. 1.437. (Suplemento de Jurisprudência LTr n. 019/2009, p. 149).

Fiscalização trabalhista. Decisão judicial. Lavratura de auto fora do local fiscalizado, sem justificativa

Com a passagem de competência à Justiça do Trabalho, para julgar procedimentos da fiscalização do trabalho junto às empresas (Emenda Constitucional n. 45/04), transferindo-a da Justiça Federal, temos tomado conhecimento de que os Autos de Infração lavrados estão tomando um rumo mais adequado sob o prisma jurídico.

É o caso, por exemplo, da decisão do TRT/2ª Região (Acórdão n. 20061026128, relatado pelo Juiz Marcelo Freire Gonçalves, DJ SP 12.1.07, p. 68, cuja Ementa nos dá o seu alcance, ao estabelecer que:

"O objetivo da norma prevista no § 1º do art. 629 da CLT é assegurar ao autuado a oportunidade de presenciar a fiscalização e já a partir deste momento exercer o seu direito à ampla defesa (inciso LV do art. 5º da CF). O autuado estando presente à inspeção pode prestar esclarecimentos ou fornecer elementos ao fiscal que elucidem a ocorrência. Não se pode olvidar que autuação no próprio local da inspeção também obedece ao princípio da publicidade dos atos administrativos (*caput* do art. 37 da CF), pois permite ao autuado certificar-se da legalidade do procedimento adotado pelo fiscal" (Suplemento de Jurisprudência Trabalhista LTr n. 12/2007, p. 94).

Essa decisão revela o cuidado que a fiscalização deve ter com o que dispõe o ordenamento jurídico do país, em obediência aos princípios do Estado Democrático de Direito.

Papel da fiscalização do trabalho e EC n. 45/04

Desde que se implantou no país uma legislação de proteção trabalhista a preocupação foi passar a um órgão administrativo (Ministério do Trabalho e suas Delegacias) a fiscalização de seu cumprimento pelos empregadores.

Na CLT, o título VII, dedica-se ao processo de multas administrativas, e, para tanto, da fiscalização, da autuação e da imposição de multa, bem como dos recursos cabíveis e do depósito, inscrição e cobrança (arts. 626 a 642).

Isso porque, como é óbvio, há que se zelar pela correta aplicação das leis de proteção ao trabalho e ao trabalhador, durante a vigência dos contratos de emprego, evitando-se perdas salariais e de vantagens decorrentes dos serviços prestados.

O Ministério Público do Trabalho, também, a partir do advento da Lei n. 7.347, de 24.7.85, que disciplinou a ação civil pública para apuração de responsabilidades por danos morais e patrimoniais causados por qualquer interesse difuso ao coletivo, muito tem colaborado na fiscalização dos direitos de proteção ao emprego.

No que toca à fiscalização de natureza administrativa, a EC n. 45/04 conferiu competência à Justiça do Trabalho para apreciar as questões que envolvem aplicações de penalidades pela área administrativa, o que antes era matéria afeta-a Justiça Federal.

A esse respeito, apenas para ilustrar esse pequeno comentário, transcrevemos em seguida decisão judicial que dá bem a entender o que vem ocorrendo a respeito:

Auto de infração. Descumprimento do art. 59 da CLT. Aplicação de penalidade administrativa. No presente caso, o auto de infração decorreu da prática, por parte da requerente, de prorrogação da jornada de trabalho dos funcionários, além do limite legal de 2 (duas) horas diárias, sem qualquer justificativa. Não se vislumbra, em momento algum, a ilegalidade do ato praticado pela requerida, haja vista que o Auditor Fiscal do Trabalho, ao aplicar o art. 59, *caput* da CLT, agiu em conformidade com a lei, não se verificando a situação de exceção alegada, capaz de afastar a penalidade imposta. Sentença que se mantém. TRT 9ª Reg. RO 96007-2005-663-09-00-4 — (Ac. 4ª T. 22231/06) — Rel. Juiz Sergio Murilo Rodrigues Lemos. DJPR 28.7.06, p. 692. (Suplemento de Jurisprudência LTr n. 39/2006 p. 309/310)

PLANO DE SAÚDE

Suspensão do contrato de trabalho pela aposentadoria por invalidez. Manutenção do plano de saúde

A aposentadoria por invalidez suspende o contrato de trabalho até que se torne definitiva.

Tal suspensão contratual (art. 475/CLT), contudo, não tem o condão de extinguir o vínculo de emprego, que continua latente, apesar de seus efeitos continuarem paralisados no que toca aos salários, à prestação de serviços e à contagem de tempo de serviço.

O plano de saúde deve continuar operando normalmente porque ele existia antes da aposentadoria por invalidez e também porque não depende da prestação de serviços.

Essa foi a decisão da 3ª T., do TST, cuja Ementa segue transcrita:

Recurso de revista. Negativa de prestação jurisdicional. Não declinadas nas razões de revistas os pontos fáticos em que teria se omitido o Tribunal Regional, não há como aferir a alegada violação dos arts. 93, IX, da Constituição da República, 832 da CLT e 458 do CPC. *Suspensão do contrato de trabalho. Aposentadoria por invalidez. Manutenção do plano de saúde.* Nos termos do art. 475 da CLT, a aposentadoria por invalidez opera a suspensão do contrato de trabalho. Suspenso o ajuste, paralisam-se apenas os efeitos principais do vínculo, quais sejam, a prestação de trabalho, o pagamento de salários e a contagem do tempo de serviço. Todavia, as cláusulas contratuais compatíveis com a suspensão continuam impondo direitos e obrigações às partes, porquanto subsiste intacto o vínculo de emprego. Considerando que o direito ao acesso ao plano de saúde, tal como usufruído antes da aposentadoria por invalidez, não decorre da prestação de serviços, mas diretamente do contrato de emprego — resguardado durante a percepção do benefício previdenciário —, não há motivo para sua cassação. Os arts. 30, *caput* e § 6º, e 31, *caput* e §§ 1º e 2º, da Lei n. 9.656/98 cuidam da hipótese em que há a extinção do vínculo empregatício, e, não, da suspensão do contrato de trabalho. Aplicação da Súmula n. 296/TST. Recurso de revista integralmente não conhecido. TST-RR-1931/ 2004-372-02-00.4 — (Ac. 3ª T.) — Relª Min. Rosa Maria Weber Candiota da Rosa. DJe/TST n. 168/ 09, 5.2.09 (Div.), p. 1.192. (Suplemento de Jurisprudência LTr, n. 19/2009, p. 152)

PREPOSTO

Advogado e preposto. Confissão ficta

Nosso colega, Juiz aposentado e amigo, Melchíades Rodrigues Martins, compôs uma obra que o engrandece cultural e juridicamente sobre "O Preposto e a representação do empregador em juízo trabalhista e órgão administrativos", aditado pela LTr, em março de 2002.

São 32 capítulos da maior importância para o conhecimento do Direito do trabalho, sobretudo do processual do trabalho, no que tange à representação do empregador em todas as situações que ela tem que se fazer presente.

A rigor, essa obra inteligente e fruto de muita pesquisa, não pode faltar àqueles que se dedicou às relações trabalhistas, nas empresas, pelo significado da correta representação, bem como de suas conseqüências, quando não tomadas a sério providências adequadas a fim de que não venham a redundar em prejuízo para o representado e, por vezes, ao próprio representante.

O preposto é, na audiência trabalhista e perante órgãos de administração pública, o representante legítimo e válido do empregador, este tomado pela lei trabalhista, como empresa.

Seu perfil, sua autorização, seus poderes, sua atuação na conciliação judicial e no depoimento pessoal, o dever de veracidade, bem como se deve ser empregado ou não, tudo isto e maiores detalhes sobre as conseqüências dos atos do preposto estão contidos nessa excelente obra.

Sobre o advogado e a função de preposto, de forma simultânea, há todo um capítulo, o de n. XXV, no qual é tratada a controvérsia existente na jurisprudência.

Sobre o dissenso, opina o autor *Melchíades Rodrigues Martins*, no sentido de que "o advogado não poderá funcionar no mesmo processo como preposto e procurador da empresa por várias razões" que são mencionadas em número de seis, com respaldo em jurisprudência.

A respeito dessa matéria, recentemente o TST, por sua 1ª Turma, acabou concluindo do mesmo sentido, ou seja, de que o advogado e preposto não são cumuláveis na mesma pessoa, ainda mais considerando o fato de ser audiência una, como se colhe da Ementa a seguir transcrita.

Confissão ficta. Advogado. Preposto. 1. As qualidades de advogado e de preposto não são cumuláveis na mesma pessoa física, em audiência una ou em específica audiência de instrução no processo trabalhista, porquanto a condição de preposto impõe afastamento da audiência para a tomada de depoimento da parte contrária, enquanto a qualidade de advogado requer precisamente a presença para a formulação de reperguntas ao antagonista. 2. Não viola os arts. 843, § 1º e 844 da CLT acórdão que aplica confissão ficta à Reclamada em virtude de fazer-se representar exclusivamente por advogado, em audiência una, mesmo porque impertinentes esses preceitos legais para impugnar decisão que não reputou revel a Reclamada. 3. Recurso de revista de que não se conhece. TST-RR-677.898/2000.4 — (Ac. 1ª T.) — 1ª Reg. — Rel. Min. João Oreste Dalazen. DJU 30.6.06, p. 1.157. (Suplemento de Jurisprudência LTr n. 31/2006 p. 245)

Atuação da reclamante como preposta em processos judiciais. Não caracterização de cargo de confiança. Bancário (Art. 224, § 2º, da CLT)

Em Agravo de Instrumento provido, o TST, por sua 6ª T. e com voto do Relator Ministro Mauricio Godinho Delgado, conheceu do Recurso de Revista interposto e o julgou parcialmente provido.

A pretensão da reclamada era a de que a reclamante por sua atuação como preposta em processos judiciais exercia cargo de confiança, a teor do disposto no art. 224, *caput*, § 2º da CLT.

A decisão referida esclareceu que o enquadramento do bancário no aludido dispositivo da CLT necessita de comprovação no sentido de que a empregada exerça efetivamente as funções capazes de caracterizar o exercício da função de confiança.

No caso, a atuação da empregada como preposta é o resultado de uma credencial provisória que se esgota logo após a audiência para a qual foi designada.

A Ementa segue abaixo:

Agravo de instrumento. Recurso de revista. Atuação da reclamante como preposta em processos judiciais. Não caracterização do cargo de confiança Bancário (Art. 224, § 2º, da CLT). Demonstrado no agravo de instrumento que o recurso de revista preenchia os requisitos do art. 896 da CLT, ante a constatação de violação, em tese, do art. 224, caput, § 2º, da CLT. Agravo de instrumento provido. *Recurso de revista. Atuação da reclamante como preposta em processos judiciais. Não caracterização do cargo de confiança bancário (Art. 224, § 2º, da CLT).* Para que ocorra o enquadramento do empregado bancário nas disposições contidas no art. 224, caput, § 2º, da CLT, é necessário restar comprovado, no caso concreto, que o empregado exerça efetivamente as funções aptas a caracterizar o exercício de função de confiança, e, ainda, que elas se revestiam de fidúcia especial, que extrapola aquela básica, inerente a qualquer empregado. O simples fato de a empregada ter atuado na Justiça do Trabalho como preposta do Banco e de ter acesso a dados dos empregados (únicos fundamentos adotados pelo Regional para justificar o enquadramento) não são suficientes para caracterizar a real fidúcia inerente ao cargo de confiança. O parágrafo 1º do art. 843 da CLT estabelece apenas que o preposto deve ter conhecimento dos fatos que envolvem a demanda. Vale dizer que o preposto possui uma credencial provisória, que se esgota logo após a audiência para o qual fora designado, não se confundindo com a verdadeira fidúcia exigida pelo empregado ocupante do cargo de confiança bancário. Recurso de revista conhecido e parcialmente provido. TST-RR- 1594500-47.2002.5.02.0902 (*Processo n. RR-15945/2002-902-02-00.1*) — (*Ac. 6ª T.*) — Rel. Min. Mauricio Godinho Delgado. DJe/TST n. 442/10, 18.3.10, p. 1.340. (Suplemento de Jurisprudência LTr n. 19/2010, p. 145/146).

Ausência de defesa oral em audiência por preposto ou advogado

A decisão cuja ementa serve como objeto deste comentário, do TRT/2ª Região, dá-nos conta de que se, na audiência inicial não comparece advogado, deixando o preposto sem nenhuma defesa escrita, cabia a este fazê-la oralmente, impugnando os pedidos formulados pelo reclamante.

A ausência de defesa, no momento oportuno, gera preclusão da oportunidade para oferecê-la, não sendo admitida a defesa escrita apresentada quando já encerrada a audiência, como ocorreu no caso ora comentado.

Segue a Ementa da referida decisão:

Cerceamento de defesa. Ausência de prazo para defesa oral: "Uma vez que a notificação da reclamada com o pedido inicial é remetida pelo órgão do Judiciário dias antes da data designada para a audiência (art. 841, da CLT), o representante legal da empresa tem conhecimento do pleito reclamado pelo autor. Assim, se a empregadora não possui advogado ou se ele não se encontra presente com a contestação ou não a entregou ao preposto, cabe a este impugnar todos os pedidos, consignando-os no termo de audiência. Quedando-se inerte, presume-se que abdicou do direito de resposta. O fato de o advogado da parte apresentar-se, com a defesa escrita, dez minutos após a abertura da sessão, em nada o socorre, uma vez que já se encontrava preclusa a oportunidade para oferecê-la, ainda mais quando já se havia encerrado a instrução processual". Recurso Ordinário a que se nega provimento. TRT 2ª Reg. RO 01006200603002009 — (Ac. 11ª T. 20080122412) — Relª Dora Vaz Treviño. DOE/TRT 2ª Reg. 4.3.08, p. 233. (Suplemento de Jurisprudência LTr n. 25/2008, p. 193 e 194).

Condição de autônomo. Súmula n. 377/TST não aplicável

A 3ª Turma do TST em voto recente da Relatora Min. Rosa Maria Weber, deu uma abertura ao problema do preposto não empregado, contrariando, assim, o Enunciado da Súmula n. 377 do mesmo TST.

Como se sabe essa questão vem sendo objeto de muita divergência, principalmente entre os doutrinadores, com suporte no que estabelece literalmente o art. 843, § 1º da CLT, o qual não menciona que preposto deva ser necessariamente da empresa reclamada.

Se a lei não o diz, a questão tornou-se interpretativa, sem se atentar para o fato de que ao Juiz cabe o discernimento sobre a pessoa que vai depor no tocante ao conhecimento dos fatos do processo, decidindo sobre a validade da representação.

A decisão cuja Ementa vai abaixo transcrita aceitou como preposto a pessoa que trabalhou sem contrato para a empresa recebendo como autônomo, porém vinculado ao empreendimento.

Preposto. Condição de empregado. Súmula n. 377/TST. Inaplicável à espécie. Revelia e confissão ficta. Não-configuração. Tendo sido registrado, no acórdão regional, que, de acordo com o instrumento de mandato juntado aos autos, foram conferidos ao preposto amplos e gerais poderes para gerir e administrar a reclamada e que, em seu depoimento, "declarou trabalhar na empresa, embora sem contrato assinado na CTPS, recebendo como autônomo", a conclusão da Corte de origem, no sentido de afastar a confissão ficta, ao fundamento de que, embora o preposto "não possua contrato de trabalho formalizado com a empresa, está diretamente vinculado ao empreendimento", não contraria a Súmula n. 377/ TST. Divergência jurisprudencial apta não demonstrada (Súmula n. 296/TST). Recurso de revista não conhecido. TST-RR-1641/2002-041-12-00.1 — (Ac. 3ª T.) — Relª. Min. Rosa Maria Weber. DJe/TST n. 381/09, 17.12.09, p. 1.389. (Suplemento de Jurisprudência LTr n. 14/2010, p. 112).

Condomínio. Jurisprudência do TST

O art. 843, § 1º, da CLT dispõe que "É facultativo ao empregador fazer-se substituir pelo gerente, ou qualquer outro preposto que tenha conhecimento do fato, e cujas declarações obrigarão o preponente".

Tendo em vista a divergência sempre suscitada entre os Tribunais sobre essa representação processual, baixou o TST a Súmula n. 377 para esclarecer que a condição de empregado é exigência para sua regularidade, exceto para o empregado doméstico ou micro ou pequeno empresário.

A matéria ora enfocada versa sobre outra figura de empregador, que é o condomínio imobiliário.

Para esse caso o TST tem precedente jurisprudencial autorizando o síndico ou o administrador de condomínios o poder de representa-los perante a Justiça do Trabalho.

Segue Ementa a respeito.

Condomínio. Preposto. Art. 843, § 1º, da CLT. Confissão ficta não configurada. O art. 843, § 1º, da CLT, disciplina a representação das partes em audiência dispondo que "É facultado ao empregador fazer-se substituir pelo gerente, ou qualquer outro preposto que tenha conhecimento do fato, e cujas declarações obrigarão o proponente." Especificamente quanto aos condomínios, a jurisprudência do C. TST entende que podem fazer-se representar por síndico ou administrador (precedente: RR — 464/2005-016-02-00.3, Relator Ministro: *Carlos Alberto Reis de Paula*, data de julgamento: 21.5.2008, 3ª Turma, data de publicação: 13.6.2008). Confissão "ficta" não configurada. Recurso ordinário da Reclamante a que se nega provimento. TRT 9ª Reg. RO 8608/2008-016-09-00.4 — (Ac. 1ª T.) — Rel. Ubirajara Carlos Mendes. DJe/TRT 9ª Reg. n. 315/09, 14.9.2009, p. 173. (Suplemento de Jurisprudência LTr n. 47/2009, p. 374).

Desconhecimento dos fatos pelo preposto. Confissão ficta. Efeitos

O art. 843, § 1º, da CLT, faculta ao empregador fazer-se substituir pelo gerente ou qualquer outro preposto que tenha conhecimento do fato, e cujas declarações obrigarão o preponente.

Se o preposto alegar, em Juízo, que não tem conhecimento de fato relevante para o deslinde do processo, como por exemplo, qual a remuneração que era paga ao reclamante, tal alegação gerará confissão ficta.

Esse tipo de confissão é mera presunção, por isso ficta significando suposta, imaginada, como vocábulo derivado do latim *fictus*. (Vocabulário Jurídico, De Plácido e Silva, 22. ed., p. 344).

A confissão assim denominada ocorre quando há recusa em prestar depoimento, sem qualquer justificativa, fazendo com que haja a presunção de verdade no tocante aos fatos alegados.

Contudo, a confissão ficta resultante do desenvolvimento de fato que possa ser provado por testemunha idônea ou por documento, como o exemplo dado do não conhecimento do valor do salário que era pago ao reclamante, tal confissão, por ser presumida, pode ser objeto de prova documental, a qual elide a presunção gerada pela falha do preposto, em audiência.

Nesse sentido é a seguinte Ementa do TST, pela SBDII:

Confissão ficta. Desconhecimento dos fatos pelo preposto. Violação ao art. 896 da CLT. A confissão ficta decorrente do desconhecimento pelo preposto do valor da remuneração paga ao obreiro gera apenas a presunção relativa da veracidade dos fatos alegados, que pode ser elidida por prova contrária. A confissão presumida não é prova absoluta e a convicção do julgador se forma também com base nas demais provas que tenham vindo aos autos. Violação ao art. 843, § 1º, da CLT, não caracterizada, em face do disposto no art. 896, alínea *c*, da CLT. Recurso de Embargos não conhecido. TST E-ED-RR-1.274/2001-054-01-00.1 — (Ac. SBDI1) — 1ª Reg. — Rel. Min. Carlos Alberto Reis de Paula. DJU 5.10.07, p. 1.233. (Suplemento de Jurisprudência LTr n. 52/2007, p. 410).

Processo movido por empregada doméstica

Consta do art. 843, da CLT, que na audiência (trabalhista) de julgamento (ou na inicial), deverão estar presentes o reclamante (ou a reclamante) e o reclamado (ou reclamada), independentemente do comparecimento de seus representantes legais (advogados).

O § 1º do art. 843 faculta ao empregador fazer-se substituir pelo gerente ou outro preposto que tenha conhecimento dos fatos, cujas declarações obrigarão o preponente. Isto para empregador-empresa, pessoa física ou jurídica.

No caso do empregado doméstico, a lei processual não pode ser aplicada por absoluta incompatibilidade de situação, eis que a representação, no caso, será da família para a qual ocorre a prestação dos serviços.

Nem poderia ser diferente, apesar de ter havido divergência quanto à regularidade dessa representação, ao entendimento de que somente a patroa e/ou patrão, poderiam comparecer em Juízo para defender-se de reclamação trabalhista formada por empregado ou empregada doméstica.

Apenas para ilustrar o entendimento que entendemos correto em tais casos, segue a transcrição da Ementa de decisão do TRT/15ª Região:

Representação em juízo. Representação da família, em audiência. Não aplicação dos efeitos da confissão. A interpretação razoável do art. 843, § 1º, da CLT, é de que o empregador (pessoa jurídica) pode se fazer substituir por preposto (empregado), cuja missão é prestar declarações que o vincularão para fins de confissão, devendo, por isso, ter conhecimento acerca dos fatos deduzidos na relação processual. Todavia, em se tratando de empregador equiparado ao doméstico, estando regularmente representado pelo cônjuge, face à peculiaridade da semelhança do trabalho com o conceito de empregador doméstico. Assim, possível a representação em juízo pela esposa do reclamado, como verificado presentemente. Recurso não provido. TRT 15ª Reg. (Campinas/SP) — ROPS 0882-2005-026-15-00-7 — (Ac. 47370/06-PATR, 10ª Câmara) — Rel. Juiz José Antonio Pancotti. DJSP 6.10.06, p. 46. (Suplemento de Jurisprudência LTr n. 46, p. 367)

PRESCRIÇÃO

Aplicação de ofício

O TRT da 23ª Região é praticamente unânime no tocante ao entendimento de que deve o Juiz aplicar de ofício a prescrição, quando evidente o transcurso do prazo da inércia por parte do credor, no caso, o trabalhista.

A decisão cuja Ementa será transcrita no final, dá-nos conta de que mesmo no caso de revelia da reclamada, deve o Juiz aplicar, de ofício, a prescrição dos direitos do reclamante se, como na hipótese, passaram-se mais de dois anos da data da rescisão do contrato de trabalho.

Assim, se o reclamante teve extinto seu contrato de trabalho em 19.1.04 e só propôs a reclamatória em 30.7.07, esgotou-se o prazo de dois anos de que trata a CLT e Federal, para a reivindicação judicial.

Claro que, em ocorrendo a prescrição, prejudicada ficou a revelia da reclamada, pelo seu não comparecimento à audiência inicial.

Segue Ementa:

Revelia do reclamado. Prescrição de ofício. Possibilidade. Restando configurada a prescrição bienal, mesmo no caso de revelia, é dever do juiz pronunciar a prescrição de ofício, tendo vista que o legislador conferiu à prescrição, *status* de matéria de ordem pública em relação à qual não se sobrepõe o interesse individual da parte, motivo pelo qual prescrição deve ser pronunciada em relação às pretensões formuladas na petição inicial, extinguindo o feito, com resolução do mérito, nos termos do art. 269, IV, do CPC. Recurso Ordinário do Reclamante não provido. (TRT 23ª Região, RO 2-00288.2006.005.23.00-2 DJE/TRT23: 168/2007 — Desembargadora Leila Calvo) (Suplemento de Jurisprudência LTr n. 33/2008, p. 261)

Integração do aviso prévio indenizado. Contrato de trabalho

A questão ora enfocada versa sobre o início do prazo prescricional para as ações trabalhistas, diante de decisão regional que não considerou o aviso prévio, porque indenizado, para tanto.

A decisão da 1ª Turma do TST que será transcrita a final, dá-nos conta da exata interpretação dessa matéria, com fulcro no que dispõe o art. 487, § 1º, da CLT, devidamente julgado pela SDI-I (TST), na OJ n. 83, a saber:

"Aviso prévio. Prescrição. Começa a fluir no final da data do término do aviso prévio" (28.4.97).

A matéria, como se vê, desde abril de 1997, encontra-se pacificada pela jurisprudência cristalizada do Tribunal Superior do Trabalho.

Segue transcrita a decisão citada nestas considerações:

Prescrição. Aviso prévio indenizado. Integração. Contrato de trabalho 1. O prazo prescricional somente começa a fluir a partir da data da efetiva extinção do contrato de trabalho, a qual se dá ao final do aviso prévio, ainda que indenizado, nos exatos termos do disposto no art. 487, § 1º, da CLT. Incidência da Orientação Jurisprudencial n. 83 da SBDI-1 do TST. 2. Se a lei assegura projeção do aviso prévio para todos os efeitos legais (art. 487, § 1º, da CLT), o início do prazo prescricional dá-se com a cessação contratual que, juridicamente, não coincide com a data da dispensa, mesmo que tal haja sido tomada como referência para anotação em CTPS. 3. Decorridos menos de dois anos entre a data do ajuizamento da ação e a data da extinção do contrato de trabalho, incluído nesta o prazo do aviso prévio indenizado, não há prescrição a ser declarada. 4. Recurso de revista conhecido e provido, no particular. TST-RR-699.546/2000.5 — (Ac. 1ª T.) — Rel. Min. João Oreste Dalazen. DJU 9.2.07, p. 676. (Suplemento de Jurisprudência n. 15/2007, p. 119)

PROCESSO DO TRABALHO

Exceção de pré-executividade

A exceção de pré-executividade é uma modalidade de defesa, nas execuções, não previstas em lei, mas aceita pela doutrina e pela jurisprudência.

Consiste em uma possibilidade conferida ao devedor de se defender, na fase executória, sem oferecer bens à penhora, para sua atuação no processo.

Trata-se, pois, de incidentes defensivos, também chamadas, de objeção dependendo da decisão dada pelo Juiz.

Assim, se o Juiz rejeitar a exceção ela terá natureza interlocutória tornando impossível a interposição de qualquer recurso.

Se, no entanto, for recebida a exceção para o fim de defesa pretendido, caberá a interposição do Agravo de Petição, por ter sido decisão proferida em fase de execução.

Há, no entanto, doutrinadores que entendem caber Mandado de Segurança, se a decisão, rejeitando ou concedendo a exceção, ferir direito líquido e certo, devidamente comprovado, do devedor.

Por ser matéria importante e até então pouco utilizada, transcrevemos a seguir a Ementa do acórdão proferido pelo TRT/2ª Região, AP n. 0142519964612009, Acórdão da 3ª Turma, Relatora Juíza Mércia Tomazinho, o qual pode ser lido em seu inteiro teor, no Suplemento de Jurisprudência LTr n. 13/2005:

Exceção de pré-executividade. Cabimento no processo do trabalho. Não conhecimento do agravo de petição. Interposição contra decisão de natureza interlocutória. A exceção de pré-executividade consiste na possibilidade conferida ao devedor para que, sem a necessidade da garantia do Juízo, possam ser expendidas alegações ou objeções eficazes à execução. A maioria dos doutrinadores tem acolhido a exceção de pré-executividade no processo do trabalho, assim como uma parcela considerável da jurisprudência, inexistindo incompatibilidade entre o processo de execução trabalhista e o referido instituto. Ultrapassada a questão do cabimento da aludida medida nesta Justiça Especializada e, em se tratando de incidente defensivo no curso da execução, tem-se que a natureza da decisão proferida na exceção de pré-executividade é que possibilitará o cabimento ou não do Agravo de Petição. Tomando por base o princípio da irrecorribilidade das decisões interlocutórias (artigo 893, § 1º, da CLT e Enunciado n. 214 do C. TST), tem-se que, no caso de o juiz rejeitar a exceção ou considerá-la incabível, por ser essa decisão interlocutória, não caberá o Agravo de Petição. Cabível o será na hipótese de o juiz acolher a exceção, pois, neste caso, a decisão possui a natureza de sentença. Logo, por serem inimpugnáveis, de imediato, as decisões interlocutórias, não se conhece de Agravo de Petição interposto contra decisão que rejeita ou não conhece da exceção de pré-executividade, porque incabível.

A ementa supratranscrita é no sentido de que a decisão proferida em sede de exceção ou objeção de pré-executividade, pode ser ou não recorrível, ou seja, se denegatória nenhum recurso caberá, e se for concessiva poderá ser atacada via Agravo de Petição.

Exceção de pré-executividade. Recurso adequado: Agravo de petição sem obrigação de garantir o juízo

Como se sabe, a pré-executividade não quer dizer, pré-processo na execução.

O que ela significa é simplesmente a possibilidade de defesa antes da penhora para livrar o devedor de uma constrição indevida, livrando-o, consequentemente, dos atos tipicamente executivos.

Como dizem *Francisco Alberto da Motta P. Giordani* e *Ana Paula Pellegrina Lockman*, em "Estudos sobre Exceção de Pré-Executividade" publicado na Revista do TRT da 15ª Região, comemorando seu Jubileu de 15 anos (1986-2001) "não havendo título executivo apto a sustentar a execução, a mesma não há de prosseguir, devendo ser extinta o quanto antes, sem necessidade alguma de que se aguarde estar seguro o juízo, para, só então ser alegado e/ou apontado algo que comprove, de maneira irrespondível, que o respectivo processo não tem por que prosseguir.

Isto porque a execução pressupõe sempre um título que só é completo, e, portanto, exequível, "se portador de requisitos substanciais e formais, reconhecidos por lei", como adverte *Ernane Fidelis dos Santos*, em "Manual de Direito Processual Civil", vol. 2, 3ª ed., Saraiva, citado pelos dois eméritos juízes no artigo mencionado.

Desse modo, é evidente que a regra do art. 737, I, do CPC, de só admitir segurança prévia do juízo pela penhora, supõe que a execução seja normal com observância dos requisitos essenciais do título executório.

Daí porque a exceção de pré-executividade terá lugar sempre que o devedor não tiver necessidade de garantir o juízo, segundo construção processual que vem ganhando prestígio entre os processualistas, e como admitido em recente decisão do E. TRT/3ª Região, no AI 01268-1999-036-03-40-0, Relator Juiz Hegel de Brito Bason, publicado no DJMG de 24.11.04, p. 12 e constante do Suplemento de Jurisprudência LTr n. 01/2005, como segue:

Decisão que rejeita a exceção de pré-executividade. Ausência de obrigação de se garantir o juízo. Agravo de petição. Recurso adequado. Segundo a moderna norma processual, o recurso à exceção de pré-executividade, tese que vem adquirindo certo prestígio entre os processualistas, somente terá lugar quando ocorrer de o devedor não garantir o juízo. Ensina o jurista Manoel Antônio Teixeira Filho que a exceção de pré-executividade destina-se essencialmente "a impedir que a exigência de prévio garantimento patrimonial da execução possa representar, em situações especiais, obstáculo intransponível à justa defesa do devedor (..). Em muitos desses casos, o devedor poderá não dispor de forças patrimoniais para garantir o juízo, circunstância que o impossibilitará de alegar, na mesma relação processual, a nulidade da execução (..)". A construção doutrinária vem, portanto, em benefício do devedor, fundando-se na preocupação com a observância do princípio do devido processo legal; considera-se que "seria antiético, de parte do Estado, condicionar a possibilidade de o devedor arguir a presença de vícios processuais eventualmente gravíssimos e, por isso, atentatórios da supremacia da cláusula do "due process of law", ao oferecimento de bens à penhora, máxime se levarmos em conta o fato de que, em muitos casos, ele não disporá de bens em valor suficiente para efetuar o garantimento do juízo (Execução no processo do trabalho. 6ª ed., rev. e ampl., São Paulo: LTr, 1998, pp. 567-570)". Colhe-se desse ensinamento, portanto, que o propósito do devedor, ao opor a exceção de pré-executividade, é evitar a penhora de seus bens. Por outro lado, mostra-se incabível pretender seja acolhida a referida exceção quando o juízo já esteja efetivamente garantido pela constrição judicial de bens patrimoniais do devedor. Logo, legítima a exceção de pré-executividade, e tomando-a como antecessora ou mesmo substituidora dos embargos à execução, não há se cogitar que o Agravo de Petição que lhe sucede venha a ser incabível na espécie seja por não manejados anteriormente os embargos, seja por não garantido o juízo, como sentenciado. Agravo de instrumento provido. *Agravo de petição. Acordo. Homologação.* Merece ser homologado o acordo que reflete a livre manifestação das partes envolvidas, firmado, inclusive, pelos advogados, cujas cláusulas não ferem a dispositivos legais pertinentes, nem implica em prejuízo ao hipossuficiente. Agravo de petição provido.

O importante a frisar é que referido acórdão, proferido em grau de agravo de instrumento, deixou claro que o recurso cabível de decisão exarada em decorrência de exceção de pré-executividade é o de agravo de petição, por ter ocasionado em execução, ainda que não manejados os embargos, substituídos, no caso, pela aludida exceção.

Impenhorabilidade de quantia depositada em caderneta de poupança

Decisão do TRT da 2ª Região afirma, com fulcro na lei, que é impenhorável quantia depositada em caderneta de poupança cujo valor seja inferior a 40 (quarenta) salários mínimos.

Nessa hipótese, o bloqueio que vier a ser determinado pelo Convênio Bacen-Jud, no valor da poupança, coberto pela proteção legal (art. 649, inciso X, do CPC), incluído pela Lei n. 11.382, de 6.12.06 (DOU 7.12.06), não poderá prevalecer.

Segue a transcrição da Ementa da decisão referida:

Agravo de petição. Impenhorabilidade da quantia depositada em caderneta de poupança. Inteligência do art. 649, X, do CPC. Não há possibilidade de desbloqueio do valor constante em conta corrente, como bem entendeu o D. Juízo da execução, pois o agravante recebeu depósitos em sua conta bancária que não tiveram origem em salário. Assim, não é possível identificar se o valor constrito diz respeito àquele percebido a título de saldo de salário. No que toca aos valores constantes de conta poupança, trata-se de valor inferior a 40 (quarenta) salários mínimos, protegido pelo manto da impenhorabilidade, nos termos do previsto no art. 649, X, do CPC. Portanto, cabível o desbloqueio da importância objeto da constrição que recaiu sobre a conta poupança. Agravo de petição a que se dá provimento parcial." TRT 2ª Reg. AP 01721199606002000 — (Ac. 10ª T. 20080376783) — Relª Marta Casadei Momezzo. DOE/TRT 2ª Reg. 20.5.08, p. 11.(Suplemento de Jurisprudência LTr n. 35/2008, p. 277).

Litigância de má-fé. Condenação de advogado nos autos de reclamação trabalhista. Impossibilidade

Em ação rescisória movida por advogados de um reclamante com o objetivo de obter a desconstituição de sentença na parte em que foram condenados ao pagamento de indenização pelo uso de lide temerária, decidiu o TST em Acórdão da SBDI-2, que a Justiça do Trabalho não é competente para imposição de tal condenação.

É que, a teor do disposto no art. 32, parágrafo único, da Lei n. 8.906/94, "em caso de lide temerária, o advogado será solidariamente responsável com seu cliente, desde que coligado com este para lesar a parte contrária, o que será apurado em ação própria".

A Ementa de tal decisão segue transcrita:

Agravo de petição. Divisão dos honorários advocatícios contratuais entre os causídicos que patrocinaram a causa. Competência material da Justiça comum estadual. De plano, reconheço faltar a esta Justiça Especializada competência material para dirimir a controvérsia erigida pelo agravante em sede de execução de sentença, haja vista que não se trata de contenda entre as partes integrantes da reclamatória em curso, mas sim entre os ilustres patronos que labutaram nos autos em favor da exequente/reclamante, tendo como pano de fundo a divisão dos honorários contratuais firmados entre esta e aqueles. Diferentemente do juízo 'a quo', vislumbro que a controvérsia deve ser dirimida pelo Juízo Cível Comum, vez que seu deslinde deve demandar dilação probatória e investigação própria, não exequível nesta seara especializada e no atual momento processual. A contenda contratual acerca de honorários entabulado entre advogados deve ser resolvida na esfera judicial comum, uma vez que ela deriva de estrita relação profissional cível entre os profissionais habilitados, e que foge da previsão do art. 114 da CR/88. Incompetência reconhecida de ofício, declarando-se nula a decisão proferida. TRT 23ª Reg. AP 00292.2001.004.23.00-0 — (Ac. 2ª T. Sessão 35/08) — Rel. Des. Osmair Couto. DJe/TRT 18ª Reg. n. 583/08, 29.10.08, p. 10. (Suplemento de Jurisprudência LTr n. 06/2009, p. 42/43).

Multa por litigância de má-fé. Desnecessidade de seu pagamento imediato

O art. 35 do CPC determina que "as sanções impostas às partes em consequência de má-fé serão contadas como custas e reverterão em benefício da parte contrária...".

Essa norma não se aplica ao processo do trabalho em razão deste possuir regra própria sobre custas no art. 789 da CLT, indicando que elas incidirão à base de 2% (dois por cento).

Nessa conformidade e, a teor do disposto no art. 769, da CLT que declara o processo civil como fonte subsidiária do trabalho, nos casos de omissão, é de se entender que a multa aplicada por litigância de má-fé, não constitui pressuposto de recorribilidade, como decidido pela SBDI-I, em ementa do seguinte teor:

Recurso de embargos. Litigância de má-fé. Multa. Desnecessidade de pagamento imediato para interpor o recurso. O pagamento da multa por litigância de má-fé não se constitui em pressuposto negativo de recorribilidade atinente ao preparo, porque o art. 35 do CPC, embora a equipare às custas, não se mostra aplicável na Justiça do Trabalho, que tem regra própria no art. 789 da CLT quanto ao recolhimento de custas do processo. 2. Nesse diapasão, não merece reparos a decisão da egr. 1ª Turma que elide a deserção do Recurso Ordinário do Reclamante, determinando o retorno dos autos ao TRT de origem, a fim de que julgue o Apelo como entender de direito, afastando a exigência do pagamento imediato da multa aplicada por litigância de má-fé. 3. Insubsistente, portanto, o Recurso de Embargos do Reclamado calcado em violação dos arts. 769 e 789, § 1º, da CLT e 35 do CPC. Embargos não conhecidos. TST-E-RR-2.054/2003-006-12-00.3 — (Ac. SBDI1) — 12ª Reg. — Relª Min. Maria de Assis Calsing. DJU 7.3.08, p. 83. (Suplemento de Jurisprudência LTr n. 23/2008, p. 183).

Revelia. Audiência de juntada de carta de preposição. Impossibilidade

É normal que o representante da empresa, na qualidade de preposto, apresente carta de preposição para a juntada aos autos.

Contudo, nem sempre a ausência da juntada poderá levar o Juiz a aplicar à empresa o ônus da revelia.

Tem-se entendido que se o representante da empresa, na audiência, provar que é empregado dela ou seu sócio; apresentar defesa e documentos; e prestar depoimento comprovando ainda mais que conhece os fatos do processo, não há como se lhe negar a representação.

Nesse sentido é a Ementa que a seguir, se transcreve:

Carta de preposição. Ausência de juntada. Impossibilidade de aplicação da revelia. A exigência de apresentação da carta de preposição pelo preposto não decorre de lei, mas é fruto de construção da prática forense. Em homenagem ao princípio da legalidade, segundo o qual ninguém é obrigado a fazer ou deixar de fazer alguma coisa senão em virtude de lei (art. 5º, II, da CR/88), não se pode exigir que o preposto apresente carta de preposição sob pena de aplicação da revelia e dos seus efeitos. Os fatos de o preposto comparecer a juízo acompanhado de advogado, comprovar o vínculo com a Empresa ou a sua qualidade de sócio, apresentar defesa e documentos, prestar depoimento e produzir prova testemunhal evidenciam inequívoco ânimo de defesa da Reclamada, de modo que desconsiderar tudo isso configuraria inequívoco cerceamento de defesa e afronta direta aos princípios do contraditório e da ampla defesa, constitucionalmente assegurados (art. 5º, LV, CR/88). Afastamento da revelia. Novo julgamento.

Processo pronto para julgamento. Afastada a revelia e encontrando-se o processo maduro para julgamento, primando pelos princípios da celeridade e economia processuais, o Tribunal *ad quem* há de prosseguir, de plano, no novo julgamento dos pontos julgados à luz da revelia, considerando o ônus da prova e as provas produzidas nos autos, a teor do art. 515, *caput*, do CPC. TRT 23ª Reg. RO — 00290.2006.096.23.00-3 — (Sessão 11/06) — Rel. Desembargador Osmair Couto. DJE/TRT 23ª Reg. n. 106/06, 18.10.06, p. 16. (Suplemento de Jurisprudência LTr n. 49/2006, p. 391)

Substituição processual da categoria. Ajuizamento de ação de cumprimento em nome de número reduzido de substituídos. Legitimidade ativa

A substituição processual do sindicato em favor de seus associados deixou de ser restrito às hipóteses previstas da CLT, a partir do cancelamento da Súmula n. 310, pela SBDI-Plena do TST.

A substituição processual, a partir daí abrange interesses individuais homogêneos, interesses difusos e os coletivos em sentido estrito.

Se a categoria do sindicato estiver enquadrado no interesse a ser defendido judicialmente por ele, como por ele, como por exemplo, o pagamento de adicionais e multa previstas em Convenções Coletivas as sentenças normativas, a substituição será legítima.

É o que se depreende da Ementa a seguir transcrita, da 4ª Turma do TST:

Legitimidade ativa do sindicato. Substituição processual da categoria. Ajuizamento de ação de cumprimento em nome de número reduzido de substituídos. I. Cabe salientar ter sido cancelada a Súmula n. 310 do TST, em acórdão da SBDI Plena do TST, a partir do qual firmou-se a jurisprudência de o art. 8º, inciso III, da Constituição ter contemplado autêntica substituição processual, não mais restrita às hipóteses previstas na CLT, abrangendo doravante interesses individuais homogêneos, interesses difusos e os coletivos em sentido estrito. II. Os interesses individuais homogêneos se apresentam como subespécie dos interesses transindividuais ou coletivos em sentido lato. São interesses referentes a um grupo de pessoas que transcendem o âmbito individual, embora não cheguem a constituir interesse público. III. Para a admissibilidade da tutela desses direitos ou interesses individuais, é imprescindível a caracterização da sua homogeneidade, isto é, sua dimensão coletiva deve prevalecer sobre a individual, caso contrário os direitos serão heterogêneos, ainda que tenham origem comum. IV. Nessa categoria acha-se enquadrado o interesse defendido pelo sindicato-recorrido, de pagamento do adicional extraclasse e da multa previstos, respectivamente, nas cláusulas 43 e 57 da sentença normativa proferida no processo TRT-DC-18/03, bem como de efetivação dos depósitos do FGTS, tendo em vista a evidência de todos os substituídos terem compartilhado prejuízos divisíveis, de origem comum. V. Com a superação da Súmula n. 310 do TST e da nova jurisprudência consolidada nesta Corte, na esteira do posicionamento do STF de o inciso III do art. 8ª da Constituição ter contemplado autêntica hipótese de substituição processual generalizada, o alcance subjetivo dela não se restringe mais aos associados da entidade sindical, alcançando ao contrário todos os integrantes da categoria profissional. VI. Recurso conhecido e provido. TST-RR-505/2005-135-03-00.2 — (Ac. 4ª T.) — 3ª Reg. — Rel. Min. Antônio José de Barros Levenhagen. DJU 24.11.06, p. 986. (Suplemento de Jurisprudência LTr n. 05/2007, p. 40)

Testemunha. Necessidade de ter presenciado os fatos declarados

No processo do trabalho o meio mais utilizado, sem dúvida, para a realização da prova, é a testemunhal. A importância desse meio probatório que, quase sempre, é o único, é tão relevante eu o antigo adágio que vedava o testemunho único sob o estigma de ser nulo, não mais se aplica, já que o que se deve considerar é a qualidade dos depoimentos e não o seu número.

Testemunha é toda pessoa física que esteja no pleno exercício de sua capacidade e tenha conhecimento dos fatos inerentes ao litígio constante de um processo, no caso, o trabalhista.

Pessoas físicas impedidas ou suspeitas e também incapazes não podem atuar como testemunha em nenhum processo, sendo que com relação aos impedimentos e suspensões poderá o Juiz ouvi-las, independentemente de compromisso, atribuindo-lhes o valor que possam merecer (art. 405, § 4º, do CPC).

Na verdade, com relação ao objeto do testemunho, o que prevalece é o fato de a testemunha ter presenciado os fatos declarados de nada valendo o conhecimento deles

Nesse sentido é a Ementa da decisão a esse respeito, de Acórdão proferido pelo Egrégio TRT, da 10ª Região, a saber:

Testemunha. Necessidade de ter presenciado os fatos declarados. Na lição de Manoel Antonio Teixeira Filho, testemunha é "toda pessoa física, distinta dos sujeitos do processo, que, admitida como tal pela lei, é inquirida pelo magistrado, em Juízo ou não, voluntariamente ou por força de intimação, a respeito de fatos controvertidos, pertinentes e relevantes, acerca dos quais tem conhecimento próprio" (TEIXEIRA FILHO, Manoel Antonio. A prova no processo do trabalho. 8ª ed. São Paulo: LTr, 2003, p. 327, sem destaque no original). Desta forma, se a testemunha somente tem conhecimento dos fatos por "ouvir dizer", suas declarações carecem de força probante suficiente para corroborar a tese da parte que lhe indicou para depor. TRT 10ª Reg. ROPS 00161-2007-013-10-00-0 — (Ac. 1ª T./07) — Rel. Juiz Pedro Luis Vicentin Foltran. DJU3 21.9.07, p. 26. (Suplemento de Jurisprudência LTr n. 48/2007, p. 384)

PROVA

Emprestada. Ausência de anuência da parte. Cerceamento de defesa

A Ementa de decisão ora examinada dá-nos conta de que há cerceamento de defesa se o julgador de 1º Grau aceitou prova emprestada de outro processo semelhante, sob protesto da reclamada.

É bem verdade que o art. 852-D, da CLT, confere aos juízes ampla liberdade na direção do processo, podendo até limitar ou excluir provas excessivas, impertinentes ou protelatórias.

No caso em foco o juiz de 1º Grau indeferiu a produção de prova requerida pela reclamada por entende-la desnecessária utilizando-se de prova emprestada de caso semelhante.

Essa prova, como ficou decidido, só é admitida com a anuência da outra parte.

Prova emprestada. Ausência de anuência da parte. Cerceamento de defesa. Havendo o juízo de primeiro grau indeferido a produção da prova oral e determinado a juntada de depoimentos testemunhais produzidos em outros dois processos semelhantes ao presente, de modo a utilizá--los como prova emprestada, sob protesto da reclamada, ficou caracterizado o cerceamento de defesa, uma vez que tal modalidade de prova somente poderia ser admitida com a expressa anuência das partes, o que não ocorreu no presente caso, já que a reclamada insistiu na produção de prova oral específica. TRT 3ª Reg. RO-1324/2008-020-03-00.9 (Número CNJ: 0132400 — 31.2008.5.03.0020 RO — (Ac. 5ª T.) — Rel. Juiz Convocado *Rogério Valle Ferreira*. DJe/ TRT 3ª Reg. n. 410/10, 29.1.10, p. 237. (Suplemento de Jurisprudência LTr n. 15/2010, p. 119/120)

RELAÇÃO DE EMPREGO

Acúmulo de funções de motorista e de carregamento e descarregamento de caminhão. Aplicação do art. 456, da CLT

O parágrafo único do art. 456, da CLT, deixa claro que inexistindo cláusula expressa a respeito do contrato individual do trabalho ou na falta de prova, há de se entender que o empregado se obrigou a todo e qualquer serviço compatível com a sua condição pessoal.

Esse o argumento utilizado pelo julgado do TRT, da 9ª Região, cuja Ementa será transcrita a seguir, demonstra que, no caso, as funções alegadas como distintas e pretensamente merecedoras de remunerações separadas, são compatíveis e complementares:

Acúmulo de funções. O exercício concomitante das atividades de motorista e de carregamento e descarregamento de caminhão, dentro da mesma jornada de trabalho, afigura-se compatível com a condição pessoal do trabalhador(CLT, art. 456, parágrafo único) — não se havendo falar em diferenças salariais por acúmulo de funções, máxime pela ausência de previsão legal, contratual ou normativa para tanto. Releva consignar que hodiernamente o mercado de trabalho exige cada vez mais a multifuncionalidade, deixando-se para trás (século XIX a meados do século XX)a especialização em uma única tarefa, como era o modelo fordista, tão bem retratado na sátira de "Tempos Modernos" de Charles Chaplin. Destarte, a polivalência, o conhecimento variado, a flexibilidade e a multifuncionalidade proporcionam ao trabalhador manter-se no mercado de trabalho, afastando-se o fantasma do desemprego. TRT 9ª Reg. RO 01254-2006-002-09-00-2 — (Ac. 3ª T. 34186/08) — Rel. Paulo Ricardo Pozzolo. DJPR 23.9.08, p. 392 (Suplemento de Jurisprudência LTr n. 51/2008, p. 402).

Acúmulo de função. Devida remuneração pelo acréscimo

A presente refere-se a acúmulo de funções ocorrida com motorista que auxiliava na carga e descarga.

O fundamento da decisão foi a ausência de previsão legal expressa ou normativa, bem como a comprovação fática de que houve a prestação de serviço do motorista como ajudante na carga e descarga do caminhão que dirigia.

Diante de tais circunstâncias foi aplicado ao caso o disposto no art. 460 da CLT para fixação da remuneração pelo acréscimo de trabalho.

Segue a Ementa:

Acúmulo de funções. Motorista que auxiliava na carga e descarga. Ausência de expressa previsão legal ou normativa. Vedação ao trabalho escravo e ao enriquecimento ilícito. Recurso Ordinário. Ainda que não haja previsão legal ou normativa tratando do pagamento da dupla função, o motorista que auxilia o ajudante na carga e descarga do caminhão faz jus a diferenças pelo trabalho a mais, eis que o ordenamento jurídico trabalhista não tolera a prestação de serviços sem a respectiva remuneração (trabalho forçado ou escravo), assim como veda o enriquecimento sem causa. E, uma vez não havendo estipulação salarial para o serviço complementar de ajudante, em observância ao art. 8º da CLT, que autoriza o julgamento pela jurisprudência, por equidade e, no presente caso, sobretudo pela analogia e pelos princípios gerais de direito, especialmente de direito do trabalho, é de se aplicar o art. 460 da CLT, fixando-se a remuneração pelo acréscimo de trabalho em 20% do salário nominal do autor. Recurso parcialmente provido. TRT 15ª Reg. (Campinas/SP) RO 0622-2008-078-15-00-3 — (Ac. 22.910/09-PATR, 11ª C.) — Rel. José Pedro de Camargo Rodrigues de Souza. DOE 24.4.09, p. 106. (Suplemento de Jurisprudência LTr n. 25/2009, p. 193/194).

Adicional de insalubridade. Salário mínimo

Como se sabe, o inciso III, do artigo 7º da Constituição Federal, estabeleceu como um dos direitos dos trabalhadores urbanos e rurais, o salário mínimo, fixado em lei, nacionalmente unificado, sendo vedada sua vinculação para qualquer fim.

No tocante ao adicional de insalubridade, o inciso XXIII, do citado artigo 7º, da mesma Constituição Federal, estipulou ser devido aos trabalhadores "adicional de remuneração para as atividades pessoais, insalubres ou perigosas na forma da lei".

A interpretação dada a esse adicional de insalubridade, numa análise conjunta com o estabelecido sobre o salário mínimo, passou a ser, para muitos operadores e julgadores, no sentido de que referido acréscimo salarial deverá ser calculado sobre a remuneração do empregado e não sobre o salário mínimo, como previsto no artigo 192, da CLT.

Em decisão recentemente publicada o Supremo Tribunal Federal dirimiu a dúvida apontada declarando que:

Constitucional. Trabalho. Adicional de insalubridade: salário mínimo. CF, art. 7º, IV. O que a Constituição veda, no art. 7º, IV, é a utilização do salário mínimo para servir, por exemplo, como fator de indexação. O salário mínimo pode ser utilizado como base de incidência da percentagem do adicional de insalubridade. Precedente do STF: RE 230.528-AgR/M, RE 230.688 — AgR/SP, AI 417.632 — AgR/SC e AI n. 444.412 — AgR/RS e, outros (STF AgReg. No Recurso Extraordinário n. 433.108-08 (417) — PR — Ac.2ª T., 9.11.2004 — Rel. Min. Carlos Velloso. DJU 26.11.2004 — p. 30)

Essa ementa encontra-se publicada no Suplemento de Jurisprudência LTr n. 02/05, ficando assim pacificada a matéria.

Adicional de insalubridade. Súmula Vinculante n. 4, do STF. Efeitos

Importante é a decisão do TRT/2ª Região cujo relator é o Juiz Wilson Fernandes, da 1ª Turma e publicada no Diário Oficial do Estado de 7.10.08, à p. 42

O fundamento dessa decisão, em matéria tão polêmica, é o de que a Súmula Vinculante n. 4, do STF, não se aplica ao adicional de insalubridade, porque ela se dirige a cálculo de vantagem de servidor ou empregado.

Isto porque o adicional incidente sobre o trabalho insalubre não pode ser considerado vantagem, já que representa um pagamento em razão de um trabalho prestado em condições insalubres.

Além do mais, como consta das razões de decidir, a desvinculação do salário mínimo como elemento indexador foi com o fito de impedir que sua utilização constitua fator de realimentação de inflação, o que não ocorre no caso.

Segue a Ementa desta decisão, cujo inteiro teor encontra-se no Suplemento de Jurisprudência LTr n. 48/2008, às p. 380/382

Adicional de Insalubridade. Base de cálculo. Súmula Vinculante n. 4 do STF. A Súmula Vinculante n. 4 do STF não se aplica ao cálculo do adicional de insalubridade. Ao estabelecer que o salário mínimo não pode ser adotado como base de cálculo de vantagem de servidor ou empregado, evidentemente não se referiu ao adicional de insalubridade, porquanto este não representa nenhuma vantagem; ao contrário, representa o pagamento exatamente da desvantagem de se trabalhar em condições danosas à saúde. Entendimento diverso levaria à eliminação do direito ao referido adicional para aqueles cuja categoria não haja convencionado uma base de cálculo qualquer, já que, segundo a SV, essa base não poderia ser fixada por decisão judicial. (TRT 2ª Reg. RO 02477 200402602003 — (Ac. 1ª T., 20080807547) — Rel. Wilson Fernandes. DOE/TRT 2ª Reg. 7.10.08, p. 42).

Ajuda de custo em razão de uso de veículo próprio. Natureza indenizatória

O proprietário de moto percebia pagamento de aluguel pelo seu uso em favor de seu empregador.

Esse aluguel pode-se considerar como ajuda de custo, já que tinha por finalidade favorecer ao trabalhador condições para a prestação de seus serviços e para, de certa forma, indenizá-lo pelo desgaste da moto.

Tal pedido, no caso, era mais importante para o deslinde da reclamação, sendo, por isso, objeto de nosso destaque.

Adiante a Ementa correspondente a 2ª Turma do TST, a saber:

Ajuda de custo. Utilização de veículo próprio. Conforme ficou registrado no acórdão regional, o pagamento do aluguel pelo uso da moto tinha por objetivo fornecer ao trabalhador condições para exercer suas atividades e indenizá-lo pelo desgaste do veículo. Logo, não se evidencia violação do art. 457, § 2º, da CLT, porquanto tal parcela possui natureza indenizatória, sendo paga ao empregado como ressarcimento pelas despesas decorrentes da utilização de seu próprio veículo (motocicleta), a serviço da empresa, constituindo espécie de "ajuda de custo", tal como previsto no citado dispositivo legal. Recurso não conhecido. Horas extras. Trabalho externo. Não caracterizada violação do art. 62, I, da CLT, na medida em que a ausência de anotação do serviço externo na CTPS não propicia, por si só, o deferimento de horas extras, porquanto deve prevalecer o princípio da primazia da realidade, sobretudo quando demonstrado nos autos que o Reclamante trabalhava externamente, sem controle de jornada, dispondo com liberdade do tempo efetivamente destinado à prestação dos serviços. Recurso não conhecido. TST-RR-1595/2004-036-12-00.7 (Ac. 2ª T.) — Rel. Min. José Simpliciano Fontes de F. Fernandes. DJe/TST n. 69/08, 12.9.08, p. 435. (Suplemento de Jurisprudência LTr n. 51/2008, p. 405).

Alteração do contrato de trabalho. Majoração unilateral da jornada com aumento do salário

Consoante disposição prevista no art. 468, da CLT, as alterações contratuais para serem válidas, necessitam do consentimento mútuo e, ainda assim, desde que não resultem em prejuízo direto ou indireto ao empregado.

No caso em exame, a alteração foi unilateral, sem, entretanto, contar com o assentimento do empregado e, por isso, em princípio seria ilícita.

Ocorreu, porém, que apesar disso, a jornada foi acrescida com o correspondente aumento salarial, inexistindo, dessa maneira, o prejuízo de que trata o art. 468, da CLT.

Assim decidiu o TRT/10ª Região, como se verifica pela Ementa abaixo transcrita:

Alteração contratual lícita. Majoração da jornada de trabalho com incremento da remuneração. Art. 468 da CLT. As alterações contratuais, no âmbito justrabalhista, requerem, para sua validade, mútuo consentimento, desde que não resultem, direta ou indiretamente, em prejuízos ao empregado. É o que dispõe o art. 468 da CLT, o qual prevê a nulidade da cláusula infringente dessas garantias. A Constituição Federal assegura ao trabalhador o direito à irredutibilidade salarial, salvo por disposição em norma coletiva, requisito presente também para os casos de redução de jornada, conforme os incisos VI e XIII do art. 7º. Tais comandos derivam do princípio da inalterabilidade contratual lesiva, segundo o qual a alteração que traga prejuízos ao empregado deve ser considerada ilícita, gerando a nulidade do ato. No caso, inconteste ter havido a majoração da jornada de trabalho mediante ajuste bilateral e com o correspondente acréscimo da remuneração. Sob tais circunstâncias, mister concluir não ter havido prejuízo ao reclamante, já que a alteração contratual bilateral ensejou o acréscimo salarial em função do aumento na jornada de trabalho. Assim, não há de se falar em alteração contratual ilícita. 2. Recurso conhecido e provido. TRT 10ª Reg. RO-542/2008-016-10-00.9 — (Ac. 2ª T.) — Rel. Des. Brasilino Santos Ramos. DJe/TRT 10ª Reg. n. 158/09, 22.1.09 (Div.), p. 67. (Suplemento de Jurisprudência LTr n. 18/2009, p. 139)

Aposentadoria espontânea. Extinção do contrato de trabalho. Descabimento da multa de 40% do FGTS anterior à jubilação

A decisão de que nos dá conta a referência, do TRT da 2ª Região, baseia-se em entendimento diverso do que foi dado pelo Supremo Tribunal Federal e que levou ao cancelamento da Orientação Jurisprudencial n. 177 da SDI-I, do Tribunal Superior do Trabalho.

Esta decisão pôde ser proferida porque a decisão do STF sobre essa matéria não é vinculante e porque, segundo se pode entender, não julgou o *caput* do art. 453 da CLT, mas somente seus parágrafos a ela incluídos, cuja lei deveria, esta sim, ter sido julgada inconstitucional.

Segue abaixo a decisão referendada:

Aposentadoria espontânea. Extinção do contrato de trabalho. Multa de 40% do FGTS anterior à jubilação. O cancelamento da Orientação Jurisprudencial n. 177 da Subseção I de Dissídios Individuais do Colendo TST não implica alteração da convicção de a aposentadoria espontânea extinguir o contrato de trabalho, dando-se início, a partir daí, a uma nova relação. É importante ressaltar que tal precedente obstativo da percepção da multa de 40% sobre os depósitos ao FGTS realizados durante todo o liame empregatício, cancelado pelo Pleno em 25.10.06, foi objeto de análise pelo Colendo TST posteriormente as liminares concedidas nas ADIn's n. 1.721 e 1.770, permanecendo, no entanto, incólume, haja vista que não se alicerçava nos parágrafos do art. 453 — objetos das ações diretas de inconstitucionalidade — mas sim em seu caput. E é inconcebível a argumentação no sentido de o art. 453 do estatuto consolidado se limitar a estabelecer regramento relativo a acessio temporis. Tal dispositivo vai além, pondo, sim, termo ao contrato de emprego quando da jubilação requerida. (Suplemento de Jurisprudência LTr n. 22/2007, p. 170).

Aviso prévio. Anotação da CTPS. Data da saída

A Orientação Jurisprudencial n. 82 da SDI-I do TST entende que a data da saída do empregado a ser anotada na CTPS deve corresponder ao término do aviso-prévio, ainda que indenizado.

Há de se entender, contudo, que deve ser inserido na CTPS do reclamante uma observação no sentido de que está sendo considerado o prazo do aviso prévio.

Isto porque, o aviso prévio, quando indenizado não sofre incidência do INSS, e, se não houver a citada observação, o órgão previdenciário não poderá verificar corretamente porque aquele previsto não recebeu incidência da contribuição respectiva, para efeito de aposentadoria.

Não poderá assim, com tal observação ser o empregado punido, no futuro, pela ausência de um recolhimento a que não estava obrigado.

Nesse sentido é o acórdão do TRT da 9ª Região, cujo Relator foi o Juiz Sérgio Murilo Rodrigues Lemes DJ PR 4.4.05, à p. 515 e estampado no Suplemento de Jurisprudência LTr n. 17/2005, cujo teor segue transcrito:

Indenizado. Necessidade de anotações desta peculiaridade. Nos termos do entendimento sedimentado na Orientação Jurisprudencial n. 82 da SDI-I do TST, a data de saída a ser anotada na CTPS deve corresponder ao término do aviso prévio, ainda que indenizado. Contudo, nesta hipótese, deve ser inserida na CTPS do reclamante a anotação que está sendo considerado o prazo do aviso prévio indenizado. Isto permite ao órgão previdenciário o conhecimento do fato, possibilitando a verificação, na forma da lei, sobre o cômputo, ou não, do referido período no tempo de serviço para efeito de aposentadoria, bem como afasta a possibilidade de o empregador ser obrigado a discutir ou mesmo vir a ser punido, no futuro, pela ausência de um recolhimento a que não estava obrigado. TRT 9ª Reg. RO 15490-2002-014-09-00-2 — (Ac. 4ª T. 05198/05) — Rel. Juiz Sérgio Murilo Rodrigues Lemos. DJPR 4.3.05, p. 515.

Para melhor compreensão da matéria aqui veiculada, veja-se o que dispõe o Decreto n. 3.048/99, no art. 214 que trata do salário de contribuição, e § 9º estabelece que não integra o salário de contribuição, exclusivamente, o aviso prévio indenizado, na letra *f*.

Carta de referência. Inexistência de obrigação sobre boas referências

Muitas vezes acontece de empregado sentir-se lesado e recorrer à Justiça pleiteando indenização por dano moral. Nos casos em que sua ex-empregadora se nega a lhe fornecer carta de referência sob a argumentação de que tal atitude empresarial vai lhe frustrar ou lhe frustrou a obtenção de outro empregado.

Se é certo que isso pode dificultar a vida profissional do empregado, é igualmente certo que a empresa não pode ser forçada a declarar o que corresponde a realidade dos acontecimentos.

Daí porque se o empregado não agiu corretamente com a empresa, embora não tenha havido dispensa por justa causa, não se obriga ela a fornecer declarações em favor do empregado que entende contrárias à verdade dos fatos.

Essa questão de que nos dá notícia a Ementa do Acórdão abaixo transcrita:

Carta de referência. Inexistência de obrigação sobre boas referências. É certo que a ausência de carta de referência configura obstáculo à obtenção de novo emprego, todavia, não é exigível do antigo empregador que engane o próximo para facilitar a vida da trabalhadora que apresentou conduta confessadamente reprovável. Exigir que o antigo empregador forneça a carta com boas recomendações, quando confessada pela ex-empregada que perpetrou lesão contra o patrimônio do primeiro, independentemente do grau de culpa, implicaria, no mínimo, em fazer apologia da mentira, repudiada pelo direito. TRT 2ª Reg. RO 02225200205402001 — (Ac. 4ª T. 20070597183) — Rel. Paulo Augusto Camara. DOE/TRT 2ª Reg. 10.7.07, p. 201. (Suplemento de Jurisprudência LTr n. 38/2007, p. 303)

Cláusula contratual de não concorrência. Hipótese em que é nula

Admite-se acordo entre empregador e empregado com a finalidade de preservar a não concorrência entre empresas do mesmo ramo de negócios, por um certo tempo e quase sempre uma retribuição em razão da vedação de novo emprego, na rescisão contratual.

Assim, se a vedação for por prazo indeterminado ou sem retribuição pecuniária pelo período respectivo, a cláusula acordada será nula porque estará violando o direito ao emprego como prevê a carta Magna no inciso XIII do art. 5º, a saber:

"é livre o exercício de qualquer trabalho, ofício ou profissão, atendidas as qualificações profissionais que a lei estabelecer".

A cláusula de não concorrência não, pode estabelecer cláusula após a extinção do contrato, mormente se resultar em prejuízo ao empregado, mesmo com o consentimento dado por este em eventual acordo firmado entre as partes.

Leia-se abaixo a Ementa da decisão do TRT/2ª Região a respeito dessa matéria, como segue:

Cláusula contratual de não concorrência sem retribuição. Nulidade que se declara. Em princípio, a cláusula de não concorrência pode ser avençada pelas partes, exceto quando a restrição envolver verdadeira vedação a novo emprego por período indeterminado ou por termo certo, sem qualquer retribuição econômica, diante do caráter oneroso e sinalagmático do contrato de trabalho que sempre exige reciprocidade das partes. Os efeitos do contrato não podem se estender além da sua extinção, como mera restrição ao direito ao emprego. O direito ao trabalho é o da própria vida, como a forma mais honesta de sobrevivência. Não foi sem razão que a liberdade de trabalhar, "atendidas as qualificações profissionais que a lei estabelecer", foi elevada entre os direitos e garantias fundamentais, como se deduz do inciso XIII, do art. 5º, da CFR. Inteligência dos arts. 3º, 9º e 444 da CLT combinado com o art. 5º, XIII da CFR. TRT 2ª Reg. RO 01186200735102005 — (Ac. 7ªT 20080573295) — Rel. José Carlos Fogaça. DOE/TRT 2ª Reg., 4.7.08, p. 91. (Suplemento de Jurisprudência LTr n. 45/2008, p. 356).

Comissão de conciliação prévia. Eficácia liberatória plena

Discute-se muito sobre a validade da quitação de contrato de trabalho mesmo sem ressalvas, principalmente no âmbito dos Tribunais Regionais do Trabalho.

A Ementa que será publicada ao término deste artigo, reflete posicionamento que o Tribunal Superior do Trabalho vem seguindo sobre a validade da quitação dada por ocasião da extinção do contrato de trabalho, desde que isento de vícios.

Nesse sentido, invoca-se como violado o disposto no art. 625-E e parágrafo da CLT que atribui eficácia liberatória geral do Termo de Conciliação em procedimento perante a Comissão de Conciliação Prévia, instituída para reduzir serviços da Justiça do Trabalho.

Segue a Ementa:

Agravo de instrumento. Provimento. Comissão prévia de conciliação. Termo conciliação extrajudicial. Eficácia liberatória plena. Quitação do extinto contrato de trabalho sem ressalvas. Potencial ofensa ao art. 625-E e parágrafo único da CLT. Empresta-se provimento ao agravo de instrumento para melhor análise de potencial violação ao art. 625-E, parágrafo único, da Consolidação das Leis do Trabalho quando o eg. Regional adota tese no sentido do não reconhecimento de eficácia liberatória geral do Termo de Conciliação, mesmo ante a inexistência aposição de qualquer ressalva. Agravo de Instrumento a que se empresta provimento ante a possível violação do art. 625-E, parágrafo único, da CLT, ordenando-se o prosseguimento na forma regimental. *Recurso de revista. Comissão Prévia de Conciliação. Termo conciliação extrajudicial. Eficácia liberatória plena. Quitação do extinto contrato de trabalho sem ressalvas. Desconsideração. Ofensa ao art. 625-E e parágrafo único da CLT. Caracterização.* Configura-se em afronta ao teor do art. 625-E e parágrafo único da CLT, acórdão regional que desconsidera o Termo de Conciliação firmado perante CCP, mesmo reconhecendo sua regular entabulação, sem nenhum vício nulificador, máxime quando no documento de transação consta expressamente a quitação geral e irrestrita do contrato de trabalho ofertada pelo empregado. Recurso de Revista a que se conhece por violação ao art. 625-E e parágrafo único da CLT e a que se empresta provimento para julgar extinto o feito. TST-RR-619/2002-034-02-40.5 — (Ac. 3ª T.) — 2ª Reg. — Rel. Juiz Convocado Ricardo Alencar Machado. DJU 4.11.05, p. 577. (Suplemento de Jurisprudência LTr 50/2006, p. 395)

Comissão de conciliação prévia. Quitação ampla. Validade

Há, ainda, muita discussão sobre a validade das quitações amplas em acordos firmados perante Comissões de Conciliação Prévia.

É claro que há casos e casos e que cada um deve ser examinado a seu modo.

Na hipótese de que estamos nos ocupando, o TST, por sua 4ª Turma, entendeu válida a quitação ampla decorrente de acordo perante Comissão de Conciliação Prévia, considerando que esta é a finalidade da lei que criou para buscar a conciliação extrajudicial, aliviando, dessa forma, a Justiça do Trabalho e dirimindo conflito intersubjetivo de interesses.

Se nenhum vício de vontade ocorrer em tais casos, o termo de Acordo constitui título extrajudicial válido, tendo em vista a ocorrência de ato jurídico perfeito.

A decisão que vai publicada em seguida, demonstra a eficácia da lei que institui as Comissões de Conciliação Prévia e serve de orientação para os interessados em solucionar seus conflitos extrajudicialmente, a saber:

Comissão de conciliação prévia. Acordo firmado extrajudicialmente sem ressalva. Validade. Quitação ampla. 1. A Lei n. 9.958/00 introduziu a figura das Comissões de Conciliação Prévia (CCP's) a serem instituídas no âmbito das empresas ou dos sindicatos, facultativamente, com a finalidade de buscarem a composição dos conflitos individuais de trabalho (CLT, art. 625-A), de modo a que não seja necessário o recurso à Justiça do Trabalho. Trata-se, portanto, de forma alternativa de solução de conflitos, junto com a arbitragem e a mediação pelo Ministério do Trabalho. 2. Para a composição dos conflitos individuais de trabalho, está prevista a tentativa prévia de conciliação pelo sindicato, passando-se, caso não haja acordo, à fase judicial. Todavia, a partir do momento em que as partes elegem o foro extrajudicial para dirimir conflito intersubjetivo de interesses, no caso a CCP, e chegam ao consenso, forçoso reconhecer que o "Termo de Conciliação" possui natureza de ato jurídico perfeito (CF, art. 5º, XXXVI), que traduz manifestação espontânea de vontades e constitui título executivo extrajudicial (CLT, art. 625-E, parágrafo único). 3. Na hipótese em exame, o TRT consignou que o termo de conciliação continha expressamente a conclusão das Partes de que, em relação a eventuais diferenças salariais, inclusive horas extras (objeto da presente demanda trabalhista), não existia nenhuma diferença a ser paga pelo Reclamado, e que a Reclamante não tinha nada mais a pleitear (verba, valor ou diferença), dando total quitação ao extinto contrato de trabalho, até porque a Reclamante recebeu do Reclamado o importe de R$ 49.676,52 pela quitação das parcelas rescisórias. 4. Ora, o uso da CCP como mero órgão de passagem de acesso ao Judiciário frustra o objetivo da Lei que a instituiu, que é o desafogamento do Judiciário Trabalhista. Assim, tendo as instâncias ordinárias consignado que a Reclamante deu plena e geral quitação de eventuais diferenças salariais e das horas extras, com assistência sindical e sem ressalva, forçoso reconhecer que o termo de ajuste possui natureza de transação extrajudicial com implicações na esfera judicial, até porque não se alegou manifestação de vontade viciada que pudesse invalidar o ato jurídico perfeito e acabado. Recurso de revista parcialmente conhecido e provido. TST-RR-75/2003-751-04-00.0 — (Ac. 4ª T.) — 4ª Reg. — Rel. Min. Ives Gandra Martins Filho. DJU 24.6.05, p. 1026. (Suplemento de Jurisprudência LTr n. 31/2005, p. 242)

Concessão de folga de 24 horas após 12 dias de trabalho consecutivo, conforme previsão em norma coletiva. Repouso semanal remunerado

Em decisão recente, a 4ª Turma do TST, ao não conhecer recurso de revista interposto de julgado do TRT/3ª Região, esclareceu que as folgas semanais, mesmo quando suprimidas em norma coletiva não podem ficar imunes de pagamento, configurando por via de consequência, horas extras.

O primeiro argumento desse julgado é o de que a higidez física e mental dos trabalhadores não podem ficar afetas à negociação coletiva na medida em que se referem a normas cogentes e de ordem pública.

O outro argumento é o de que o mesmo Tribunal Superior do Trabalho, apreciando supressão do intervalo intrajornada estabeleceu que seria inválida a cláusula de acordo ou convenção coletiva de trabalho, entendimento este que passou a fazer parte da Orientação Jurisprudencial n. 342, da SBDI-1, em igual sentido da decisão, cuja Ementa vai abaixo publicada:

Horas extras. Concessão de folga de 24 horas após 12 dias de labor consecutivo. Previsão em norma coletiva. Repouso semanal remunerado. Art. 7º, XV, da CF. Norma de proteção à saúde física e mental do trabalhador. Impossibilidade de restrição do direito assegurado constitucionalmente. 1. O art. 7º, XV, da CF prevê a concessão de repouso semanal remunerado, preferencialmente aos domingos. Na esteira do referido dispositivo constitucional, há que ser garantido semanalmente um período de 24 horas de descanso ao trabalhador, com o escopo de proteger-lhe a saúde física e mental. 2. Dispositivos legais que objetivam proteger a higidez física e mental dos empregados não estão afetas à negociação coletiva, na medida em que se referem as normas cogentes e de ordem pública. 3. Pautando-se nesse entendimento, esta Corte, ao apreciar a supressão do intervalo intrajornada, estabeleceu que seria inválida cláusula de acordo ou convenção coletiva de trabalho contemplando a supressão ou redução do intervalo intrajornada, conforme se depreende da Orientação Jurisprudencial n. 342 da SBDI-1 do TST. Ora, o mesmo entendimento pode ser aplicado quanto à supressão, por acordo coletivo, das folgas semanais, razão pela qual deve ser mantida a condenação em horas extras, em virtude da não-concessão de folgas semanais. Recurso de revista não conhecido. TST-RR-969/2004-035-03-00.0 — (Ac. 4ª T.) — 3ª Reg. — Rel. Min. Ives Gandra Martins Filho. DJU 31.3.06, p. 967. (Suplemento de Jurisprudência LTr n. 22/2006, p. 170/171)

Contratação de trabalhador, na condição de autônomo, por meio de pessoa jurídica por ele constituída. Princípio da primazia da realidade. Configuração. Vínculo de emprego desconhecido

Tem sido bastante utilizado o sistema de dar à pessoa física a configuração de pessoa jurídica constituída para atuação como autônomo.

O que faz com que se distingue entre o trabalho autônomo e o subordinado, não é a forma que se lhe dá na contratação, mas a realidade, da qual exurge a vinculação empregatícia.

A prova dos autos, neste caso apreciado e julgado foi claro em detectar a subordinação existente entre a pessoa jurídica de uma pessoa física e o trabalho prestado a diversas empresas.

A Ementa abaixo é nesse sentido, a saber:

Vínculo de emprego. Contratação de trabalhador, na condição de autônomo, por meio de pessoa jurídica por ele constituída — Irrelevância da forma diante do preenchimento dos requisitos do art. 3º da CLT. Princípio da primazia da realidade. Vínculo de emprego reconhecido. Recurso ordinário. Constatando, pela prova dos autos, que o reclamante se ativava com subordinação, pessoalidade, onerosidade e não-eventualidade, descabe falar em autonomia, na medida em que, consoante preleciona Amauri Mascaro Nascimento, o autônomo "não está subordinado às ordens de serviço de outrem, uma vez que, sendo independente, trabalhará quando quiser, como quiser e segundo os critérios que determinar. Autodetermina-se no trabalho. O empregado, ao contrário, subordina-se no trabalho". Nessa perspectiva, o fato de o trabalhador ter constituído pessoa jurídica, por meio da qual celebrou contrato com as reclamadas, torna-se irrelevante para o deslinde da questão, pois o contrato de trabalho reveste-se da natureza de contrato-realidade, conforme formatada por Mario de La Cueva, razão por que a relação de emprego não se vincula à denominação dada pelas partes no momento de sua contratação; ao revés, a relação de emprego desborda dos limites da autonomia de vontade das partes contratantes. Recurso não provido. TRT 15ª Reg. (Campinas/SP) Proc. 033800- 37.2007.5.15.0129 RO — (Ac. 46051/10-PATR, 11ª C.) — Rel. Luiz José Dezena da Silva. DEJT 12.8.10, p. 335. (Suplemento de Jurisprudência LTr n. 43/2010, p. 343).

Contrato de corretagem. Possibilidade de vínculo empregatício

Há uma extensa legislação declarando que não há vínculo de emprego entre o corretor e a empresa de seguro. Seus serviços, por essa legislação, terão natureza de trabalho autônomo.

Contudo, a letra fria da lei esbarra sempre no princípio da realidade.

Assim, se o corretor de seguro ostentar as características da relação de emprego, na forma do disposto no art. 3º da CLT, mediante prova induvidosa da subordinação jurídica entre as partes, haverá a fraude de que trata o art. 9º da mesma CLT, e a figuração dada ao contrato será nula, em razão de violação aos atos configuradores do emprego.

Assim julgou o TRT da 2ª Região, em decisão cuja Ementa é a que segue:

Contrato de corretagem. Reconhecimento de vínculo empregatício. Primazia da realidade. Segundo a letra *b* do art. 17 da Lei n. 4.594/1964, art. 125 do Decreto-lei n. 73/1966 e arts. 30 e 73 da Lei Complementar n. 109/2001 não há vínculo empregatício entre os corretores e as empresas de seguros. As referidas normas encerram uma presunção legal acerca da impossibilidade de vínculo empregatício entre o corretor e a empresa de seguro. No entanto, essa presunção é relativa, ou seja, pode ser elidida por provas que demonstrem a ocorrência de fraude perpetrada com o objetivo de mascarar a relação empregatícia mantida entre o corretor e a empresa (art. 9º da CLT). TRT 2ª Reg. RO 02049200506902000 — (Ac. 12ª T. 20071125684) — Rel. Desig. Marcelo Freire Gonçalves. DOE/TRT 2ª Reg. 1.2.08, p. 254. (Suplemento de Jurisprudência Trabalhista LTr n. 14/2008, p. 112)

Contrato de estágios com estudantes de estabelecimentos de ensino superior e de ensino profissionalizante do 2º grau e supletivo

A lei que trata da matéria em referência é a de n. 6.494, de 7.12.77, e vem sendo utilizada com frequência por pessoas jurídicas de Direito Privado, órgãos de Administração Pública e instituições de ensino.

A realização do estágio deverá ocorrer mediante termo de compromisso celebrado entre o estudante e a parte concedente, com intervenção obrigatória da instituição de ensino.

Não haverá estágio, sem essa formalidade, e sem que se contrate a complementação do ensino e da aprendizagem, que deverão ser analisados conforme planejamento feito e executados de forma a ser acompanhados e analisados com os currículos, programas e calendários escolares, (§ 3º, do art. 1º, da Lei n. 6.494/77).

Essas exigências é que farão com que o contrato de estágio não civil vínculo empregatício.

Por essa razão é que se procura a utilização de estagiários mesmo sem a observância das exigências da Lei e de seu Decreto regulamentador de n. 87.497, de 18.8.82, exigências essas priorizadas pela responsabilidade e coordenação da instituição de ensino componente à contratação verificada.

É necessário, portanto, que se cumpra a legislação pertinente a essa matéria, sob pena de não se ter como caracterização o contrato de estágio, como ocorreu no caso que deu origem ao processo que, por sua vez gerou o acórdão a seguir transcrito, publicado no Suplemento de Jurisprudência LTr n. 14/2005:

Estágio. Validade. Não basta, para validade do contrato de estágio, se encontre o trabalhador matriculado junto a estabelecimento de ensino. Deve cumprir os requisitos da Lei n. 6.494/77 e seu regulamento (Decreto n. 87.497/82), sendo impositivo tratar-se de curso profissionalizante com acompanhamento e fiscalização do estágio realizado por parte da escola, haja vista ter o escopo de integrar o estudante nas rotinas que enfrentará no futuro, quando efetivamente estiver apto a ingressar no mercado de trabalho, sendo relacionamento de aprendizagem que não pode fugir dessa característica, sob pena de nulidade. TRT 2ª Reg. RS 01219200300402001 — (Ac. 10ª T. 20050057108) — Rela Juíza Sonia Aparecida Gindro. DJSP 1º 305, p. 74.

Contrato de trabalho. Redução de salário possível

No curso de contrato de trabalho, não há possibilidade de haver redução do salário do empregado.

A vedação decorre da lei e da constituição tanto nos arts. 444 e 468, da CLT, como no art. 7º, inciso VI da Lei Magna.

Quanto à Constituição, a redução salarial só será admitida se negociada e previsto em convenção ao acordo coletivo.

Individualmente, o empregador estará impedido de reduzir o salário principalmente pelo que dispõe o art. 468, o qual veda qualquer alteração nas condições do contrato de trabalho, ainda que de comum acordo, sem ocorrer prejuízo ao empregado.

Já o art. 444 prevê a possibilidade de estipulação livre na contratação do trabalho, desde que não contravenha aos princípios protetores do Direito do Trabalho, sendo a manutenção do salário, um deles.

A redução será possível, no entanto, na demissão solicitada pelo empregado e na sua posterior recontratação, desde que não haja coação ou qualquer outro vício de vontade.

Nesse sentido julgou o TRT, da 2ª Região, por sua 3ª Turma, como se colhe da seguinte Ementa:

Pedido de demissão. Recontratação. Redução de salário. Integridade de dispositivos legais e constitucionais. Como regra geral, a resilição do contrato por iniciativa do empregado, sem a presença de vício de vontade, não impede que na recontratação se convencione o pagamento de salário inferior ao estipulado no contrato de emprego anterior. As disposições da CLT, art. 444 e 468 e da CF, art. 7º, inciso VI, são remissivas a injurídicas alterações de contrato que estejam em curso; extinta a relação de emprego de maneira regular, a livre contratação assegura também a livre estipulação de salário, à conveniência dos contratantes TRT 2ª Reg. RO 02944200320202000 — (Ac. 3ª T. 20060487601) — Rel. Juiz Rovirso Aparecido Boldo. DJSP 15.8.06, p. 21. (Suplemento de Jurisprudência LTr n. 39/2006, p. 307)

Dentista que atende empregados de empresa. Relação de emprego não configurada

Profissional liberal é o que exerce sua profissão em escritório ou consultório próprio para atender os que precisam de seus serviços especializados. São os advogados, engenheiros, médicos, dentistas, por exemplo.

Assim, se no seu trabalho contratam com empresas para atendimento a seus empregados, não se configurará relação de emprego entre citados profissionais liberais e a empresa que os contratou para servir a seus empregados.

O trabalho, nestes casos, é exercido com ampla autonomia, sem, portanto, os requisitos que informam a relação de emprego, sobretudo o da subordinação hierárquica ou jurídica entre o profissional liberal e a empresa contratada.

É nesse sentido a seguinte decisão, no TRT/15ª Região:

Dentista. Ausência de subordinação jurídica. Relação de emprego não configurada. Se da prova colhida resulta o fato de que a reclamante exercia suas funções de dentista em consultório próprio (que dividia com seu marido), em horário por ela fixado, para atendimento dos empregados da reclamada por força de contrato de natureza civil havido entre as partes, não há se falar em relação de emprego, eis que, não obstante a existência de habitualidade, não eventualidade e pagamento pelos serviços prestados, restou evidenciado, na hipótese, a inexistência da subordinação jurídica. Ausentes os requisitos do art. 3º da CLT, impõe a confirmação do r. julgado de origem. Recurso ordinário não-provido". TRT 15ª Reg. (Campinas/SP) RO 0236-2006-071-15-00-5 — (Ac. 32925/07-PATR, 5ª C.) — Rel. Juiz Lorival Ferreira dos Santos. DJSP 13.7.07, p. 87. (Suplemento de Jurisprudência LTr n. 34/2007, p. 272)

Descontos de salários por inadimplência dos clientes

É muito comum saber que determinados restaurantes ou mesmo outras casas comerciais que remuneram seus empregados sob a forma de comissões, efetuam descontos dos salários destes, do pagamento do que foi consumido ou comprado por clientes em razão de cheques devolvidos.

Esses empregadores costumam invocar o § 1º do artigo 462, da CLT, cujo teor é o seguinte:

"Em caso de dano causado pelo empregado, o desconto será lícito desde que essa possibilidade tenha sido acordada ou na ocorrência de dolo do empregado".

Para resguardar-se dessa possibilidade costumam os empregadores colocarem uma cláusula no contrato de trabalho, provendo-a e, inadvertidamente, tentam se valer dela para descontos dos empregados cheques pagos por clientes e devolvidos por falta de pagamento.

É claro que o dispositivo citado não se presta a essa possibilidade eis que o risco da atividade econômica é do empregador e não do empregado, a ter do disposto no art. 2º da CLT.

É claro, porém, que em caso de dolo, ou seja, de vontade de prejudicar o empregador, valendo-se o empregado de dinheiro recebido e não repassado, a cláusula terá aplicação correta.

Voltando ao caso de cheques recebidos e não pagos por clientes, não responderá o empregado pelo inadimplemento, conforme demonstra a decisão abaixo transcrito:

Descontos nos salários. Inadimplência dos clientes. As comissões remuneram o empregado, pelo resultado alcançado, na concretização de seu trabalho, sendo defeso ao empregador cobrar do mesmo os custos e a inadimplência dos clientes, tendo em vista que o princípio justrabalhista da alteridade, baseando-se no que dispõe o art. 2º, *caput*, da CLT, coloca os riscos concernentes aos negócios efetuados, em nome do empregador, sob ônus deste, responsabilizando-o pelos custos e resultados do trabalho prestado, além da responsabilização pela sorte de seu empreendimento. TRT 3ª Reg. RO 00096-2004-013-03-00-8 — (Ac. 1ª T.) — Rel. Juiz Manuel Candido Rodrigues. DJMG 18.3.05, p. 5. (Suplemento de Jurisprudência LTr n. 19/2005, p. 152).

Desconto salarial. Cheques sem fundo

Sabe-se, por experiência obtida junto a processos de reclamação trabalhista, que muitos estabelecimentos comerciais (bares, restaurantes e postos de gasolina, por exemplo), costumam descontar dos salários de seus empregados, cheques emitidos por fregueses e que não tenham fundos.

Não há nenhuma dúvida de que, em princípio, tais descontos são ilícitos, por ferirem a intangibilidade salarial, de que trata o inciso VI do artigo 7º, da CF/88, constituindo crime a retenção de salário, se dolosa, na forma do inciso X do mesmo artigo 7º.

É bem verdade que o art. 462, da CLT, *caput*, ao vedar o desconto nos salários do empregado ressalvou hipótese de adiantamentos, de dispositivos de lei ou de contrato coletivo, estabelecendo em seu § 1º que em caso de dano causado pelo empregado, o desconto será lícito, desde que acordada ou na ocorrência de rolo.

Diante de tais dispositivos é que os empregadores costumam impor certas regras para que os empregados as cumpram no tocante ao recebimento de cheques emitidos por fregueses.

Contudo, apesar dessa exigência, não é sempre certa a atuação dos empregados por falta, por vezes, de conhecimento específico de determinadas nuances na obediência de regras impostas.

Daí porque estamos transcrevendo, em seguida, Ementa ilustrativa de julgamento:

Desconto salarial. Cheque sem fundos. Inadmissibilidade. Ainda que o empregado tenha descumprido regras quanto ao recebimento de cheques que resultem sem provisão de fundos, não poderia sofrer descontos em seu salário, em face à intangibilidade salarial prevista no art. 462 da CLT, mesmo porque os riscos da atividade econômica é do empregador e não pode ser transferido ao trabalhador. Recurso ordinário não provido. TRT 15ª Reg. (Campinas/SP) RO 00729-2004-084-15-00-0 — (Ac. 3ª T. 20480/ 2005-PATR) — Rel. Juiz Lorival Ferreira dos Santos. DJSP 13.5.05, p. 21. (Suplemento de Jurisprudência LTr n. 27/2005, p. 216)

Diferenças de depósitos do FGTS. Prova do empregado

São inúmeras as reclamações trabalhistas de empregados pleiteando diferenças nos depósitos do FGTS.

Obviamente, o pedido há que ser certo e determinado, sendo um abuso ao direito de ação, o simples pleito de eventuais diferenças quanto aos depósitos do FGTS, como aliás, quanto a quaisquer diferenças aleatórias.

Daí porque afirmações gratuitas, vagas, inconsistentes, por mera suspeita ou precaução, são de nenhuma validade eis que, na Justiça, a prova é essencial no que tange a fatos, como nestes casos.

Ademais, a prova há de ser concludente por meio de extratos ou comprovantes de saques, com a conclusão de que teriam que ser maiores os depósitos efetivamente efetuados.

Nesse sentido é a Ementa da decisão do TRT/2ª Região, abaixo transcrita:

Fundo de Garantia. Depósitos. Diferenças. É praxe generalizada a alegação de que a empresa não efetuou regularmente os depósitos do FGTS. Afirmação, geralmente, gratuita, vaga, inconsistente, lançada por mera precaução, sem fundamento. Hipótese em que é ônus do empregado fazer a prova das alegações, com a apresentação dos extratos ou então comprovante de saque. Cabe a prova ao empregador quando há precisa especificação de períodos e valores, e não quando apenas se alega, de forma ampla e genérica, que os depósitos não foram efetuados regularmente. Precedentes do Tribunal Superior do Trabalho. Recurso da autora a que se nega provimento". TRT 2ª Reg. RO 02586200424202006 — (Ac. 11ª T. 20080383518) — Rel. Eduardo de Azevedo Silva. DOE/TRT 2ª Reg. 20.5.08, p. 131. (Suplemento de Jurisprudência LTr n. 35/2008, p. 276)

Doméstica. Labor em, no máximo, dois dias por semana. Não configuração

A Ementa da decisão proferida pelo TRT 15ª Região sobre a matéria em epígrafe esclarece que a empregada doméstica se distingue da empregada comum pela prestação dos serviços no tempo.

Destarte, o doméstico, para ser considerado empregado comum, regido pela CLT, há de ter contrato que preveja trabalho em vários dias da semana.

Por outro lado, o doméstico, regido pela Lei n. 5.859/72, será assim considerado se trabalhar, no máximo, dois dias por semana, eis que, dessa maneira, seu trabalho não será contínuo.

A distinção feira pela decisão, cuja Ementa segue transcrita, é fundamental para se aferir do tipo de trabalho e de sua exigência legal:

Relação de emprego doméstica. Labor em no máximo dois dias por semana. Não configuração. Exegese da Lei n. 5.859/1972. O contrato de trabalho doméstico se diferencia do vínculo empregatício comum, pois neste se exige a não eventualidade enquanto naquele é essencial a continuidade na prestação dos serviços. Indiscutível, portanto, a adoção pela legislação pátria da teoria da continuidade quanto ao empregado doméstico. A jurisprudência tem se orientado no sentido de considerar empregado doméstico o trabalhador que preste serviços domésticos para a mesma família por, pelo menos, três dias certos na semana, sendo este o parâmetro adotado pela jurisprudência como indicativo do requisito da "continuidade". Portanto, considerando que a reclamante trabalhava no máximo duas vezes por semana para o reclamado, estando ausente o requisito da continuidade da prestação do serviço, descaracterizada está a relação de emprego doméstica, nos termos da Lei n. 5.859/1972. Recurso Ordinário a que se nega provimento. TRT 15ª Reg. (Campinas/SP) Proc. 70800- 34.2009.5.15.0151 RO — (Ac. 36135/10-PATR, 5ªC.) — Rel. *Lorival Ferreira dos Santos*. DEJT 1.7.10, p. 147. (Suplemento de Jurisprudência LTr n. 34/2010, p. 267)

Empregado doméstico. Multa do art. 477 da CLT

A jurisprudência dos tribunais trabalhistas tem se mostrado divergente no tocante à aplicação da multa prevista no art. 477 da CLT.

A aplicação, quando considerada, é por analogia tendo em vista que não existe previsão legal de prazo para quitação das verbas rescisórias para os domésticos.

A decisão cuja ementa será transcrita abaixo, tem por fundamento a Lei n. 5.859/72 que não prevê, para os domésticos, a multa prevista na regra geral da CLT de cunho punitivo e que, por isso não comporta interpretação analógica.

Por outro lado, a Constituição da República, no art. 7º, parágrafo único, não estende aos domésticos as demais normas estabelecidas na CLT.

A Ementa citada é a que segue:

Empregado doméstico. Multa do art. 477 da Consolidação das Leis do Trabalho. Inaplicável. O art. 7º, *caput* da Consolidação das Leis do Trabalho, dispõe que não se aplicam os preceitos celetários aos empregados domésticos (alínea *a*), do referido dispositivo, salvo determinação expressa em sentido contrário, exceção essa inexistente no presente caso. Isso porque nos direitos sociais estabelecidos no art. 7º, parágrafo único, da Carta Política, não secogita a extensão aos domésticos das normas estabelecidas no diploma celetista. Portanto, a multa estabelecida no art. 477 da Consolidação das Leis do Trabalho, não está inserida nos direitos dos trabalhadores domésticos, que são regidos pela Lei n. 5.859/72, que, também, não contemplam o pagamento das multas em tela. Recurso provido, por unanimidade. TRT 24ª Reg. 304/2009-1-24-0-9-RO. 1 — (Ac. 2ª T.) - Rel. Des. *João de Deus Gomes de Souza* (Suplemento de Jurisprudência LTr n. 11/2010, p. 83)

Engenheiro em empresa de construção. Contratação como pessoa jurídica. Nulidade

Tornou-se corriqueira a nova forma de contratação de profissionais da advocacia, do jornalismo e da construção.

Assim, advogados, jornalistas e engenheiros passaram a se registrar como PJ (pessoa jurídica) para determinados fins e efeitos, sobretudo os com a Receita, com a Previdência e com a relação de emprego.

São considerados autônomos e circunstancialmente pessoas jurídicas.

Claro que tal situação jurídica só será válida se atendidos os pressupostos legais e o modo de trabalhar para terceiros.

A decisão de que ora tratamos é de um engenheiro contratado para uma construtora, cuja prestação de serviços era a de empregado, por sua dedicação exclusiva, pela sua dependência econômica e hierárquica, pelas atribuições específicas da atividade principal da empresa contratante.

Por sua importância, damos abaixo a Ementa respectiva:

Relação de emprego. Engenheiro em empresa de construção. Contratação como PJ. Ativação pessoal no âmbito da atividade-fim. Vínculo caracterizado. A relação de emprego independe da vontade ou interpretação negocial do prestador ou credor dos serviços, mas do conjunto de atos fatos por eles desenvolvidos em razão daquela prestação. Em suma, o vínculo emerge da realidade fática do desenvolvimento da atividade laboral, e não do *nomen juris* ou revestimento formal dado pelas partes à relação. Irrelevante, assim, que o trabalhador tenha sido contratado como pessoa jurídica se a prova patenteia que a ativação se dava no âmbito da atividade-fim do empreendimento econômico, de modo não eventual, contínuo, oneroso, pessoal e subordinado. *In casu*, o conjunto fático-probatório evidenciou que o reclamante por mais de sete anos prestou serviços de engenheiro gerente de obras, na construtora demandada, jungido a controle de horário, possuindo subordinado, sala e secretária na própria empresa, recebendo valor mensal fixo, sob subordinação direta ao presidente da reclamada, e que desenvolvia suas atividades nas dependências da empresa, segundo as especificações e determinações desta, bem como utilizava pessoal e equipamentos da ré, seguindo inclusive, suas normas internas. O fato de figurarem outros sócios na pessoa jurídica não muda a feição de relação contratual, não dizendo respeito ao autor a circunstância de os demais não terem pleiteado vínculo com a empresa. O certo é que a atividade, as estipulações contratuais, a pessoalidade, e as condições reais da prestação laboral tornam a relação tipicamente empregatícia, independentemente do revestimento formal dado pela contratante, restando incompatível com a prova dos autos à tese defensiva de negativa de vínculo e a propalada autonomia. Recurso provido para declarar a existência do vínculo empregatício. TRT 2ª Reg. RO 02564200504502000 — (Ac. 4ª T. 20080729007) — Rel. Desig. Ricardo Artur Costa e Trigueiros. DOe/TRT 2ª Reg. 5.9.08, p. 384 (Suplemento de Jurisprudência n. 50/2008, p. 399/400).

Formalização como pessoa jurídica

A decisão, cuja ementa será transcrita abaixo, da 10ª Região, demonstra que relação do emprego não é questão de escolha do empregado, mas dos fatos que envolvem essa relação.

Rememora o princípio do contrato realidade e da irrenunciabilidade, mesmo quando se trabalha como se fosse pessoa jurídica devidamente formalizada.

Pouco importa o nome jurídico ou a qualificação formal atribuída a determinado documento.

Assim, desde que presentes os requisitos dos arts. 2º e 3º da CLT, nenhum ajuste, mesmo que formal, pode suplantar a realidade.

Segue a Ementa:

Preliminar de nulidade. Cerceamento de prova. O art. 400, inciso I, do CPC permite ao magistrado indeferir a produção da prova requerida quando o fato já houver sido provado por documento ou confissão da parte. E não é outra, que não esta última hipótese, a situação exata dos autos, já que o preposto ouvido descreveu com clareza a natureza da relação mantida entre as partes. Nesse sentir, o indeferimento de produção de prova testemunhal não constitui cerceamento de prova. Prefacial que se rejeita. 2. Contrato realidade. Princípio da irrenunciabilidade. *Relação de emprego. Formalização como pessoa jurídica. Efeitos.* O enfrentamento da controvérsia envolvendo a existência da relação de emprego jamais pode atribuir valor jurídico absoluto e incontestável ao conteúdo de documentos formais regularmente assinados pelas partes. No Direito do Trabalho, mais do que em qualquer outro ramo do ordenamento jurídico, vigora o princípio da primazia da realidade, pouco importando o nome jurídico ou a qualificação formal atribuída a determinado documento quando, na verdade, os fatos reais desafiarem ou estiverem a colocar em xeque as artificiais formalidades. Vale mesmo o que sucede no "terreno dos fatos", no dizer do saudoso Américo Plá Rodriguez. Não é uma questão de escolha do trabalhador que determina a natureza do vínculo jurídico que está a ligá-lo a uma determinada empresa. Desde que estejam presentes os requisitos dos arts. 2º e 3º da CLT, nenhum ajuste meramente formal suplanta a realidade, ainda que o empregado tenha concordado com outra forma de contratação. Não há norma constitucional meramente programática, de conteúdo vazio, sobretudo quando se trata de Princípio Fundamental. Ao poder público compete fazer cumprir os mandamentos expressos na Constituição Federal. Na análise do caso concreto que lhe é submetido, o juiz deve velar pela aplicação de tais regras como expressão do êxtase da soberania nacional, antes mesmo da subsunção de outras normas jurídicas inferiores (princípios da dignidade da pessoa humana e do valor social do trabalho). 3. Recurso ordinário conhecido e desprovido TRT 10ª Reg. RO- 29600-41.2009.5.10.0101 (RO-296/2009- 101-10-00.5) — (Ac. 2ª T.) — Rel. Juiz *Grijalbo Fernandes Coutinho*. DJe/TRT 10ª Reg. n. 483/10, 20.5.10, p. 69. (Suplemento de Jurisprudência LTr n. 29/2010, p. 231)

Freteiro. Veículo próprio. Pessoalidade. Recomendação n. 198 da OIT

Apesar de o freteiro trabalhar com veículo próprio, arcando com as despesas, o que lhe daria a condição de autônomo, no caso ora em exame, chegou-se à conclusão que se tratava de empregado, em razão da pessoalidade na prestação dos serviços.

Além disso ficou evidenciado que o trabalhador contratado para promover entrega de produtos comercializados pela reclamada, trabalhava com os outros trabalhadores, eis que se encontrava integrado à organização empresarial.

A Ementa do acórdão desse caso é bastante elucidativa e segue transcrita:

Vínculo de emprego. Freteiro. Veículo próprio. Despesas. Pessoalidade. Recomendação n. 198 da OIT. 1. Evidenciando-se que o trabalhador contratado para promover a entrega de produtos comercializados pela Reclamada estava integrado na organização empresarial da Reclamada, trabalhando diariamente e submetendo-se aos procedimentos por esta estabelecidos, inclusive semelhantes aos aplicados a trabalhadores formalmente contratados como empregados, que executavam exatamente os mesmos serviços, impõe-se o reconhecimento do vínculo de emprego. 2. A utilização de veículo de propriedade do trabalhador, por si só, não é obstáculo ao vínculo de emprego. A propriedade do empregador dos instrumentos de trabalho, ainda que seja a regra, não é elemento essencial para a configuração do vínculo de emprego. É perfeitamente possível que um empregado subordinado utilize instrumentos de trabalho de sua propriedade para a execução dos serviços, submetendo-se, apesar disso, à subordinação jurídica típica. 3. O fato de o empregado arcar com as despesas do veículo não afasta o vínculo de emprego quando, apesar disso, evidenciada a sujeição do Reclamante ao comando da Reclamada. 4. A pessoalidade, que é mera consequência da subordinação jurídica, somente estará ausente quando o contratado tiver liberdade de escolher quem prestará os serviços contratados, não sofrendo interferência do tomador dos serviços. 5. A interpretação na restritiva da relação de emprego não se encontra ultrapassado e nem em desacordo com as necessidades contemporâneas das relações sociais e contratuais, encontrando-se, ao contrário, em perfeita sintonia com a Recomendação n. 198 da OIT, aprovada pela Conferência Geral de 31.5.06. TRT 9ª Reg. RO 1534/2008-007-09-00.4 — (Ac. 5ª T.) — Rel. *Arion Mazurkevic*. DJe/TRT 9ª Reg. n. 368/09, 30.11.09, p. 97. (Suplemento de Jurisprudência LTr n. 13/2010, p. 104)

Função social do contrato de trabalho. Dispensa discriminatória de empregada portadora de doença grave

O art. 5º, inciso XXIII, da Constituição Federal de 1988, preconiza a função social da propriedade.

Trata-se de princípio que não elimina a propriedade privada, mas que modifica sua natureza em favor do social.

O contrato de trabalho, por sua vez, também tem conteúdo social observados os limites da boa-fé e dos costumes, como prevê o art. 187 do Código Civil.

Empresa (proprietária) e contratos de trabalho (empregados) hão de respeitar a socialização como característica funcional de direitos e obrigações que unem as partes contratantes.

Uma dessas obrigações é o do respeito aos problemas de saúde dos empregados, o qual, em não havendo, ocorre a quebra do princípio da função social do contrato, gerando direitos aos empregados não atendidos no direito de ser respeitado.

A matéria aqui exposta está tratada com inteira pertinência pelo TRT da 2ª Região. A Ementa é a que segue:

Função social do contrato. Dispensa discriminatória de empregada portadora de doença grave. Com a adoção do princípio da ênfase à dignidade da pessoa humana, a Constituição Federal implantou no ordenamento jurídico brasileiro uma nova concepção acerca das relações contratuais que obriga as partes a agirem dentro da legalidade, da lealdade, da confiança e dos bons costumes para exercerem seus direitos. É o princípio da função social do contrato que impõe ao empregador, antes de tomar uma decisão, respeitar o trabalhador e agir em prol da manutenção do pacto laboral em atendimento aos princípios insculpidos na Carta Magna. Assim, quando a reclamada dispensou a reclamante logo após esta usufruir de dois afastamentos para tratamento médico, por ser portadora de doença grave, restou caracterizada a dispensa arbitrária e obstativa por ato manifestamente anti-jurídico da empregadora (art. 187, Código Civil). Impõe-se, assim, a manutenção da r. sentença de origem, que determinou a reintegração da obreira com encaminhamento ao Órgão da Previdência Social para habilitação em programa de auxílio-doença. Recurso ordinário a que se nega provimento. TRT 2ª Reg. RO 01029200446102002 — (Ac. 10ª T. 20070951408) — Relª Marta Casadei Momezzo. DOE/TRT 2ª Reg. 13.11.07, p. 47. (Suplemento de Jurisprudência LTr n. 07/2008, p. 55)

Gratificação de função. Reversão ao cargo efetivo. Integração

A gratificação de função, por força do que dispõe o § 1º do art. 457/CLT, constitui parcela integrante do salário do empregado, desde que ajustada por escrito, verbalmente ou até tacitamente, ou seja, falta habitualidade do pagamento respectivo.

Fazendo parte do salário do empregado, ela só poderá ser suprimida, em princípio, se for por mútuo consentimento, e, ainda assim, desde que não resulte, direta ou indiretamente, prejuízos ao empregado, na forma do art. 468/ CLT. Portanto, deverá ocorrer uma transação entre empregado e empregador, de modo que suprimindo-se a gratificação ajustada, fique no seu lugar, outro benefício salarial que não cause prejuízo ao empregado.

Uma exceção a essa regra encontra-se no parágrafo único do art. 468, do seguinte teor:

"Não se considera alteração unilateral a determinação do empregador para que o respectivo empregado reverta ao cargo efetivo, anteriormente ocupado, deixando o exercício de função de confiança".

Esse dispositivo aplica-se, pois, às gratificações concedidas a empregados que passam a exercer cargos de confiança no seio da empresa.

A esse respeito a jurisprudência já se cristalizou no sentido de que a reversão ao cargo efetivo do emprego que percebia gratificação de função só é possível se ela tiver sido concedida por menos de 10 anos, eis que a partir desse tempo referida parcela fica incorporada ao salário do empregado, como o demonstra a seguinte Ementa:

Gratificação de função. Reversão ao cargo efetivo. Integração. 1. A jurisprudência atual, notória e iterativa do Tribunal Superior do Trabalho, tendo em vista o princípio da estabilidade econômica, considera que se incorpora ao salário do empregado a gratificação de função percebida por, no mínimo, dez anos seguidos. 2. Na hipótese de o empregado perceber gratificação de função por menos de dez anos, lícita, pois, a reversão ao cargo efetivo sem a manutenção do pagamento da gratificação de função. 3. Não impressiona o fato de, na espécie, o Reclamante haver exercido a função por 8 anos e 6 meses. Isso porque eventual elasticimento da aludida diretriz jurisprudencial daria azo a subjetivismo incompatível com a isenção objetiva que deve pautar qualquer pronunciamento judicial. 4. Embargos conhecidos e não providos, no particular. TST-E-RR-1.149/2001-001-22-00.1 — (Ac. SBDI1) — 22ª Reg. — Rel. Min. João Oreste Dalazen. DJU 10.3.06, p. 906. (Suplemento de Jurisprudência LTr n. 15/2006, p. 117)

Homologação de acordo judicial celebrado antes da audiência. Presença das partes

A fim de dar maior credibilidade ao ato da homologação de acordo judicial celebrado antes da audiência inicial, têm alguns Tribunais instruindo seus juízes no sentido de exigirem a presença das partes para a ratificação do que ficou constando de petição assinada pelos advogados, com procuração nos autos para tanto, e, por vezes, até pelas próprias partes.

A medida tem sido louvada, mesmo que nem sempre necessária, se conhecidos os advogados e se conferidas as assinaturas das partes se houver elementos nos autos, dadas as colusões possíveis.

Apesar disso, recentemente entendem a 3ª Turma do Colendo TST, que na ausência de ambos, ante a aparente regularidade do documento, e, embora não seja o procedimento mais recomendado, não se pode nele vislumbrar ofensa à lei.

Para conhecimento de nossos leitores, damos a seguir, a Ementa da decisão citada:

Homologação. Acordo antes da audiência. Necessidade da presença das partes. Apresentada, antes da audiência inaugural, petição de acordo assinado pelas partes, sua homologação pelo juízo, na ausência de ambos, ante a aparente regularidade do documento, embora não seja o procedimento mais recomendado, não resulta necessariamente em ofensa literal aos arts. 843 e 844 da CLT, já que estes preceitos não focalizam precisamente a hipótese de realização de acordo na audiência inaugural. O acordo é possível em qualquer fase processual e mediante petição, assinada pelas partes e seus advogados, não sendo exigível o comparecimento de ambos à audiência. Recurso de Revista provido. TST-RR-214/2003-031-23-00-0 (Ac. 3ª T.), Rel. Min. Carlos Alberto Reis de Paula, DJU de 20.5.05, p. 1048. (Suplemento de Jurisprudência LTr n. 27/ 2005, p. 209)

Igreja evangélica. Pastor. Não configuração

Se o trabalho do Pastor era o de evangelização e do exercício de funções pastorais, não há relação de emprego entre ele e a Igreja a que serve.

Essa relação, quanto ao emprego, é atípica e não se configura como de vínculo subordinativo, já que a ela faltam os requisitos formais do art. 2º, que conceitua a figura do empregador bem como do art. 3º, que trata da conceituação do empregado e do art. 442, todos da CLT.

Nesse sentido é a Ementa da decisão abaixo transcrita:

Relação de emprego. Igreja evangélica. Pastor. Em regra, o trabalho de natureza espiritual religiosa não é abrangido pelo contrato de trabalho, tendo em vista as peculiaridades que envolvem a leitura da palavra evangélica e a sua pregação. Quando os serviços prestados pela pessoa física permanecem na esfera da atividade religiosa, sem uma penetração mais profunda na atividade econômica, impossível se torna a sua inserção no eixo secundário ou periférico da Igreja. Embora no exercício das atividades do pastor exista um esforço psicofísico, o objeto da obrigação do prestador de serviços não se caracteriza como uma obrigação de fazer típica ou até mesmo atípica da relação de emprego. Demonstrado, pela prova oral, que o trabalho desenvolvido estava relacionado à evangelização e às funções pastorais de aconselhamento e de pregação, a relação havida entre as partes não era a de emprego, eis que vinculadas à profissão de fé. O contrato de trabalho caracteriza-se pela reunião de pressupostos (elementos fático-jurídicos) assim como de requisitos (elementos jurídico-formais) previstos nos arts. 2º, 3º e 442, *caput*, da CLT, e no art. 7º, inciso XXXIII da Constituição Federal, o que não ocorreu *in casu*. (Suplemento de Jurisprudência LTr n. 25/2008, p. 197)

Importância do depoimento pessoal do reclamante

A nosso ver, nenhum Juiz deve deixar de ouvir o Autor da reclamação trabalhista, ainda que o réu não tenha comparecido à audiência inicial gerando a conseqüência da revelia juntamente com a confissão do fato.

É que, em não raras vezes, o alegado na inicial, principalmente com relação à jornada de trabalho, não confere com o que o Autor de ação confessa ao Juiz.

Não se diga que essa medida judicial estaria favorecendo quem não compareceu a Juízo, desatendendo ao chamado judicial.

É que ao Juiz cabe sempre a busca da verdade para sua convicção, sem se preocupar em ajudar esta ou aquela parte.

A ementa de decisão do TRT 3ª Região, abaixo transcrita, dá-nos conta dessa verdade.

Jornada de trabalho. Alegação inicial x depoimento pessoal. Não obstante alegue o reclamante, em sua petição inicial, determinada jornada de trabalho, se em seu depoimento pessoal informa horário e freqüência diversos, em relação ao término da jornada, mesmo que sejam invalidados os registros de jornada trazidos aos autos, não há razão para que se tome por base das jornadas os horários e frequência informadas na inicial, diante do reconhecimento expresso do próprio reclamante em depoimento pessoal, que, no caso, há que se sobrepor à alegação inicial. (Suplemento de Jurisprudência LTr n. 11/2008, p. 85)

Insalubridade. Indevido o adicional por ausência de classificação do agente insalubre na relação oficial do MTE

É certo que o artigo 195, da CLT, é claro ao dispor que "a caracterização e a classificação da insalubridade e da periculosidade, segundo as normas do Ministério do Trabalho far-se-ão por meio de perícia de Médico do Trabalho ou Engenheiro do Trabalho, registrados no Ministério do Trabalho".

A chamada perícia técnica, é portanto, requisito fundamental para caracterizar e classificar ou delimitar as atividades insalubres ou perigosas (§§ 1º e 2º do citado art. 195).

Tal tarefa, como auxiliar do Juízo, consiste na apuração da insalubridade para fins de fixação do adicional nos percentuais de 10, 20 ou 40% do salário mínimo da região, (art. 192, da CLT), e de 30% sobre o salário do empregado, (art. 193, da CLT), para a periculosidade.

Como se pode verificar do próprio texto da lei, são as normas do Ministério do Trabalho as únicas que podem apontar os agentes insalubres e perigosos conforme relação considerada oficial.

O Judiciário Trabalhista recentemente decidiu sobre essa matéria, ratificando o que decorre da lei, em decisão divulgada no Suplemento de Jurisprudência LTr n. 06/2005, como segue:

Adicional de insalubridade. Da não existência de classificação do suposto agente insalubridade na relação oficial do Ministério do Trabalho. A constatação da existência de insalubridade, mediante elaboração de laudo pericial, não é suficiente para gerar o direito obreiro ao pagamento de adicional de insalubridade, quando o agente insalubre apontado não se encontrar elencado na relação oficial elaborada pelo Ministério do Trabalho, segundo o entendimento preconizado na Orientação Jurisprudencial n. 4 da SDI-1, do C. TST. *In casu*, o perito apontou como agente insalubre a poeira dos cereais (milho e soja), vez que o Autor não utilizava equipamentos de proteção individual (máscaras e protetores auditivos) ao recolher as amostras dos grãos de milho e soja para análise, estando, assim, sujeito a agentes químicos. No entanto, a poeira proveniente dos grãos de milho e soja, não se encontra elencada no Anexo 13 (agentes químicos) da NR-15, logo, não há como manter o r. julgado que deferiu ao Autor o pagamento do adicional de insalubridade. Recurso das Reclamadas a que se dá provimento. TRT 9ª Reg. Proc. 01204-2001-022-09-00-5 — Ac. 1ª T., 27.877/04) — Rel. Juiz Ubirajara Carlos Mendes. DJPR 3.12.04, p. 445.

Como se vê, não se permite ao perito judicial apontar agente que considera insalubre, mas que não se encontra no rol do Anexo 13, da NR-15, da Portaria n. 3.214/78.

Insalubridade. Uso de fone nos ouvidos de teleoperador. Descabimento

O uso continuado de fone de ouvidos de pessoas que atuam no exercício de função de "marketing", por exemplo, não tem o condão de classificar a atividade como sendo insalubre para os efeitos legais.

É que tal classificação não consta da relação oficial elaborada pelo Ministério do Trabalho, o qual, por lei, é o que aprova o quadro de atividades respectivo.

Nessas condições, não havendo classificação da função de teleoperador que precisa usar fone nos ouvidos em grande parte da jornada de trabalho, não há o direito pretendido da insalubridade.

Veja-se Ementa no Suplemento de Jurisprudência LTr n. 09/2009, p. 69.

Recurso de revista. Adicional de insalubridade. Teleoperador (uso de fone de ouvidos). O item I da OJ n. 4 da SBDI-1/TST prevê que "não basta a constatação da insalubridade por meio de laudo pericial para que o empregado tenha direito ao respectivo adicional, sendo necessária a classificação da atividade insalubre na relação

Ministério do Trabalho." Já o art. 190 da CLT estabelece que a elaboração e aprovação do quadro de atividades e operações insalubres é de competência do Ministério do Trabalho. Assim sendo, como a atividade desenvolvida pelo Reclamante, análoga à conhecida como 'telemarketing', efetuando cobranças por telefone, com o uso de fones de ouvido, não está enquadrada entre aquelas descritas no referido Anexo 13, incabível o deferimento do adicional de insalubridade. Precedentes. Recurso de revista conhecido e provido. TST-RR-1131/2006-007-04-00.0 — (Ac. 6ª T.) — Rel. Min. Horácio Raymundo de Senna Pires. DJe/TST n. 103/08, 30.10.08 (Div.), p. 1.783.

Instrutor de informática. Exercício de atividade-fim. Vínculo empregatício reconhecido

Defendeu-se a empresa alegando que o reclamante trabalhava como instrutor de informática em sua escola de informática, porém como trabalhador autônomo e/ou eventual.

A prova da autonomia contudo não foi produzida como deveria ser, dada a inversão do *ônus probandi*.

A prova, no entanto, resultou de fato de que o reclamante era instrutor de informática e dava aulas na escola do reclamado em cursos de informática, restando presumido seu engajamento como empregado, pela atividade-fim.

Veja-se Ementa a respeito:

Instrutor de informática. Escola de informática. Exercício de atividade-fim. Vínculo empregatício reconhecido. A posição da reclamada de reconhecer em defesa a atividade prestada pelo reclamante, atribuindo-lhe, contudo, feição jurídica diversa (trabalho autônomo/eventual), configura alegação de fato impeditivo do direito vindicado na inicial e assim, implica inversão do *ônus probandi*, incumbindo-lhe provar a autonomia (art. 333, II, do CPC). *In casu* o reclamante trabalhou como instrutor professor de informática, função esta inerente à atividade-fim da reclamada, que explora o ramo de educação em cursos de informática, entre outros (cláusula 2ª do contrato social), restando presumido seu engajamento (*embauchage*) à estrutura e objetivos econômicos da reclamada, e a consequente subordinação jurídica, que constituem elementos marcantes da relação de emprego. TRT 2ª Reg. RO 00442200933102004 — (Ac. 4ª T. 20091082832) — Rel. *Ricardo Artur Costa e Trigueiros*. DOe/TRT 2ª Reg. 18.12.09, p. 67. (Suplemento de Jurisprudência LTr n. 11/2010, p. 87)

Invento. Contribuição pessoal do empregado. Indenização por perdas e danos

O art. 454, da CLT, que tratava das questões de invenção dos empregados, nos cursos dos contratos de trabalho, foi revogado pela Lei n. 9.279, de 14.5.1996, que, por sua vez, revogou a Lei n. 5.772, de 21.12.71.

Com fulcro na lei vigente, insurgiu-se a empregadora contra decisão do Regional mercê de recurso de revista perante o TST, com fundamento em violação ao § 1º do art. 88, da citada Lei n. 9.279/96, do seguinte teor:

"Salvo expressa disposição contratual em contrário, a retribuição pelo trabalho a que se refere este artigo (Invenção e Modelo de Utilidade pertencente ao empregador) limita-se ao salário ajustado".

A Egrégia 1ª Turma, do Colendo TST, proferiu acórdão da lavra do Ministro João Oreste Dalazen, dando como correta a "justa remuneração" fixada como indenização a ser paga pela empregadora ao empregado pela utilidade extracontratual de seu invento, como emanação da atividade intelectiva irradiada da personalidade do trabalhador e que reverteu em benefício da exploração econômica do empregador.

Acresce notar que o invento foi construído à base de material sucateado, em benefício da atividade empresarial.

Segue a Ementa da decisão citada:

Invento. Modelo de utilidade. Contribuição pessoal do empregado. Exploração pelo empregador. Indenização por perdas e danos. Justa remuneração. 1. Em caso de invenção de empresa de autoria do empregado, no curso da relação de emprego, embora seja comum a propriedade e exclusiva a exploração do invento pelo empregador, a lei assegura ao empregado o direito a uma justa remuneração, resultante de sua contribuição pessoal e engenhosidade. Pouco importa que o invento haja sido propiciado, mediante recursos, meios, dados e materiais, nas instalações da empresa. 2. Comprovada a autoria, a novidade, bem como a utilização lucrativa do invento, construído à base de material sucateado, em prol da atividade empresarial, o empregador, independentemente de prévio ajuste, está obrigado a pagar justa remuneração ao empregado. 3. Irrelevante haver, ou não, o empregado patenteado o invento. A obrigação de pagar justa remuneração ao empregado inventor tem por fato gerador a utilidade extracontratual, emanação da atividade intelectiva irradiada da personalidade do trabalhador, revertida em benefício da exploração econômica do empreendedor, direito assegurado na Constituição Federal. 4. Não viola o art. 88, § 1º, da Lei n. 9.279/96 decisão regional que, à falta de parâmetros objetivos na lei, mantém sentença que fixa o valor da justa remuneração de cada modelo de utilidade criado pelo autor em metade da última remuneração percebida, pelo prazo de dez anos. 5. Recurso de revista de que não se conhece. (Suplemento de Jurisprudência LTr n. 46/2006, p. 362).

Irredutibilidade salarial. Efeitos

O salário, como se sabe, é irredutível (CF art. 7º, VI), salvo se for aprovado por acordo ou convenção coletiva de trabalho (CF art.7º, XIII).

A CLT contém vários dispositivos que são verdadeiras regras de proteção ao salário, sobretudo os relacionados com sua irredutibilidade.

De notar-se que além do salário básico há formas complementares dele, como abonos adicionais, comissões, gratificações, gorjetas, prêmios.

Pode haver, também, verbas pagas aos empregados como vantagens pessoais ou individuais com a intenção de que as mesmas não se incorporem à remuneração, e com esse estratagema excluí-las de reajustes salariais.

O entendimento é o de que tal atitude empresarial acaba por *tomar redutível o salário do empregado*, de forma unilateral, o que é vedado pelo princípio da irredutibilidade do salário insculpido no art. 7°, inciso VI da CF/88, conforme Ementa seguinte:

Salário irredutibilidade salarial. O salário nominal do empregado não pode ser reduzido, ainda que o total da remuneração seja mantido ou até mesmo majorado. Isto porque o procedimento patronal no sentido de pulverizar parcela salarial sob outras rubricas tem nítido escopo de fraudar direitos, pois no caso de reajuste salarial, por exemplo, este incide, via de regra, sobre o salário nominal e não sobre gratificações ou vantagens individuais, causando perda do poder econômico da remuneração. O desmembramento do salário implica em afronta ao princípio da irredutibilidade salarial insculpido no art. 7°, inciso VI, da CFR/88 e ao princípio da intangibilidade salarial preconizado no art. 468 da CLT. TRT 2ª Reg. RO 01223200407302005 — (Ac. 4ª T. 20071095980) - Rel. Paulo Augusto Camara. DOE/TRT 2ª Reg. 18.1.08, p. 405/6. (Suplemento de Jurisprudência LTr n. 10/2008, p. 80).

Jogo do bicho. A ilicitude está na atividade da reclamada e não no trabalho do reclamante

Interessante colocação sobre atividade ilícita (no caso, jogo do bicho) em face dos direitos trabalhistas do trabalhador, no tocante aos benefícios usufruídos pelo dono da atividade.

A Ementa que será publicada ao final, é precisa quando declara nulo o contrato de emprego, mas não o trabalho prestado, porque a ilicitude da atividade da reclamada não pode prejudicar aquele que trabalhou em favor do tomador de serviços.

Daí a conclusão correta de que se não se pode devolver ao trabalhador as forças despendidas nas atividades que executou, deve ele ser indenizado com o pagamento dos direitos que teria auferido, caso o negócio fosse lícito.

Jogo do bicho. A ilicitude está na atividade da reclamada e não no trabalho do reclamante. No caso de contrato de emprego, como há prestação de serviço, tenho entendido que a nulidade deve ser proclamada, mas seus efeitos serão sempre ex nunc, tendo em vista o que diz o art. 182 do Código Civil Brasileiro, ou seja, "anulado o negócio jurídico, restituir-se-ão as partes ao estado em que antes dele se achavam, e, não sendo possível restituí-las, serão indenizadas com o equivalente". A tese é antiga mas já evoluiu. Como não se pode devolver ao trabalhador as forças desprendidas nas atividades que executou, ele deve ser indenizado com o pagamento dos direitos trabalhistas que teria auferido caso o negócio do empreendedor fosse lícito. Esclareço: o que é ilícito é a atividade do bicheiro e não o trabalho do reclamante, que, à falta de outra oportunidade, teve, no desespero, que fazer aquele serviço para poder sobreviver. TRT 8ª Reg. RO/0111000-31.2009.5.08.0005 — (Ac. 2ª T.) — Rel. Des. Eliziário Bentes. DJe 23.4.10, p. 20. (Suplemento de Jurisprudência n. 25/2010, p. 195).

Liberdade que se transforma. Direito do empregado

A decisão cuja Ementa iremos divulgar trata da liberalidade do empregador no tocante ao pagamento de adicional de insalubridade.

Ocorreu que, após algum tempo passado, o empregador entendendo que o pagamento era meramente liberal, resolveu suprimi-lo, causando prejuízo econômico aos empregados que o recebiam.

A decisão da 3ª Turma do TST julgando o Recurso de Revisa dos empregados após dar provimento ao Agravo de Instrumento interposto (art. 3º da Resolução Administrativa n. 928/2003), entendeu que a vantagem concedida por liberalidade, tornou-se contratual, sendo ilícita sua supressão, a teor do disposto no art. 468, da CLT.

É a seguinte a Ementa dessa decisão:

Agravo de instrumento. Recurso de revista. Adicional de insalubridade. Pagamento por mera liberalidade do empregador. Supressão da parcela. Alteração ilícita do contrato de trabalho. Aparente violação do art. 468 da CLT, nos moldes do previsto nas alíneas c do art. 896 da CLT. Agravo de instrumento provido, nos termos do art. 3º da Resolução Administrativa n. 928/2003. Recurso de revista. Adicional de insalubridade. Pagamento por mera liberalidade do empregador. Supressão da parcela. Alteração ilícita do contrato de trabalho. O pagamento do adicional de insalubridade, de início por mera liberalidade, transmudou-se em vantagem contratual, de caráter permanente, ao abrigo do art. 468 da CLT, preceito afrontado quando ocorre a sua supressão. Recurso de revista conhecido e provido. TST-RR-27629/2002-900-04-00.9 — (Ac. 3ª T.) — Relª Min. Rosa Maria Weber Candiota da Rosa. DJe/TST n. 103/08, 30.10.08(Div.), p. 1.410. (Suplemento de Jurisprudência LTr n. 06/2009, p. 46).

Licença remunerada substitutiva de férias. Terço constitucional indevido

A teor do disposto no art. 133, II, da CLT, a concessão de licença remunerada, por mais de 30 dias, dentro do período aquisitivo das férias, acarreta ao empregado a perda do direito de gozá-las.

A regra tem por fundamento o fato de que a fruição da licença substitui as férias, por ter o mesmo objetivo.

Contudo, o entendimento do Colendo TST, ao examinar a matéria relacionada com a percepção do terço constitucional previsto no art. 7º, inciso XVII, da CF, não é devida em razão de não ter havido fruição de férias por parte do empregado.

A decisão respectiva esclareceu, no entanto, que esse fato, por si só, é suficiente para que não haja o pagamento do terço constitucional sobre as férias, deixando claro, também, que se o empregador, por sua vontade, colocar o empregado em licença remunerada para se eximir do aludido terço, haverá fraude que torna nulo o ato jurídico (art. 9º da CLT).

No caso examinado, que deu origem à decisão da SBDI-I, do TST, a licença foi concedida não por vontade do empregador, mas, sim, diante da necessidade de se instalar novo maquinário na empresa, acarretando a paralisação parcial dos serviços.

Segue a Ementa dessa decisão, para conhecimento dos leitores deste Suplemento:

Embargos. Recurso de revista. Férias. Terço constitucional. Licença remunerada. Indevido. O art. 133, inciso II, da CLT, determina expressamente que a concessão de licença remunerada, por mais de 30 (trinta) dias, no curso do período aquisitivo das férias, acarreta ao empregado a perda do direito de gozá-las. Embora essa regra tenha como fundamento o fato de que a fruição da licença alcança o objetivo das férias, não há, nesse caso, como se entender ser devido o abono de um terço previsto no art. 7º, inciso XVII, da CF, o qual está vinculado à sua fruição, já que não houve o efetivo gozo das férias por parte do empregado. Esse fato por si só é suficiente para elidir o direito ao recebimento do referido abono, uma vez que a regra é no sentido de que o acessório segue a sorte do principal. Se a lei estabelece que nessa hipótese não há direito a férias, a conseqüência é o afastamento de qualquer outro direito decorrente dessa garantia constitucional. Não se justifica, outrossim, a concessão do abono para se evitar que o empregador coloque o empregado em licença remunerada para eximir-se do pagamento do acréscimo contido no art. 7º, XVII, da Lei Maior, na medida em que, na hipótese *sub judice*, a licença foi concedida não por mero desejo do empregador, mas sim diante da necessidade de se instalar novo maquinário na empresa, o que acarretou a paralisação parcial dos serviços. Assim, não há como se entender possa o empregador estar a se beneficiar da licença remunerada, uma vez que certamente a alteração, ainda que parcial, no curso das atividades da empresa não o beneficiará, além de não estar a impedir, em relação ao empregado, o descanso a que faria jus em caso de fruição das férias e por período superior ao previsto na Constituição da República. Recurso de Embargos conhecido e provido para excluir da condenação o pagamento da parcela relativa ao terço constitucional de férias. TST-E-RR-664.866/2000.7 — (Ac. SBDI-1) — 4ª Reg. Red. Desig. Min. Rider Nogueira de Brito. DJU 2.6.06, p. 201/502. (Suplemento de Jurisprudência LTr n. 30/2006, p. 236).

Manicure. Arrendamento de cadeira em salão de beleza

O problema de relação de emprego é o que mais preocupa socialmente.

Há, no entanto, formas de trabalho e modos de contratação que podem definir situações jurídicas de relacionamento entre pessoas.

Uma delas é a do arrendamento de cadeira reservada aos trabalhos de manicure em forma de parceria, ou seja, mediante o pagamento de 50% (cinquenta por cento) do recebido pela manicure de seus clientes.

Essa situação jurídica é perfeitamente factível entre pessoas, no caso, arrendante e arrendatário.

Com tal providência restará não configurada a relação de emprego, geradora de direitos trabalhistas.

Veja-se Ementa da 10ª região a esse respeito.

Vínculo de emprego. Manicure. Arrendamento de cadeira em salão de beleza. Inexistência. Demonstrado que as partes firmaram contrato escrito de arrendamento de uma cadeira em salão de beleza, cujos resultados da exploração eram partilhados na proporção de 50% para cada, não se revelam presentes os requisitos inscritos nos arts. 2º e 3º da CLT, o que basta o reconhecimento do almejado liame empregatício. Relações dessa natureza se apresentam marcadas pela autonomia do prestador de serviços, de modo que os direitos e obrigações delas decorrentes se situam na órbita civil. Recurso provido. TRT 10ª Reg. RO-1342/2007-101-10-00.1 — (Ac. 1ª T./08) — Rel. Juiz João Luis Rocha Sampaio. Dje/TRT 10ª Reg. n. 93/08, 16.10.08(Div.), p.40. (Suplemento de Jurisprudência LTr n. 04/2009, p. 30/31).

Manicure/pedicure. Trabalho autônomo

Decisão da 9ª Região, no sentido de que o trabalho de manicure/pedicure para um Salão de Beleza era autônomo não pôde ser reexaminado pelo TST por ser matéria que envolve fatos, restando, pois, confirmada.

Os fundamentos da decisão do Regional foram com base no contrato de arrendamento celebrado entre a profissional autônoma e o Salão de Beleza, mediante o recebimento dela de 65% dos valores recebidos, ficando os restantes 35% por conta do arrendamento acordado.

Além desse fator determinante da autonomia, outros fatores ocorreram como a liberdade quanto ao tempo de trabalho bem como a inexistência de salário nem subordinação jurídica.

Eis a Ementa da decisão ora comentada:

Agravo de instrumento. Vínculo de emprego. Manicure/pedicure. Trabalho autônomo. Desprovimento. A v. decisão recorrida destacou que houve contrato de arrendamento com a profissional autônoma, a qual recebia 65% dos valores que o Salão de Beleza auferia das clientes, indicando a autonomia da autora, que dispunha livremente de seu tempo. Entendeu, portanto, não caracterizado salário nem subordinação jurídica. Diante de tais premissas fáticas, inviável a reforma da v. decisão recorrida, sem o reexame do fato e da prova controvertida, pois essa pretensão encontra óbice na Súmula n. 126 deste Tribunal Superior do Trabalho. TST-AIRR-8.877/2005-016-09-40.2 — (Ac. 6ªT.) — 9ª Reg. — Rel. Min. Aloysio Corrêa da Veiga. DJU 24.8.07, p. 1.290. (Suplemento de Jurisprudência LTr n. 40/2007, p. 319)

Manicure. Salão de beleza. Recebimento mensal pelo trabalhador correspondente a 65% do faturamento. Inexistência de vínculo de emprego

A decisão cuja ementa serve de guia para este breve comentário diz respeito à parceria de trabalho que elide a eventual relação de emprego entre o dono do salão de beleza e a manicure.

Nesse caso, o trabalho da profissional pela realização de seu serviço é pago no valor percentual de 65% do faturamento dessa prestação de trabalho, ficando os restantes 35% com o dono do salão.

A subordinação que caracteriza a relação de emprego não há ainda mais porque há a possibilidade da manicure trabalhar fora do salão ou para quem agendar seu serviço.

A Ementa a seguir transcrita dá-nos a demonstração de que o trabalho pode ser exercida de vários outras formas que não a da relação de emprego.

Manicure. Salão de beleza. Recebimento mensal pelo trabalhador correspondente a 65% do faturamento. Inexistência de vínculo empregatício. Constatando-se que a trabalhadora, para a realização do serviço de manicure no salão de beleza, recebia o elevado percentual de 65% do faturamento bruto obtido com os serviços prestados, bem como a ausência de subordinação à reclamada, caracterizando a autonomia da trabalhadora, que definia os dias que iria trabalhar para que se fizesse o agendamento dos clientes, não havendo obrigatoriedade de comparecimento no salão quando não houvesse clientes agendados, está inviabilizado o reconhecimento de relação de emprego entre as partes, já que, além da ausência de subordinação, a reclamada, arcando com os custos do empreendimento, não teria condições de suportar os encargos sociais e trabalhistas pelos serviços prestados pela trabalhadora, na medida em que seu lucro seria inferior ao ganho da empregada, fato que tornaria inviável o empreendimento, descaracterizando a hipótese prevista no art. 3º da CLT. Vínculo empregatício inexistente. TRT 15ª Reg. (Campinas/SP) Proc. 140700- 16.2009.5.15.0051 RO — (Ac. 41231/

10-PATR, 5ª C.) — Rel. *Lorival Ferreira dos Santos*. DEJT 22.7.10, p. 562. (Suplemento de Jurisprudência LTr n. 35/2010, p. 280).

Médico plantonista em hospital. Vínculo de emprego

Discute-se muito na Justiça do Trabalho a situação jurídica de médico plantonista que presta serviços em hospitais.

Normal tem sido a tentativa do empregador em atribuir aos seus plantonistas a configuração de trabalho autônomo, devido às suas especialidades e sua relativa independência no exercício de suas funções, com possibilidades de trocas com outros colegas.

No caso ora examinado verifica-se que o Hospital-reclamado foi considerado empregador do médico-reclamante, por ter prestado serviços sob a subordinação de que trata o art. 3º, da CLT, em razão inclusive de escala previamente elaborada, sendo irrelevante o fato de poder ele estabelecer trocas com outros plantonistas na prestação do trabalho.

Esta é a decisão do TRT/15ª Região sobre a matéria, conforme Ementa abaixo transcrita:

Vínculo de emprego. Médico plantonista em hospital. O labor do médico na atividade fim do hospital implica em atividade na qual estão presentes, costumeiramente, os pressupostos do art. 3º, da CLT. O caso vertente não se mostra diverso, conquanto o hospital, certamente, não interfira na forma como a prestação do serviço do médico é realizada, não interfira na conduta a ser adotada por seu empregado na relação com o paciente por ele atendido. Aliás, quanto maior a especialidade e o nível de escolaridade presente no exercício de uma determinada profissão, menos intervenção na forma como ela é exercida é possível para o empregador, fato que, por si só, não descaracteriza a subordinação, que decorre da própria organização da prestação desses serviços. É o hospital que determina, por exemplo, o horário em que o serviço será prestado, os pacientes que serão atendidos, o valor que será ou não deles cobrado. É o hospital que norteia o trabalho a ser realizado pelo empregado, surgindo daí a subordinação jurídica. A pessoalidade, por outro lado, não fica descaracterizada pela possibilidade de troca eventual de plantões pelos médicos do quadro, posto que aqueles médicos foram, todos, habilitados à prestação dos serviços deles esperados. Presentes, ainda, a não eventualidade, decorrente da inserção, durante longo período, do trabalhador em escalas previamente elaboradas e o pagamento das horas laboradas nos plantões, caracterizados se encontram todos os requisitos exigidos pelo art. 3º, da CLT, a determinar o reconhecimento do vínculo empregatício. TRT 15ª Reg. (Campinas/SP) RO 591-2006-066-15-00-9 — (Ac. 34588/09-PATR, 10ªC.) — Relª. *Maria Ines Correa de Cerqueira Cesar Targa*. DOE 5.6.09, p. 73. (Suplemento de Jurisprudência n. 36/2009, p. 287).

Multa do artigo 477/CLT. Depósito em conta corrente. Efeitos

A teor do que prescreve o § 6º do art. 477, da CLT, que trata da rescisão do contrato de trabalho, "o pagamento das parcelas constantes do instrumento de rescisão ou recibo de quitação deverá ser efetuada nos seguintes prazos:

a) até o primeiro dia útil imediato ao término do contrato, ou

b) até o décimo dia, contado da data da notificação da demissão quando da ausência do aviso prévio, indenização do mesmo ou dispensa de seu cumprimento".

A inobservância de tais prazos acarretará ao infrator uma multa equivalente ao salário do trabalhador além de 160 BTN, por trabalhador.

Há empresas que, por motivo de recusa em receber as verbas rescisórias, faz o depósito em conta corrente do empregado para desonerar-se de suas obrigações de ordem trabalhista.

Tal depósito, no entanto, não tem o condão de eximir o empregador de observar os prazos estabelecidos no § 6º do art. 477 da CLT, anteriormente transcrito.

É que "o acerto rescisório não se resume a pagamento de valores, mas representa a quitação da rescisão do contrato de trabalho, nos termos da lei (§ 1º do art. 477), que ganha ainda maior seriedade no caso de empregado com mais de um ano de serviço prestados, em virtude do direito que ele tem à assistência do sindicato ou do Ministério do Trabalho, devida à multa prevista no § 8º daquele dispositivo", conforme decisão do (TRT/3ª Região RO 00645-2004-007-03-00-2 — Ac. 1ª T., Rel. Juiz Marcus Moura Ferreira, DJMG de 22.10.2004 — p. 9). (Suplemento de Jurisprudência LTr n. 27/2004, p. 215).

Multa do art. 477 da CLT. Pagamento inferior ao devido. Cabimento

O art. 477, da CLT, como se sabe, trata do pagamento das verbas devidas em razão de rescisão do contrato de trabalho, estabelecendo multa para a quitação se não observados os prazos fixados no seu § 6º.

A decisão que ora trazemos a este ligeiro comentário, pertinente ao tema da quitação nas rescisões contratuais é bastante clara no sentido de que, se a aludida quitação não for a completa, ou seja, se o pagamento respectivo for menor que o devido pelas verbas rescisórias, caberá a imposição da multa do art. 477/CLT, ao fundamento de que o pagamento a menor não representa quitação das parcelas.

Para conhecimento dos leitores fazemos como sempre, a transcrição da Ementa da referida decisão:

Multa do art. 477 da CLT. A multa prevista no art. 477, § 8º, da CLT, decorre do atraso no pagamento das verbas rescisórias. Todavia, a interpretação de tais dispositivos não deve se limitar ao descumprimento pelo empregador do prazo estipulado para quitação dos haveres trabalhistas devendo ser aplicada também na hipótese de pagamento das parcelas ter sido efetuado a menor. Pagamento a menor não representa quitação das parcelas. TRT 17ª Reg. RO 01353.2005.002.17.00.0 — (Ac. 691/2008) — Rel. Juiz Sérgio Moreira de Oliveira. DOJT 7.2.08, p. 760. (Suplemento de Jurisprudência LTr n. 10/2008, p. 79).

Norma coletiva. Prevalência de acordo coletivo sobre reajustes salariais previstos em convenção coletiva

Importante decisão do Tribunal Superior do Trabalho, por sua 4ª Turma, enfoca a teoria do conglobamento ao analisar a aplicação do art. 620, da CLT, no sentido de que a norma coletiva há de ser mais benéfica a toda a categoria profissional e não a cada um de seus integrantes, de forma isolada.

A pretensão da reclamante, no caso em questão, era a de que havia cláusula sobre reajuste salarial mais benéfica ajustada em acordo coletivo (entre empresa e sindicato) do que cláusula no mesmo sentido ajustada em convenção coletiva.

O Tribunal Regional (juízo *a quo*) entendeu que as cláusulas previstas em acordo coletivo devem prevalecer sobre aquelas estipuladas em convenção coletiva (entre sindicatos das categorias econômica e profissional).

O colendo TST, assim não entendeu com fundamento na teoria do conglobamento, ou seja, da teoria que dá proeminência às cláusulas debatidas e ajustadas pelas categorias envolvidas e não às ajustadas entre sindicato e empresa, eis que na convenção coletiva há um todo debatido e concordado com concessões de vantagens alternativas, e não apenas sobre uma determinada reivindicação.

A decisão é bem precisa e merece ser reproduzida, como o faremos:

Reajustes salariais previstos em convenção coletiva. Não-prevalência sobre disposição de acordo coletivo. Teoria do conglobamento. Exegese do art. 620 da CLT. 1. O Regional entendeu que, nas questões atinentes a salário, as cláusulas previstas em acordo coletivo devem se sobrepor àquelas estipuladas em convenção coletiva, por força do art. 7º, VI, da CF. 2. A Reclamante sustenta que as previsões da convenção coletiva são mais favoráveis, devendo, portanto, prevalecer sobre o acordo coletivo. 3. O art. 620 da CLT fala em prevalência das "condições" estabelecidas em convenção coletiva quando mais favoráveis àquelas previstas em acordo coletivo. O uso do plural leva ineludivelmente à conclusão de que o legislador não se afastou da teoria do conglobamento, segundo a qual cada instrumento normativo deve ser considerado no seu todo, e não cláusula a cláusula isoladamente. 4. O fundamento racional da teoria (as "boas razões" de Norberto Bobbio para a positivação do Direito) está no fato de que as condições de trabalho estatuídas em instrumento normativo são objeto de negociação global, na qual determinada vantagem é concedida pela empresa ou sindicato patronal como compensação pela não-inclusão de outra, de tal forma que o conjunto das condições de trabalho e remuneração passa a ser aceitável por ambas as partes. 5. Pinçar isoladamente, de instrumentos normativos diversos, as cláusulas mais benéficas para o empregado ou reputar inválidas cláusulas flexibilizadoras de direitos concernentes a remuneração ou jornada (passíveis de flexibilização, na esteira do art. 7º, VI, XIII e XIV, da CF), olvidando que a cláusula vantajosa ou desvantajosa para o empregado somente é instituída em face de compensação com outras vantagens ou desvantagens, seria quebrar o equilíbrio negocial, desestimulando a concessão de vantagens alternativas, desconsideradas em face do que se consubstanciaria em superlativo protecionismo por parte do Estado — Juiz. 6. Exegese diversa dada ao art. 620 da CLT (como também ao art. 7º, VI, XIII, XIV e XXVI, da CF), com desconsideração da teoria do conglobamento, apenas contribuiria para o desestímulo à negociação coletiva, implicando substituição das soluções autônomas pelas heterônomas para os conflitos coletivos do trabalho, pela multiplicação dos dissídios coletivos e retorno ao paternalismo estatal, incompatível com o atual estágio de evolução das relações capital trabalho. 7. Logo, não prevalece o entendimento que encampa a adoção da norma mais favorável à Reclamante, e sim o que defende a aplicação da norma mais benéfica à categoria profissional no seu todo. Recurso de revista parcialmente conhecido e desprovido. TST-RR-1.127/2005-054-01-00.5 — (Ac. 4ª T.) — 1ª Reg. — Rel. Min. Ives Gandra Martins Filho. DJU 15.6.07, p. 855. (*in* Suplemento de Jurisprudência LTr, n. 28/2007, p. 222).

Orientadora educacional

Sabe-se que a característica da relação empregatícia é a subordinação de que trata o art. 3º da CLT.

No caso da Orientadora educacional, conforme exame apurado feito pela Justiça do Trabalho, não houve o vínculo de emprego em razão de suas atividades de "orientadora de telecurso" constante de projeto de educação firmado pela reclamada em parceria com o MEC, o SENAI e a Fundação Roberto Marinho.

O trabalho era com autonomia, fora do âmbito da relação de emprego porque sem subordinação hierárquica e com pagamento dos serviços mediante recibos.

A Ementa da decisão proferida no caso em foco é a que segue:

Prestação de serviços. Orientadora educacional. Ausência dos requisitos do art. 3º consolidado. Vínculo empregatício não configurado. A prestação de serviços na qual não existe subordinação, totalmente desvinculada da atividade-fim do empregador e a contraprestação é quitada por meio de recibos de pagamento de autônomo é incompatível com o art. 3º Consolidado, por ausência dos elementos configuradores da relação de emprego. As atividades de "orientadora de telecurso" em projeto de educação firmado pela reclamada em parceria com o SENAI, o MEC e a Fundação Roberto Marinho, sem os requisitos do art. 3º, não se afina com o vínculo de emprego. TRT 2ª Reg. RO 00190200744302000 — (Ac. 4ª T. 20090465177) — Rel. *Paulo Augusto Camara*. DOE 19.6.09, p. 520/1. (Suplemento de Jurisprudência LTr n. 37/2009, p. 295).

Periculosidade. Contrato intermitente

O art. 193, da CLT, que trata das atividades ou operações perigosas, explicita que são aquelas que por natureza ou métodos de trabalho, impliquem o contato permanente com inflamáveis ou explosivos em condições de risco acentuado.

A discussão que se trava, ainda na atualidade, diz respeito à interpretação do exato significado do contrato permanente, embora já exista a OJ n. 05, de SBDI-1/TST, reconhecendo que o contato intermitente, que é o que se dá de forma eventual, também é perigoso, gerando o direito ao adicional respectivo.

Há que se ver, no entanto, que o contato intermitente, ainda que acontecendo eventualmente, o que retira do conceito de permanente, sujeita o agente a condições de risco.

Trata-se de interpretação do judiciário à Lei que se analisada friamente, não geraria o direito ao adicional.

Não se pode deixar de constatar contudo, que cada caso deve ser examinado com a cautela necessária para se concluir do risco realmente existente, nas hipóteses em que o contato com inflamáveis e explosivos não ocorra com permanência.

Para ilustrar essa matéria, leia-se abaixo a seguinte decisão:

Adicional de periculosidade. Explosivo. Gás GLP. Contato intermitente. OJ n. 05 da SBDI1 do TST. 1. A jurisprudência remansosa do Tribunal Superior do Trabalho, interpretando extensivamente as disposições do art. 193 da CLT, considera que, não só o empregado exposto permanentemente, mas também aquele que, de forma intermitente, sujeita-se a condições de risco em contato com inflamáveis e/ou explosivos, faz jus ao adicional de periculosidade (OJ n. 05/SBDI1). Indevido o pagamento do referido adicional apenas nos casos em que o contato dá-se de forma eventual, esporádica, circunstância que, por si só, afasta o risco acentuado (OJ n. 280/SBDI1). 2. A permanência de empregado em área de risco (depósito de gás GLP), pelo menos duas vezes por turno de trabalho, despendendo em cada uma delas 1 min. 15 seg., não consubstancia contato eventual, ou seja, acidental, casual, fortuito, com agente perigoso. Em circunstâncias que tais, frações de segundo podem significar a diferença entre a vida e a eternidade. Cuida-se de contato intermitente, com risco potencial de dano efetivo ao empregado. Inteligência da Orientação Jurisprudencial n. 05 da SBDI1. TST-E-RR-716.007/2000.4 — (AC. SBDI1) — 3ª Reg. Rel. Min. João Oreste Dalazen. DJU 11.11.05, p. 914. (Suplemento de Jurisprudência LTr n. 52/ 2005, p. 114/115)

Professor de atividade esportiva em instituição de ensino regular. Enquadramento como empregada

Há divergência de entendimento da Jurisprudência a respeito do tema em foco.

Contudo, pelo que nos chega ao conhecimento agora, é que pode existir relação de emprego entre uma professora de atividade esportiva e a instituição de ensino que a contratou, mesmo que para ministrar aulas de natação em local fora da escola, e com outros detalhes para retirar dela o elemento subordinação. As aulas eram dadas no bojo da disciplina "educação física", matéria do currículo escolar.

Em primeiro lugar ficou evidenciado que o local do trabalho não é o que define a atividade do magistério, mas, sim, se ela é exercida num contexto mais amplo, no âmbito da escola, com o objetivo de orientar o aprendizado.

O importante, portanto, é o exercício da atividade reveladora de ensino para uma instituição escolar, com programação definida de aulas, ainda que fora do ambiente da instituição.

Nesse sentido é a decisão do Tribunal da 10ª Região, cuja Ementa divulgamos:

Ensino de atividade desportiva, ministrada em instituição de ensino regular. Enquadramento da parte obreira como professora. O magistério não é definido em função do local de seu exercício, mas em função da atividade (nobilíssima, aliás) que o marca: a orientação do aprendizado, seja ele onde e de que forma for. No caso em tela, extrai-se dos autos que a reclamante ministrava aulas de natação aos alunos do curso regular mantido pela reclamada (instituição de ensino infantil), isto no bojo da disciplina denominada "educação física". O fato de a disciplina ministrada pela autora requerer que tais aulas sejam efetuadas em ambiente externo (uma piscina própria para a prática e o aprendizado de natação) em nada lhe retira a condição de professora. Professor. Jornada disciplinada no art. 318, da CLT. Hipótese em que entre dois grupos de aulas há o intervalo intrajornada para refeição de uma hora. Ao fazer distinção entre aulas contínuas e aulas intercaladas, a norma consolidada estabelece uma jornada mais reduzida na primeira hipótese precisamente tendo em vista o desgaste físico e emocional que o professor sofre quando se submete à prestação ininterrupta de aulas. Logo, se entre dois grupos de aulas é estabelecido intervalo entre os turnos matutino e vespertino, quebra-se a continuidade que a norma elegeu como fato que desencadearia a limitação da jornada a quatro aulas. Neste caso, são devidas como extras apenas as aulas ministradas além da sexta aula diária. Precedente: RO 00115-2006-111-10-00-5, Ac. 3ª Turma, Juiz Relator: Paulo Henrique Blair, julgado em 29.11.06 e publicado em 2.2.07. TRT 10ª Reg. RO 00017-2007-006-10-00-5 — (Ac. 3ª T/2007) — Rel. Juiz Paulo Henrique Blair. DJU3 8.6.07, p. 29. (Suplemento de Jurisprudência LTr n. 28/2007, p. 224)

Relação conjugal entre a reclamante e acionista. Diretor da reclamada

O pretório trabalhista vez por outra enfrenta questão envolvendo pedido de reconhecimento de relação de emprego entre marido e mulher, ou vice-versa.

O caso de que nos ocupamos desta feita é de mulher-reclamante contra marido-acionista — Diretor com reivindicação de relação de emprego, a qual não restou caracterizada, principalmente por inexistir a subordinação jurídica entre ambos, nos termos estabelecidos no artigo 3º, da CLT, na medida em que na relação contratual não há esse tipo de subordinação.

Para bem ilustrarmos a questão em tela, transcrevemos, a seguir, a Ementa da decisão proferida:

Vínculo empregatício. Relação conjugal entre a reclamante e acionista. Diretor da reclamada. A relação de emprego caracteriza-se quando há prestação de serviços de forma subordinada, não eventual e remunerada, nos termos estabelecidos pelo art. 3º da CLT. O mais importante dentre estes requisitos é a subordinação jurídica, a qual está presente somente na relação de emprego, e constitui-se, portanto, em elemento indispensável na identificação do vínculo de emprego. Notadamente, o fato de a Reclamante ser casada em regime de comunhão universal de bens com Acionista-Diretor da empresa demandada, afasta o vínculo empregatício pretendido, na medida em que, na relação conjugal inexiste subordinação jurídica. Como sói concluir, as atividades eventualmente desenvolvidas pela Reclamante, certamente visavam o bem comum do casal, pois o acionista, diferentemente do trabalhador, responde pelos prejuízos da sociedade, de modo que, aos acionistas compete, em colaboração e em mesmo nível hierárquico, buscar o auferimento de lucros através do empreendimento societário. No contrato de trabalho, por sua vez, existe a subordinação do empregado que presta serviços em troca de um salário, independentemente dos riscos econômicos da empresa. Em face da relação exclusivamente conjugal havida entre a Reclamante e o Acionista-Diretor da empresa demandada, não há que se falar em subordinação jurídica, inexistindo vínculo empregatício. Recurso ordinário a que se nega provimento. TRT 9ª Reg. RO 18.525-2003-651-09-00-5 — (Ac. 1ª T. 12840/05) — Rel. Juiz Ubirajara Carlos Mendes. DJPR 27.5.05, p. 418. (Suplemento de Jurisprudência LTr n. 27/2005, p. 216)

Relação de trabalho x relação de consumo. Competência da Justiça do Trabalho

O problema criado pela doutrina e pela Jurisprudência ao conceituar a relação de trabalho e a de consumo, por vezes confundindo o que seja uma e o que seja a outra, a nosso ver foi solucionado satisfatoriamente no acórdão do qual nos ocuparemos neste número do Suplemento Trabalhista.

Nesse julgado, pondera seu Relator o Juiz Roberto Benatar, do TRT/23ª Região, que o exame do caso, se previsto na Norma Constitucional pela Emenda n. 45/04, não há como cogitar de relação de consumo, porque de trabalho será a relação.

A matéria, nesse processo, envolveu dono de obra, arquiteta e mestre-de-obras, visando indenização patrimonial, numa relação tipicamente de trabalho.

Esclarece, ainda, a ementa desse julgado que a relação de consumo tem definição em Norma Infraconstitucional, e, desse modo, não pode prevalecer sobre preceito de índole constitucional, como segue:

Competência da justiça do trabalho. Relação de trabalho x relação de consumo. A competência material, em nosso sistema de Direito, é extraída da natureza da relação jurídica mantida entre os litigantes, de que é exemplo o novel inciso I do art. 114 da Constituição Federal, que atribui a competência do Judiciário Trabalhista para julgamento de demandas decorrentes da relação de trabalho. *In casu*, entendeu o magistrado de origem que a relação jurídica não era de trabalho, mas de consumo, declinando da competência para julgar o feito em favor de uma das varas cíveis daquela jurisdição. *Ab initio*, cumpre observar que relação de trabalho pressupõe um contrato de atividade em que há prestação profissional e pessoal de serviços por pessoa física a outra pessoa física ou jurídica privada ou pública. Já a definição de relação de consumo nos é fornecida pela Lei n. 8.078/90, o Código de Defesa do Consumidor. Discordo do entendimento *a quo*, na medida em que a espécie dos autos se amolda à relação de trabalho normatizada pelos novéis incisos I e VI do art. 114 da CR/88, introduzidos pela Emenda Constitucional n. 45/04. Com efeito, tendo em mente o conceito jurídico esposado e a norma constitucional em apreço, é fácil perceber que, antes de mais nada, estamos diante de uma típica relação de trabalho, seja do ponto de vista do dono da obra, seja dos prestadores de serviços, tornando, assim, obsoleta qualquer discussão envolvente à relação de consumo. .No cenário atual, é perfeitamente cabível não só o ajuizamento de ação pela arquiteta e mestre-de-obras perante a justiça trabalhista, pretendendo, v.g., o pagamento do preço ajustado pela construção da obra, mas também pelo dono da obra, visando indenização patrimonial, a exemplo da espécie invocada, sempre que decorrentes da relação de trabalho. Ora, o texto constitucional é cristalino ao prescrever a competência desta justiça para processar e julgar feitos que contêm pedido de indenização por danos morais e patrimoniais advindos da relação de trabalho, sem restringir o manejo da ação ao prestador de serviço. Ademais, a definição do que é relação de consumo advém de norma infraconstitucional que de modo algum prevalece sobre preceito de índole constitucional. Assim, repiso, se o caso em apreço se subsume à relação de trabalho insculpida na inovação constitucional, despiciendo se torna cogitar de relação de consumo. TRT 23ª Reg. RO 01593.2006.031.23.00-8 — (Sessão 0009/2007) — Rel. Des. Roberto Benatar. DJE/TRT 23ª Reg. n. 202, 28.3.07, p. 29/30. (Suplemento de Jurisprudência LTr n. 17/2007, p. 131)

Representação comercial e vínculo de emprego

A decisão da 1ª Turma do TST sobre a matéria referenciada, dá-nos de modo bem didático, a diferença conceitual entre a figurado representante comercial e do empregado regido pela CLT.

O fundamento primordial dessa diferença é a de que tão-somente o cumprimento das obrigações atribuídas ao representante comercial pela Lei n. 4.886/65 que rege tal serviço com natureza autônoma não basta, por si só, para o reconhecimento do vínculo empregatício.

Claro que é indispensável a prova da subordinação quanto à forma e ao conteúdo dos serviços prestados.

Segue a Ementa:

Representação comercial x Vínculo de emprego. Subordinação. Essencialidade. A prestação de serviço autônomo de representação comercial tem sua regência estabelecida na Lei n. 4.886/65. O art. 28 da referida lei prevê a participação em reuniões e a dedicação à expansão do negócio como obrigações do profissional, na execução do contrato. O art. 27 do mesmo diploma legal estabelece a demarcação de áreas de representação. Sendo assim, elementos fáticos que meramente denotam a observância de tais determinações não podem ser confundidos com indícios do estado de subordinação jurídica a que se refere o art. 3º da CLT. Segundo a melhor doutrina, 'a importância da subordinação é tamanha na caracterização da relação de emprego, que já houve juristas, como o italiano Renato Corrado, que insistiram que não importava à conceituação do contrato empregatício o conteúdo mesmo da prestação de serviços, mas, sim, a forma pela qual tais serviços eram prestados, isto é, se o eram subordinadamente ou não. O marco distintivo formado pela subordinação, no contexto das inúmeras fórmulas jurídicas existentes para a contratação da prestação de trabalho, permite ao operador jurídico cotejar e discriminar, com êxito, inúmeras situações fático-jurídicas próximas. O cotejo das hipóteses excludentes (trabalho subordinado *versus* trabalho autônomo) abrange inúmeras situações recorrentes na prática material e judicial trabalhista(...). Em todos esses casos, a desconstituição do contrato civil formalmente existente entre as partes supõe a prova da subordinação jurídica, em detrimento do caráter autônomo aparente de que estaria se revestindo o vínculo' (Maurício Godinho Delgado). Portanto, se a prestação de serviços, em sua forma, revela tão-somente o cumprimento das obrigações atribuídas ao representante comercial pela Lei n. 4.886/65, sendo incontroverso o pagamento apenas de comissões, então é obviamente improcedente a pretensão de reconhecimento do vínculo de emprego e pagamento de consectários, sob as regras da CLT. Recurso de revista conhecido e provido". TST-RR-726.538/2001.3 — (Ac. 1ª T.) — 2ª Reg. — Rel. Min. Luiz Philippe Vieira de Mello Filho. DJU 16.5.08, p. 114/5. (Suplemento de Jurisprudência LTr n. 33/2008, p. 264

Rescisão do contrato de trabalho. Multa do artigo 477, § 8º, da CLT. Verbas pagas em valores inferiores

O artigo 477 e seus oito parágrafos versam sobre os direitos dos empregados com mais de 1 ano de serviço, no tocante ao pedido de demissão ou recibo de quitação do contrato de trabalho, os quais só serão válidos se feitos com a assistência do respectivo Sindicato ou perante autoridade do Ministério do Trabalho.

A rescisão, por ser ato jurídico dos mais relevantes para o distrato contratual da relação de emprego, deve, pois, obedecer aos ditames dos oito parágrafos do citado artigo 477, da CLT.

De todos eles, cabe-nos distinguir, desta feita, os §§ 6º e 8º do dispositivo em questão, os quais estabelecem os prazos para pagamento das parcelas constantes do instrumento de rescisão ou recibo de quitação, bem como a incidência de multa a favor do empregado, equivalente ao seu salário, salvo quando este der causa à demora.

Uma das questões que surgem salvo a aplicação do § 8º, do artigo 477/CLT, é a que se refere ao pagamento de verbas pagas, nos prazos do § 6º, porém, em valores menores que os devidos. A esse respeito as decisões dos Tribunais não são convergentes.

Para conhecimento dos leitores, transcrevemos, a seguir, decisão da 1ª Turma do TST que não vê nesse equívoco, sem, é claro, o intuito de prejudicar o empregado, nenhuma razão para aplicar os ônus do pagamento incorreto, a saber:

Recurso de revista. Multa do artigo 477, § 8º, da CLT. Rescisão a menor. Inaplicabilidade. Cuidando a reclamada de efetuar o pagamento das parcelas constantes do termo de rescisão do contrato de trabalho no prazo a que alude o § 6º do artigo 477 da CLT, não se há falar em aplicação da multa prevista no § 8º do mesmo dispositivo em face de pagamento a menor dos valores rescisórios, tendo em vista que o referido texto de lei não cogita sua incidência em tal hipótese. Recurso de revista a que se dá provimento. TST-RR-742.155/2001.9 — (Ac. 1ª T.) — 17ª Reg. — Rel. Juiz Convocado Guilherme Augusto Caputo Bastos. DJU 5.8.05, p. 847.

Salário. Impenhorabilidade

Dispõe o art. 649, do CPC, que "são absolutamente impenhoráveis:

Inciso IV — os vencimentos dos magistrados, dos professores e dos funcionários públicos, o saldo e *os salários*, salvo para pagamento de pensão alimentícia". (grifamos)

A relação deste e de outros bens, é, sem dúvida, de ordem pública, estando todos eles garantidos constitucionalmente contra a penhora nas execuções judiciais, inclusive, como é óbvio, nas da Justiça do Trabalho.

Há, contudo, a respeito dessa matéria, juízes e doutrinadores, com entendimento contrário, ou seja, de que se justifica a penhora de salários, com fundamento em que os créditos trabalhistas ostentam a mesma natureza.

Com o devido respeito, a norma de processo não é relativa, a não ser nos casos que ela própria excepciona. Sua imposição é cogente e absoluta; porquanto no caso dos salários mensais eles são de natureza alimentar no sentido estrito, e não no sentido mais elástico, que é o de outros créditos trabalhistas como férias, FGTS, aviso-prévio, etc.

Essa distinção necessária foi feita na decisão do TRT/3ª Região, cuja Ementa segue transcrita:

Agravo de petição. Execução. Penhora. Salário. A impenhorabilidade absoluta dos bens enumerados no art. 649 do CPC é norma de ordem pública, não subsistindo a penhora sobre valores que decorrem de remuneração, salário e pensão paga a qualquer título, pois provisão de subsistência do seu beneficiário. Há redondo equívoco nos fundamentos que ordinariamente têm sido adotados em primeiro grau para justificar penhora de salários e equiparados, qual seja aquele de que os créditos trabalhistas também ostentam a mesma natureza, e por isto haveria relativização da norma que proíbe a sua penhora. Isto é uma meia verdade, apenas, porque na quase totalidade das execuções trabalhistas (e este é o caso dos autos, onde o exequente, durante a relação havida com a executada, recebeu regularmente seus salários mensais, portanto os alimentos para sua manutenção), e são poucas as exceções, os créditos em execução não correspondem a salários ou alimentos em senso estrito, e sim, nas mais das vezes, aos variados valores agregados que a jurisprudência, e também a lei, foi criando ao longo dos anos em benefício do obreiro. Já os salários do executado, depositados em sua conta, estes sim ostentam nítida natureza de alimento para o presente, para a sua sobrevivência no presente e no futuro. TRT 3ª Reg. AP 01644-2004-020-03-00-5 — (Ac. 6ª T.) — Rel. Juiz Convocado João Bosco Pinto Lara. DJMG 24.5.07, p. 16. (Suplemento de Jurisprudência LTr n. 27/2007, p. 214).

Tempo despendido pelo empregado por meio de transporte não é computado na jornada de trabalho a não ser em uma única exceção

O dispositivo legal que trata da matéria referenciada é o artigo 58, em seu § 2º, da Consolidação das Leis do trabalho.

A exceção constante do mesmo dispositivo é o do transporte para local de difícil acesso ou não servido por transporte público.

Advirta-se, no entanto, que tais dispositivos são aplicados para direitos trabalhistas, especialmente no capítulo da duração do trabalho, e para fins de remuneração por horas consideradas extraordinárias.

Daí porque há que se valer do entendimento constante do julgado em questão trabalhista em que se reivindicou o pagamento de horas extras em razão de ampliação do itinerário residência/trabalho por determinação patrimonial, como segue:

Da ampliação do itinerário residência/trabalho decorrente do contrato de trabalho. Conseqüências jurídicas. A alteração do local da prestação de serviços insere-se no poder diretivo do empregador, salvo prova inequívoca de que a decisão teve por escopo causar prejuízo ao obreiro. A ampliação do percurso residência/local de trabalho não gera, assim, direito ao pagamento de horas extras, pois o tempo dispendido em locomoção não configura tempo à disposição do empregador. TRT 2ª Reg. RO 01426200244402007 — (Ac. 4ª T. 20050608562) — Rel. Juiz Paulo Augusto Câmara. DJSP 16.9.05, p. 74. (Suplemento de Jurisprudência LTr n. 51/2005, p. 401)

A advertência feita torna-se necessária porque considera-se acidente do trabalho, para os efeitos da Lei de Previdência Social (Lei n. 8.213/91, art. 21, IV, letras *a*, *b*, *c* e *d*), aqueles ocorridos fora do local e horário de trabalho, dos quais destacamos o que pode acontecer "no percurso da residência para o local de trabalho ou deste para aquela, qualquer que seja o meio de locomoção, inclusive veículo do segurado".

Voltando-se ao tema trabalhista, é preciso esclarecer que o tempo de serviço será computado por motivo de acidente do trabalho (art. 4º, parágrafo único, da CLT), sendo certo que não integram o salário de contribuição os benefícios da previdência social, como auxílio-doença e auxílio-acidente, eis que, em tais casos o segurado-empregado é considerado como licenciado (art. 8º do Decreto n. 3.048/99)

Por pertinente, faz-se necessário notar que o transporte destinado ao deslocamento para o trabalho e retorno, em percurso servido ou não por transporte público não á considerado salário.

Aparentemente haveria uma contradição entre o disposto no art. 58, § 2º e o art. 458, § 2º, item III, ambos da CLT.

Contudo, há que se observar que o transporte disciplinado no art. 58, § 2º, refere-se a jornada de trabalho, para efeito de pagamento de horas suplementares. Já o transporte disciplinado pelo art. 4º, parágrafo único da CLT pela Lei n. 8.213/91, art. 21, IV, diz respeito a acidente do trabalho em que o empregado é considerado licenciado e só recebe auxílio nos 15 primeiros dias, sem possibilidade de trabalho em horas normais ou extraordinárias.

Tomadora dos serviços

A questão relacionada com tomadores de serviços por empresas, dispensando-se empregados ou com eles partilhando os mesmos serviços, tem tudo a ver com as chamadas terceirizações.

A matéria ora trazida a lume tem conotação muito expressiva com a relação de emprego do tomador de serviço, deixando-se de lado a licitude ou não da terceirização.

É que no caso, a análise dos fatos demonstrou claramente a subordinação da empregada ao empreendimento em que se inseriu, como se pode constatar da decisão abaixo transcrita:

Vínculo de emprego com a tomadora dos serviços. Subordinação estrutural. Em estando o trabalhador inserido na rede da estrutura produtiva da empresa pós-industrial e flexível, não há mais necessidade de ordem direta do empregador, que passa a ordenar apenas a produção. Nesse ambiente pós-grande indústria, cabe ao trabalhador ali inserido habitualmente apenas "colaborar". A nova organização do trabalho pelo sistema da acumulação flexível, imprime uma espécie de cooperação competitiva entre os trabalhadores que prescinde do sistema de hierarquia clássica. Em certa medida, desloca-se a concorrência do campo do capital, pra introjetá-la no seio da esfera do trabalho, pois a própria equipe de trabalhadores se encarrega de cobrar, uns dos outros, o aumento da produtividade do grupo; processa-se uma espécie de sub-rogação horizontal do comando empregatício. A subordinação jurídica tradicional foi desenhada para a realidade da produção fordista e taylorista, fortemente hierarquizada e segmentada. Nela prevalecia o binômio ordem-subordinação. Já no sistema ohnista, de gestão flexível, prevalece o binômio colaboração-dependência, mais compatível com uma concepção estruturalista da subordinação. Nesta ordem de idéias, é irrelevante a discussão acerca da ilicitude ou não da terceirização, como também a respeito do disposto no art. 94, II, da Lei n. 9.472/97, já comentada acima, pois no contexto fático em que se examina o presente caso, ressume da prova a subordinação da reclamante-trabalhadora ao empreendimento de telecomunicações, empreendimento esse que tem como beneficiário final do excedente do trabalho humano a companhia telefônica, repete-se. TRT 3ª Reg. RO-776/2008-010-03-00.6 — (Ac. 1ª T.) — Rel. Juiz Convocado *Jose Eduardo de RC Junior.* DJe/TRT 3ª Reg. n. 206/09, 2.4.09, Div., p. 62. (Suplemento de Jurisprudência LTr n. 28/2009, p. 223)

Trabalho voluntário. Inexistência de vínculo de emprego

O trabalho capaz de gerar vínculo empregatício é aquele prestado sob a dependência do empregador, mediante salário (art. 3º, da CLT).

De tais requisitos se extraem a subordinação hierárquica e/ou jurídica e a onerosidade do contrato correspondente à relação de emprego.

Assim, o trabalho voluntário é o prestado à pessoa física ou jurídica, graciosamente, ou seja, sem nenhuma contraprestação econômica e, geralmente, tem um sentido de caridade.

Apesar de ter essa característica, por vezes, esse trabalho fica sujeito a um certo horário ou mesmo certas atribuições de solidariedade para com as pessoas que procuram as entidades respectivas, normalmente filantrópicas ou de benemerência pública.

Há casos em que esse tipo de trabalho é prestado por muitos anos e com determinadas atribuições de atendimento e até de certo horário para ser prestado.

Sobre essa matéria, interessante constatar que o TST, por sua SBDI-II, tratou dessa modalidade voluntária de trabalho, da seguinte forma:

Embargos. Vínculo empregatício. Trabalho voluntário. A onerosidade, como elemento do vínculo empregatício, desdobra-se em duas dimensões: a objetiva, dirigida à existência da contraprestação econômica, própria do caráter sinalagmático do contrato de trabalho, e a subjetiva, relativa à expectativa do trabalhador em ser retribuído pelos serviços prestados. 2. Na espécie, restou consignado no acórdão regional que o Reclamante, durante 22 (vinte e dois) anos, prestou serviços à Reclamada como assistente de educação física, em regra, nos fins de semana, sem jamais receber contraprestação pecuniária direta por isso — características próprias do trabalho voluntário. É inviável, pois, concluir pela existência de onerosidade e, via de consequência, pela ocorrência de contrato de trabalho. Embargos conhecidos e providos. TST-E-RR-767/1998-033-01-00.7 — (Ac. SBDI1) — 1ª Reg. — Relª Min. Maria Cristina Irigoyen Peduzzi. DJU 5.8.05, p. 731.

Transferência provisória. Equivalência à transferência definitiva

Há muitas questões envolvendo a transferência do empregado, conforme dispõe o art. 469 e parágrafos.

O conceito mais discutível é o da real necessidade de serviço (§ 2º do art. 469). Outro conceito também discutível é o da transferência, se definitiva ou provisória, para efeito de percepção do adicional respectivo.

A provisoriedade da transferência que é a geradora do adicional por vezes é medida em função do tempo da duração dela.

Esse item foi objeto de julgamento do TST, por sua 2ª Turma, invocando a Orientação Jurisprudencial n. 113 da SBDI-I, do mesmo Tribunal, conforme Ementa a ser transcrita:

Recurso de revista. Adicional de transferência. 1. Consoante o disposto na Orientação Jurisprudencial n. 113 da SBDI-1 do TST, o pressuposto legal apto a legitimar a percepção do mencionado adicional é a transferência provisória. Por outro lado, o entendimento desta Corte Superior, externado por seu órgão uniformizador de jurisprudência, a SBDI-1, segue no sentido de que a transferência apta a ensejar o pagamento do adicional respectivo é aquela promovida com animus de provisoriedade. *In casu*, a transferência operou-se por período superior a dois anos, que equivale à transferência definitiva. (Precedentes). Nesse contexto, deve ser excluído da condenação o pagamento do adicional de transferência e, ainda, por não remanescer, nos presentes autos, qualquer outra verba devida ao reclamante, julga-se prejudicada a análise do tema referente aos recolhimentos previdenciários e inverte-se o ônus da sucumbência quanto às custas processuais, dispensando-se, contudo, o autor do pagamento. 2. Recurso de revista conhecido e provido. TST-RR-19.097/2002-900-09-00.9 — (Ac. 7ª T.) — 9ª Reg. — Rel. Min. Guilherme Augusto Caputo Bastos. DJU 16.5.08, p. 342 (Suplemento de Jurisprudência LTr n. 34/2008, p. 272).

Transportador rodoviário autônomo. Inexistência de relação de emprego

A Lei n. 7.290, de 19.12.84, define a atividade do transportador rodoviário autônomo de bens, no seu artigo 1º, cuja redação é a que segue:

"Considera-se transportador rodoviário autônomo de bens a pessoa física proprietário ou co-proprietário de 1 (um) só veículo, sem vínculo empregatício, devidamente cadastrado em órgão competente, que, com seu veículo, contrate serviço de transporte a frete, de carga ou de passageiro, em caráter eventual ou continuado, com empresa de transporte rodoviário de bens, ou diretamente com os usuários desse serviço."

Tais serviços poderão ser efetuados pelo contratado ou seu preposto, em vias públicas ou rodovias.

Evidente que, se não há vínculo de emprego nessa modalidade de prestação de serviços, não haverá subordinação jurídica do transportador com a empresa que o contrata.

Essa a questão chave para a aplicação da Lei n. 7.290/84 a transportador de bens ou de passageiros mediante o pagamento de frete, não importando se a prestação de serviço seja eventual ou mesmo continuada.

Para ilustrar a aplicação desta Lei, segue a publicação da decisão do TRT, da 6ª Região, a saber:

Trabalho autônomo. Prestação de serviços integrados à atividade econômica da Empresa. Elemento distintivo inaplicável ao transportador rodoviário autônomo (Lei n. 7.290/84, artigo 1º). Relação jurídica de emprego. Inexistência de subordinação jurídica. Não caracterização. Tratando-se de prestação de serviços cuja caracterização como relação de emprego depende, exclusivamente, da subordinação jurídica (estado de sujeição hierárquica do prestador), a integração dos serviços à atividade econômica desenvolvida pela empresa (elemento distintivo adotado pelo juízo de primeiro grau) não é aplicável ao transportador rodoviário autônomo em razão do disposto no artigo 1º da Lei n. 7.290/84. Nesse caso, inexistindo a subordinação jurídica definidora da relação de emprego (como ocorreu no caso em análise), principalmente pelo fato de o prestador dos serviços custear as despesas de manutenção do veículo de sua propriedade, conclui-se pela infração do artigo 3º da Consolidação das Leis do Trabalho. Recurso ordinário acolhido. TRT 6ª Região RO 00058-2003-143-06-00-8 — Ac. 3ª T., 3.5.05. Rel. Juiz Nelson Soares Júnior. (*in* Revista LTr 69-07/885)

Tratamento discriminatório por parte da empresa com relação a situações idênticas

Dois empregados alcoólatras receberam da empresa (autarquia) para a qual prestaram serviços um tratamento diferenciado ou discriminatório.

Assim, enquanto um foi despedido por justa causa sob a hipótese de embriagues habitual, ao outro foi dada a oportunidade de tratamento.

Dessa forma, a solução diferenciada dada para situações idênticas pode configurar tratamento discriminatório, a teor do disposto no art. 5º, *caput*, e 7º, XCXX e XXXII da Constituição Federal, conforme decisão cuja ementa é a que segue:

Dispensa. Por justa causa. Embriaguez. Tratamento discriminatório. A conduta da autarquia, ao oferecer a um empregado vítima de alcoolismo oportunidade de tratamento, enquanto o reclamante, também alcoólatra, é dispensado por justa causa caracteriza-se como discriminatória, pois a reclamada em razão do mesmo fato tratou diferentemente dois funcionários, e, assim, a desigualdade de tratamento por parte da reclamada quanto a situações idênticas importou em vulneração, por seu cunho discriminatório, o art. 5º *caput* e 7º, XXX e XXXII da Constituição da República/88, todos invocados por analogia". (TRT 3ª Reg. RO 01745-2005-053-03-00-8 — (Ac. 3ª T.). Des. Maria Lucia Cardoso Magalhães. DJMG 3.3.07, p. 13). (Suplemento de Jurisprudência LTr n. 22/2007, p. 173)

Utilização de veículo próprio. Pagamento pelo uso. Natureza indenizatória

É muito comum a confusão que se faz na interpretação de verbo sob o título de ajuda de custo quanto à natureza jurídica desse pagamento, ou seja, se salarial ou indenizatória.

A 2ª Turma do TST, apreciando a questão relativa no pagamento do aluguel pelo uso de moto, entendeu que esse pagamento tinha por objeto fornecer ao trabalhador condições para o exercício de suas atividades, indenizando-o pelo desgaste do veículo.

Assim entendendo ficou julgado que não houve violação ao disposto no § 2º do art. 457/CLT, em razão da natureza indenizatória e não salarial do referido pagamento de aluguel.

Quanto às horas extras pedidas, negou procedência a mesma Turma, ao entendimento de que a Reclamante trabalhava externamente, sem controle por parte da empresa.

Segue a Ementa da decisão em foco:

Ajuda de custo. Utilização de veículo próprio. Conforme ficou registrado no acórdão regional, o pagamento do aluguel pelo uso da moto tinha por objetivo fornecer ao trabalhador condições para exercer suas atividades e indenizá-lo pelo desgaste do veículo. Logo, não se evidencia violação do art. 457, § 2º, da CLT, porquanto tal parcela possui natureza indenizatória, sendo paga ao empregado como ressarcimento pelas despesas decorrentes da utilização de seu próprio veículo (motocicleta), a serviço da empresa, constituindo espécie de "ajuda de custo", tal como previsto no citado dispositivo legal. Recurso não conhecido. *Horas extras. Trabalho externo.* Não caracterizada violação do art. 62, I, da CLT, na medida em que a ausência de anotação do serviço externo na CTPS não propicia, por si só, o deferimento de horas extras, porquanto deve prevalecer o princípio da primazia da realidade, sobretudo quando demonstrado nos autos que o Reclamante trabalhava externamente, sem controle de jornada, dispondo com liberdade do tempo efetivamente destinado à prestação dos serviços. Recurso não conhecido. TST-RR-1595/2004-036-12-00.7 (Ac. 2ª T.) — Rel. Min. José Simpliciano Fontes de F. Fernandes. DJe/TST n. 69/08, 12.9.08, p. 435. (Suplemento de Jurisprudência LTr n. 51/2008, p. 408).

Verbas rescisórias. Pagamento com cheque de outra praça

Um dos problemas que existem com ralação à quitação de verbas rescisórias, quando da homologação das mesmas perante o sindicato ou a Delegacia Regional do Trabalho, é o das datas do pagamento delas pelo empregador.

É o art. 477, nos §§ 6º, 7º e 8º, o que trata dessa obrigação patronal, estabelecendo os prazos e punindo aqueles que os contrariarem, de uma forma ou de outra.

Uma maneira de não se cumprir a lei e de cair na penalidade nela prevista é, por exemplo, fazer com que o empregado não possa dispor do dinheiro referente às verbas devidas em razão da rescisão de seu contrato de trabalho, imediatamente.

Um exemplo desse procedimento irregular é o pagamento com cheque de outra praça, de modo a dificultar o cumprimento dos prazos fixados no art. 477, da CLT.

A esse respeito, colhemos a seguinte decisão do Tribunal Superior do Trabalho:

Verbas rescisórias. Pagamento com cheque de outra praça. Demora da compensação. Multa do art. 477, § 8º, da CLT. Se empresa de grande porte, como a reclamada, paga as verbas rescisórias do empregado usando cheque nominal, cruzado, contudo de agência bancária localizada em outro Estado (o acerto foi em Gravataí-RS e o cheque da praça de São Paulo-SP), o que atrasa consideravelmente a percepção do numerário pelo trabalhador, face a necessidade de compensação, evidentemente que o seu procedimento atenta contra a disposição do art. 477, § 6º, da CLT, eis que manifesto o desrespeito à finalidade da lei quanto a disponibilização sem serodiedade dos valores da rescisão ao trabalhador. Assim sendo, é perfeitamente cabível a aplicação da multa do art. 477, § 8º, da CLT, diante da mora no recebimento das verbas rescisórias, por ação e responsabilidade exclusivas da empregadora. Recurso de Revista conhecido e provido. TST-RR-1.089/2002-231-04-00.4 — (Ac. 2ª T.) — 4ª Reg. Rel.Juiz Convocado Márcio Ribeiro do Valle. DJU 25.8.06, p. 1173. (Suplemento de Jurisprudência LTr 45/2006, p. 360)

RESPONSABILIDADE SUBSIDIÁRIA

Responsabilidade subsidiária/solidária da franqueadora. Impossibilidade

Da decisão do TRT/12ª Região, da qual vamos tratar, retira-se conceito da Franquia Empresarial, como sendo "o sistema pelo qual um franqueador cede ao franqueado o direito de uso de marca ou patente, associado ao direito de distribuição exclusiva ou semi-exclusiva de produtos ou serviços e, eventualmente, também ao direito de uso de tecnologia de implantação e administração de negócio ou sistema operacional desenvolvidos ou detidos pelo franqueador, mediante remuneração direta ou indireta, sem que, no entanto, fique caracterizado vínculo empregatício."

Realmente, nesse tipo de franquia, o franqueado não presta serviços ao franqueador eis que trabalha como autônomo, assumindo as obrigações em seu próprio nome, e contratando empregados sem nenhuma participação da franqueadora.

Além do mais, o "franchising" opera-se como típico contrato mercantil, na conformidade de lei específica, que é a de n. 8.955/94.

Daí porque impossível o vínculo de emprego e conseqüentemente a responsabilidade solidária ou subsidiária da franqueadora, não se podendo falar em grupo econômico entre estas duas empresas.

Para ilustrar esta exposição, transcrevemos abaixo a Ementa do acórdão respectivo:

Contrato de franquia. Responsabilização solidária e/ou subsidiária da franqueadora. Impossibilidade. No contrato de franquia, o franqueado não presta serviços ao franqueador, ele desenvolve as suas atividades de forma autônoma, assumindo obrigações em nome próprio com completa autonomia para praticar todos os atos de gestão e direção do seu empreendimento, além de contratar seus próprios empregados sem a ingerência da franqueadora. Assim, restando demonstrado que a relação entre as demandadas foi de caráter mercantil, caracterizada pela existência de contrato de "franchising" de que trata o art. 2º da Lei n. 8.955/94, não há falar em grupo econômico, e, por conseqüência em responsabilidade solidária da franqueadora, porquanto firmado por empresas distintas, com personalidades jurídicas próprias e diversidade de sócios. (TRT — 12ª Reg. RO-V-02380-2006-005-12-00-7 (Ac. 3ª T.) 06374/07. 6.3.07 — Relª Juíza Gisele Pereira Alexandrino — TRT/SC/DOE em 16.5.07) (Suplemento de Jurisprudência LTr n. 23/2007, p. 182/183).

SALÁRIO

Impenhorabilidade absoluta dos salários. Direito Processual Civil

A matéria ora focalizada vem recebendo entendimento no sentido de que a impenhorabilidade dos salários é relativa, ou seja, de que apenas parte deles seria impenhorável, tendo em vista, no caso da Justiça do Trabalho, que os empregados têm direito a participar deles como garantia de sua subsistência.

A impenhorabilidade absoluta dos salários e dos proventos da aposentadoria decorre de lei de direito processual civil aplicável ao processo do trabalho por ser abrangente e por somente comportar uma exceção, que é a do pagamento da pensão alimentícia se houver condenação judicial.

Sobre essa matéria destacamos a decisão cuja Ementa segue transcrita.

Impenhorabilidade. absoluta dos salários. Direito Processual Civil. O inciso IV do art. 649 do CPC classifica como absolutamente impenhoráveis, dentre outros créditos, os salários e proventos de aposentadoria. Tal disposição encontra-se em plena vigência em nosso ordenamento jurídico, não havendo possibilidade de penhorar-se tal verba, ainda que parcialmente, sob o argumento de que os débitos trabalhistas também revestem-se de natureza alimentar. A exceção prevista à impenhorabilidade absoluta para a prestação de alimentos, consoante § 2º do mesmo artigo, deve ser aplicada restritivamente, e, mesmo assim, com seu alcance limitado à execução daquelas sentenças onde há condenação ao pagamento da prestação alimentícia, nos termos do art. 1.694 e seguintes do novo CC, ou seja, cujo vínculo é o familiar. Aliás, a esse propósito, não obstante abalizadas opiniões em contrário, de se destacar que os direitos humanos relacionados ao vínculo familiar, atrelado ao indivíduo propriamente dito, em sua hierarquia precede o vínculo social e econômico, decorrente do trabalho, portanto, conforme a Declaração dos Direitos do Homem, daí porque não haver confronto de direitos de mesma hierarquia. Segurança concedida. TRT 15ª Reg. (Campinas/SP) MS 1205-2008-000-15-00-6 — (Ac. 26/09-PDI1, 1ªSDI) — Rel. Desig. Luciane Storel da Silva. DOE 16.1.09, p. 3. (Suplemento de Jurisprudência LTr n. 09/2009, p. 72).

SUCESSÃO

Arrendamento. Inexistência de transferência de organização produtiva. Efeitos

Decisão recente do Egrégio Tribunal Regional do Trabalho, da 15ª Região, disciplina uma questão de sucessão para fins trabalhistas, com enfoque em arrendamento de terra, muito utilizado nos meios rurais.

A decisão em foco deixa claro que a sucessão supõe a substituição de sujeitos de uma relação jurídica, na forma do disposto nos arts. 10 e 448 da CLT, de modo a que a transferência do acervo, como organização produtiva impõe que o novo empregador responda pelos contratos de trabalho em razão da exploração da atividade econômica desenvolvida pelo antigo, a quem sucede.

Ficou decidido que "o fato objetivo é a continuidade da exploração do empreendimento, tanto que o próprio arrendamento pode caracterizar uma sucessão.

Entretanto, se o contrato de arrendamento não acarretou a transferência da organização produtiva, não há que suportar a arrendatária as despesas resultantes de exploração anterior do negócio". (TRT 15ª Região — Ac. 2137/07-PATR-5ªC — Relator Juiz Lorival Pereira dos Santos — DJSP 12.1.07, p. 70)

A divulgação dessa decisão encontra-se no Suplemento de Jurisprudência LTr n. 12/2007, à p. 96, e nos dá a compreender um ponto fundamental da sucessão trabalhista, em casos como o presente, específico para arrendamento de terras na zona rural.

Sucessão.Arrendamento. Inexistência de transferência da organização produtiva. Há de se destacar que, no Direito do Trabalho, a sucessão supõe a substituição de sujeitos de uma relação jurídica, de modo que a transferência do acervo, como organização produtiva, impõe que o novo empregador responda pelos contratos de trabalho concluídos pelo antigo, a quem sucede. Portanto, o fato objetivo é a continuidade da exploração do empreendimento, tanto que o próprio arrendamento pode caracterizar uma sucessão. Entretanto, se o contrato de arrendamento não acarretou a transferência da organização produtiva, não há que suportar a arrendatária as despesas resultantes da exploração anterior do negócio. Agravo de petição não-provido. TRT 15ª Reg. (Campinas/SP) AP 01054-2000-063-15-00-1 — (Ac. 2137/07-PATR, 5ª C.) — Rel. Juiz Lorival Ferreira dos Santos. DJSP 12.1.07, p. 70.

Empregado falecido. Liberação de verbas rescisórias

Nos casos de falecimento de empregados surgiu a dúvida sobre os destinatários do pagamento das verbas rescisórias devidas ao falecido.

Pensou-se que o correto seria adotar-se a ordem especial de vocação rescisória.

Contudo, diante da existência de lei especial sobre a matéria, o correto será a aplicação da Lei n. 6.858/80, declarando que as verbas rescisórias e a conta vinculada do FGTS devem ser liberados aos dependentes habilitados perante a Previdência Social.

Essa é a decisão do TRT/12ª Região cuja ementa segue transcrita;

Empregado falecido. Liberação das verbas rescisórias e do saldo da conta vinculada do FGTS. Confronto entre o art. 1º da Lei n. 6.858/1980 e o art. 1.829 do CC. Prevalência da regra específica sobre a geral. Em caso de falecimento do empregado, as verbas rescisórias e o saldo da conta vinculada do FGTS do *de cujus* devem ser liberados aos dependentes habilitados perante a Previdência Social, consoante o art. 1º da Lei n. 6.858/1980. Inaplicável a sucessão legítima regulada pelo art. 1.829 do CC porque aquela lei estabeleceu ordem especial de vocação sucessória e porque no confronto entre a lei geral e a específica deve prevalecer esta última. TRT 12ª Reg. RO 04050-2008-028-12-00-1 — (Ac. 2ª T. 25.3.09) — Relª. Juíza *Teresa Regina Cotosky*. Disp. TRT-SC/DOE 4.6.09. Data de Publ. 5.6.09. (Suplemento de Jurisprudência LTr n. 36/2009, p. 288).

Sucessão trabalhista de cartório extrajudicial. Mudança de titularidade. Decisões divergentes

Os cartórios extrajudiciais auferem renda proveniente da exploração de suas atividades, contratam e remuneram seus auxiliares, todos denominados cartorários.

Com tais características são equiparados ao empregador comum, nos direitos e obrigações, inclusive na sucessão trabalhista em que o Tabelião sucessor fica responsável pelos direitos trabalhistas dos contratos vigentes ou dos extintos.

Nesse sentido julgou a 4ª Turma do TST, conforme Ementa a seguir transcrita:

Recurso de revista. Sucessão trabalhista. Mudança de titularidade de cartório de registro. I. A sucessão trabalhista opera-se sempre que a pessoa do empregador é substituída na exploração do negócio, com transferência de bens e sem ruptura na continuidade da atividade empresarial. Nessa hipótese, o sucessor é responsável pelos direitos trabalhistas oriundos das relações lavorais vigentes à época do repasse, bem como pelos débitos de igual natureza decorrentes de contratos já rescindidos. Com efeito, a mudança na propriedade do estabelecimento não afeta os direitos dos respectivos trabalhadores, à luz dos arts. 10 e 448 da CLT. II — Como é cediço, o cartório extrajudicial não possui personalidade jurídico própria, seu titular é o responsável pela contratação, remuneração e direção da prestação dos serviços, equiparando-se ao empregador comum, sobretudo porque aufere renda proveniente da exploração das atividades cartorárias. Assim, a alteração da titularidade do serviço notarial, com a correspondente transferência da unidade econômico-jurídica que integra o estabelecimento, além da continuidade prestação dos serviços, caracteriza a sucessão de empregadores. Destarte, a teor dos arts. 10 e 448 da CLT, o Tabelião sucessor é responsável pelos créditos trabalhistas relativos tanto aos contratos laborais vigentes quanto aos já extintos. III — Recurso a que se nega provimento. TST-RR-504/2005-244-01-00.8 — (Ac. 4ª T.) — 1ª Reg. — Rel. Min. Antônio José de Barros Levenhagen DJU 21.9.07, p. 1.274.

Tratando-se, no entanto, de situação em que o novo titular dos serviços notariais é nomeado por concurso público, a questão jurídica deve ser tratada sob outro enfoque.

Nesse caso, entende-se que não se mostra razoável admitir que o novo titular concursado seja obrigado a saldar dívidas trabalhistas não contraídas e não assumidas.

Daí concluir-se que a sucessão dos empregadores prevista nos arts. 10 e 448 da CLT não decorre da simples alteração da titularidade de cartórios públicos mas depende, isso sim, da relação estabelecida entre o novo titular e os empregadores remanescentes.

Segue a transcrição da Ementa desta decisão da 1ª Turma do TST, a saber:

Sucessão trabalhista. Titular de cartório. Contrato de emprego extinto. Ausência de prestação de serviços. Os contratos de trabalho executados em favor da serventia extrajudicial são firmados diretamente com a pessoa do titular do cartório. Executada a continuidade do labor em prol do novo titular, cumpre a cada titular de cartório responsabilizar-se pelas obrigações derivantes das respectivas rescisão de contrato de trabalho. Incontroversa a ausência de prestação de serviços ao novo titular do cartório, provido mediante aprovação em concurso público, não se caracteriza sucessão trabalhista, sob pena de a assunção do passivo trabalhista contraído do antigo titular constituir imenso desestímulo à participação no certame. TST RR-547/2004-015-10-00 — DJ — 9.6.06 — 1ª Turma Rel. Min. João Oreste Dalazen. (Suplemento de Jurisprudência LTr n. 35/2006, p. 280).

Como se vê a matéria aqui tratada comportou decisões diferentes por constituírem situações jurídicas diferentes nem sempre notadas pelos que pesquisam jurisprudência.

Sucessão trabalhista. Mera substituição de prestadores de serviços. Não caracterização

Interessante decisão foi proferida pelo TRT/17ª Região, com voto do Des. Carlos Henrique Bezerra Leite, sobre a não configuração da sucessão trabalhista quando se tratar de mera substituição de prestadores de serviços em virtude de processos licitatórios para contratação de serviços de terceiros.

É que a substituição de prestadores de serviços mediante procedimento licitatório regular, sem vícios, não configura sucessão de empresas, eis que tais empresas no vencimento dos respectivos contratos são reiteradamente substituídas uma palas outras.

A Ementa a seguir transcrita esclarece bem a hipótese:

Sucessão trabalhista. Mera substituição de prestadores de serviços. Não caracterização. Inexistência de liame jurídico entre as empresas demandadas. A sucessão trabalhista, como é corrente na doutrina e jurisprudência, ocorre quando há transferência de uma unidade econômico-produtiva das mãos de um para outro titular, entendendo-se como unidade econômico-produtiva os meios necessários e imprescindíveis para a geração de bens e serviços, quais sejam: as instalações, a localização da empresa, o mesmo ramo de atividades, os mesmos utensílios, a clientela e a mão de obra. De outro lado, o art. 448 da CLT preceitua que a mudança na propriedade ou na estrutura jurídica da empresa não afetará os contratos de trabalho dos respectivos empregados. O art. 10 do mesmo diploma legal estatui que qualquer alteração na estrutura jurídica da empresa não afetará os direitos adquiridos por seus empregados. Todavia, a substituição de prestadores de serviços, mediante procedimento licitatório regular, sem comprovação de vícios, longe de resultar em sucessão de empresas, constitui-se apenas em ato lícito. Com efeito, é público e notório que as prestadoras de serviço, no vencimento dos respectivos contratos de prestação de serviços, são reiteradamente substituídas, umas pelas outras, em razão do novo certame licitatório, de modo que o eventual aproveitamento dos trabalhadores que já laboravam no posto de trabalho, não implica, por si só, sucessão de empresas. Assim, deve ser prestigiado o princípio da segurança jurídica das relações de direito privado, sob pena de se desestimular a participação de milhares de empresas nos processos licitatórios para contratação de serviços terceirizados por órgãos e entidades da Administração Pública. Sucessão empresarial não configurada, porquanto ausente qualquer liame jurídico entre as demandadas. TRT 17ª Reg. RO 0084400-62.2007.5.17.0014 — (Ac. 119/2010) — Rel. Des. Carlos Henrique Bezerra Leite. DJe/TRT 17ª Reg. 15.1.10, p. 12. (Suplemento de Jurisprudência LTr n. 13/2010, p. 104).

Sucessão trabalhista. Transferência apenas dos ativos positivos ao sucessor. Fraude

Dois pontos relevantes podem ser detectados na decisão do TRT/10ª Região, cuja ementa será transcrita a final.

O primeiro ponto é o de que se uma empresa transferir a outra seu ativo positivo ficando sem condições financeiras para arcar com os ônus trabalhistas de seus empregados, haverá fraude na transação operada por sucessão ilícita em razão dos prejuízos causados aos empregados da sucedida.

O outro ponto relevante é o de que haverá responsabilidade subsidiária da empresa sucedida por força do que dispõem os arts. 10 e 448 da CLT, que tratam da sucessão trabalhista se operada de forma lícita.

A ilicitude demonstrada pela fraude reveladora de má-fé na alienação apenas do ativo positivo, leva a conclusão do acórdão ementado nos seguintes termos:

Sucessão trabalhista. Ocorrência. Fraude à legislação laboral. Transferência apenas dos ativos positivos ao sucessor. Permanência dos ativos negativos com o sucedido que fica sem saúde financeira para arcar com créditos dos empregados dispensados antes da alienação — Independentemente da continuidade na prestação de serviços para a empresa sucessora, resta configurada a sucessão trabalhista naqueles casos em que a experiência tem demonstrado que algumas empresas dispensam todos os empregados e, logo em seguida, transferem o negócio para novo titular, com o fim de alienar apenas os ativos positivos da empresa sucedida para a empresa sucessora, deixando, porém, os ativos negativos a cargo da empresa sucedida, a qual fica sem condições financeiras para arcar com os pagamentos devidos aos empregados dispensados, como se dá no presente caso. *Sucessão trabalhista. Má-fé na alienação do negócio com o fim de burlar a legislação do trabalho. Responsabilidade solidária do sucedido* — Extrai-se do texto genérico e impreciso dos arts. 10 e 448 da CLT a possibilidade de responsabilização subsidiária da empresa sucedida, desde que esta integre o pólo passivo de eventual reclamação trabalhista (litisconsórcio), quando verificado que a sucessão deu-se com finalidade de fraudar os direitos trabalhistas dos obreiros, ou ainda nos casos em que, embora não configurada a má-fé, a empresa sucessora não possua saúde financeira para arcar com os créditos trabalhistas dos pactos laborais anteriormente mantidos com a sucedida. No caso, configurado o intuito fraudatório dos créditos na sucessão de empregadores havida entre os Reclamados, com base na interpretação dos artigos citados, reconheço a responsabilidade subsidiária do Grupo (sucedido) pelo pagamento dos créditos laborais reconhecidos. (Suplemento de Jurisprudência LTr n. 25/2008, p. 198).

Terceirização

Acidente de trabalho ocorrido na sede do tomador de serviços. Consequência

Ocorrendo acidente de trabalho em sede do tomador de serviços, graças à terceirização, o correto é ficarem no pólo passivo da demanda tanto o tomador de serviços quanto à empresa que os terceirizou.

A jurisprudência é no sentido de que não é legitimo apenas a tomadora de serviços figurar no pólo passivo, eis que a responsabilidade civil pelos danos causados em razão do acidente é de ambas as empresas, devido à solidariedade existente entre as duas.

A matéria em foco está tratada na decisão cuja ementa segue transcrita:

Acidente do trabalho. Terceirização. Sinistro ocorrido na sede do tomador dos serviços. Ilegitimidade deste para figurar de forma única, isolada ou exclusiva no polo passivo da presente ação. Independente de a reparação pretendida ser civil, a relação de fundo é a de emprego e, mais especificamente, é a existente entre o trabalhador (a autora), seu empregador (empresa que não figura no polo passivo) e o tomador dos serviços (o réu), as chamadas terceirizações. Aliás, até o presente momento a jurisprudência e a legislação trabalhista brasileira não reconheceram a responsabilidade do tomador de serviços de forma isolada, mas sempre dependente da condição de responsável do empregador, como exemplo, tem-se a hipótese prevista na Súmula n. 331, IV, do TST, a qual pode ser aplicada analogicamente a este caso. Desta forma, não podendo o tomador de serviços ser responsabilizado de forma isolada por eventual acidente de trabalho ocorrido com empregado de empresa terceirizada, não há como reconhecer a sua legitimidade para figurar sozinho no polo passivo da presente ação, até porque, tal reconhecimento dependeria de expressa previsão legal ou de estipulação entre as partes, o que não é o caso dos autos. TRT 12ª Reg. RO 03212-2005-039-12-00-5 — (Ac. 2ª T., 15.12.08) — Red. Desig. Juíza Sandra Marcia Wambier. TRT-SC/DOE 13.1.09. Data de Publ. 14.1.09. (Suplemento de Jurisprudência LTr n. 09/2009, p. 65).

Contratos de facção e de terceirização. Distinção para efeito de responsabilidade

Contrato de facção é o que tem por objetivo a entrega de produtos prontos e acabados elaborados pela empresa faccionista, por seus empregados.

A empresa que adquire referidos produtos não pode ter nenhuma responsabilidade sobre os empregados da produtora, em princípio, eis que esses empregados nada têm a ver com a empresa compradora.

No tocante à terceirização a empresa tomadora assume a responsabilidade subsidiária da empresa terceirizante em razão do envolvimento dos empregados de uma, com relação a outra.

A decisão sobre este assunto cuja Ementa vai a seguir transcrita faz uma distinção entre contratos de facção e de terceirização, certamente de conformidade com a prova produzida no processo correspondente. Assim, a distinção poderá deixar de existir se os dois contratos forem celebrados com o mesmo sentido, ou seja, de trabalho de terceiros sob as ordens e para benefício do tomador.

Segue a Ementa:

Contratos de facção e de prestação de serviços. Peculiaridades. Distinções. Responsabilidade subsidiária. O contrato de facção tem por finalidade a entrega de produtos prontos e acabados, elaborados no âmbito da empresa faccionista, por empregados desta, sem nenhuma ingerência da contratante. Por outro lado, o contrato de terceirização visa à realização de trabalhos envolvendo empresas tomadora e prestadora de serviços, em cuja situação os empregados desta fi cam à disposição daquela, com vistas ao desempenho das atividades contratadas. A terceirização acarreta a responsabilidade do tomador dos serviços pelas obrigações do empregador terceirizado. Contudo, na hipótese de ocorrência de contrato de facção, é inaplicável o entendimento expresso no item IV da Súmula n. 331 do TST. TRT 12ª Reg.RO 01788-2008-011-12-00-5. (Ac. 3ª T. 12.8.09) — Rel. Juiz Irno Ilmar Resener. Disp. TRT-SC/DOE 16.10.09. Data de Publ. 19.10.09. (Suplemento de Jurisprudência n. 50/2009, p. 394).

Terceirização. Não é sinônimo de precarização dos direitos trabalhistas

Decisão do TRT da 9ª Região, com sede no Estado do Paraná reflete o que se deve entender por terceirização lícita e, ao revés, quando é ilícita.

De forma didática, ensina o que é uma e o que é outra, eis que, em última análise, "a terceirização não pode ser vista pelas empresas tomadoras como um salvo-conduto para lesar os empregados das empresas prestadoras de serviço, quando muito se deve encarada como um fator de flexibilização da atividade empresarial ou público, conforme o caso".

Nada mais correta a decisão que deve ser analisada como um conselho do Judiciário às empresas que têm se atirado de corpo e alma na terceirização dos serviços de sua atividade econômica.

Exatamente. Há que se ter cuidados especiais na contratação de empresas interpostas para a prestação de serviços inerentes à atividade-meio do tomador, sobretudo obrigando-se a fiscalizar as obrigações trabalhista, previdenciária e tributária dos empregados da prestadora de serviços, a fim de não ter que responder por elas em caso de haver inadimplemento desta em relação aos seus empregados.

Segue a Ementa respectiva:

"Terceirização de serviços não é sinônimo de precarização dos direitos trabalhistas. Ao contratar empresa interposta para a prestação de serviços que se consubstanciam na atividade-meio do tomador, obriga-se este a fiscalizar a execução do trabalho e o cumprimento das obrigações trabalhistas e previdenciárias pela empresa prestadora de serviços, uma vez que poderá vir a ser responsabilizado pelo inadimplemento das verbas trabalhistas, rescisórias e-ou indenizatórias devidas ao empregado pela sua real empregadora. A terceirização não pode ser vista pelas empresas tomadoras como um salvo-conduto para lesar os empregados das empresas prestadoras de serviços; quando muito, deve ser encarada como um fator de flexibilização da atividade empresarial ou pública, conforme o caso. O Direito Constitucional, o Direito do Trabalho e a Justiça do Trabalho não toleram a terceirização irresponsável, sinônimo de precarização injusta dos direitos dos trabalhadores, pois importaria em tergiversar os princípios e as normas constitucionais e legais que regem a matéria, e que visam, em última análise, preservar a dignidade da pessoa humana, os valores sociais do trabalho, a valorização do trabalho humano, assegurando a todos uma existência digna. O primado do trabalho constitui base da ordem social, imprescindível para a consecução do bem-estar e justiça sociais. Aplicação dos arts. 1º, III e IV, 37, o 6º, 170 e 193, da Constituição Federal; do art. 186 do Código Civil e da Súmula n. 331, IV, do C. TST. Recurso da parte ré ao qual se nega provimento". TRT 9ª Reg. RO 00707-2007-664-09-00-0 — (Ac. 1ª T. 01167/08) — Rel. Edmilson Antonio de Lima. DJPR 18.1.08, p. 835. (Suplemento de Jurisprudência LTr n. 14/08, p. 112).

Terceirização de atividade-fim. Instituição de ensino

A terceirização, se bem utilizada, é uma solução que visa a conciliar interesses de empresários e trabalhadores, pela melhor qualidade, maior produtividade e redução de custos.

Por isso, não deve ser batizada como medida nefasta aos interesses dos trabalhadores, nem como medida dirigida tão somente aos lucros das empresas.

O Direito do trabalho em sua visão clássica foi construído a partir da relação típica de emprego, com as características definidas na CLT, como trabalho assalariado, vínculo contratualista, pessoalidade e subordinação.

Passou-se, depois, à sua flexibilização, como medida de proposição de novos mecanismos destinados a torná-lo compatível com as mutações decorrentes da globalização econômica.

A terceirização ocorre quando há contratação por determinadas empresas, de serviços de terceiros, para suas atividades-meio, ou ainda, ele ocorre quando uma empresa (tomadora de serviço) contrata uma empresa prestadora de serviço para execução de tarefas que não são seu objetivo principal, considerado objetivo configurador de atividade-fim.

Essa a distinção clássica entre empresa tomadora de serviço e empresa prestadora.

Contudo, há quem entenda que o importante é que haja um processo de horizontalização da atividade econômica, em que haja uma transferência da empresa maior de uma parte de suas funções para empresas menores.

Para o Direito do Trabalho, o que importa é a lisura das contratações sendo ilícitas aquelas que visem a prejudicar direitos dos trabalhadores terceirizados.

No caso que serve à matéria desta exposição, verifica-se que uma instituição de ensino tem que possuir professores próprios não podendo contratar com cooperativas ou sociedades constituídas pelos professores, como a Ementa a seguir transcrita;

Vínculo de emprego. Instituição de ensino. Terceirização de atividade-fim. Reconhecimento. A intermediação exercida pela cooperativa e pela sociedade constituída pelos professores, inclusive o Reclamante, em atividade de ensino, que é a da Reclamada, mostra-se irregular. Daí o reconhecimento do vínculo de emprego com a tomadora, nos termos da Súmula n. 331, I/ TST. TRT 18ª Reg. RO 00595-2007-241-18-00-1 — (Ac. 1ª T.) — Rel. Juiz Marcelo Nogueira Pedra. DJE/TRT 18ª Reg. ano I, n. 204, 6.12.07, p. 9. (Suplemento de Jurisprudência n. 09/2008, p. 71).

Terceirização lícita. Responsabilidade subsidiária

As terceirizações fraudulentas ou ilícitas são as que causam a responsabilidade total pelas empresas terceirizadas por serem as reais tomadoras de serviços dos que trabalham para empresas terceirizantes.

No caso trazido neste artigo a terceirização foi considerada lícita e, assim como muitos entendem não haveria responsabilidade trabalhista por parte da empresa que terceirizou serviços que poderiam ser apenas seus.

Contudo, a novidade da decisão a ser transcrita, do TRT/15ª Região, é que foi considerada responsável subsidiariamente, e não solidariamente, a empresa terceirizante em razão de ter o trabalho desenvolvido pelos empregados beneficiado as duas empresas.

Responsabilidade subsidiária. Terceirização lícita. Possibilidade. O objetivo social da Primeira Reclamada é a prestação de serviços, dentre outros, de execução de quaisquer obras e serviços de telecomunicações. E nesta qualidade foi contratada pela Segunda Reclamada, ora recorrente, para prestação de serviços/obras de construção, melhoria e manutenção na rede telefônica em geral (fl. 268). Assim, não obstante autorizada por Lei (n. 9.472/97) a terceirização deste tipo de serviços, não há como deixar de reconhecer que a Segunda Reclamada, além de ser beneficiada com a prestação de serviços, em seu proveito empreendida por empregados da Primeira Reclamada, dentre eles, os Reclamantes, era indiscutivelmente a indireta tomadora dos serviços prestados pelos mesmos, o que enseja a aplicação do disposto no inciso IV da Súmula n. 331 e não implica tal aplicação em qualquer violação ao princípio constitucional da legalidade. Pelo contrário, pois a legislação trabalhista prevê, como regra, a contratação direta do empregado, sem a intermediação de mão de obra. E quando quis, o legislador permitiu, como exceção, a contratação por intermédio de prestadoras de mão de obra em hipóteses específicas e por prazo determinado (Lei n. 6.019/74), o que não é o caso aqui. Portanto, a interpretação equilibrada a legislação vigente, tendo como norte o disposto no inciso II do art. 5º da CF, levaria à conclusão de que nenhum empregado poderia se submeter à terceirização senão em virtude de expressa e limitada previsão legal. Nesse diapasão, a responsabilidade subsidiária do tomador dos serviços não macula a Carta Magna, decorrendo de mera interpretação por analogia do art. 16 da Lei n. 6.019/74. E tendo os Reclamantes despendido sua força de trabalho também em benefício da tomadora dos serviços/Segunda Reclamada faz-se necessária a decretação da sua responsabilidade subsidiária pelos créditos decorrentes deste julgado, nos termos da Súmula n. 331 do TST. TRT 15ª Reg. (Campinas/SP) RO 2475-2005-131-15-00-8 — (Ac. 52144/09-PATR, 3ªC) — Rel. *Fabio Allegretti Cooper*. DOE 28.8.09, p. 80. (Suplemento de Jurisprudência LTr n. 45/2009, p. 359 e 360).

TRABALHO DOMÉSTICO

Diarista doméstica. Vínculo empregatício impossível

Uma discussão que sempre agita os Tribunais do Trabalho reside na pretensão de pessoas físicas que prestam serviços duas ou três vezes por semana, no âmbito doméstico, de virem a ser consideradas trabalhadoras com vínculo empregatício.

A esse respeito, registre-se recente decisão relatada pela Juíza Ana Paula Pellegrina Lockmann, do seguinte teor:

Diarista. Vínculo empregatício. Impossibilidade. O pressuposto da continuidade a que alude expressamente o art. 1º da Lei n. 5.859/72, ao definir a figura do empregado doméstico, traz em si o significado próprio do termo, ou seja, sem interrupção. Ao não adotar a expressão celetista consagrada (natureza não-eventual), o legislador fez claramente uma opção doutrinária, firmando o conceito de trabalhador eventual doméstico em conformidade com a teoria da descontinuidade, segundo a qual eventual será o trabalhador que se vincula, do ponto de vista temporal, de modo fracionado ao tomador, em períodos entrecortados, de curta duração, havendo, pois, segmentação na prestação de serviços ao longo do tempo. Destarte, laborando a reclamante em apenas dois (02) dias por semana, a mesma não se caracteriza como empregada doméstica, nos termos da legislação especial, que rege a matéria. (TRT 15ª Região 22.232/04. Ac. 5ª C (3ª T) 29.826/04-PATR. Rel. Ana Paula Pellegrina Lockmann. DOE 13.8.2004, p. 18).

De notar-se que o cerne da questão está concentrado no conceito dado pelo artigo 1º da Lei n. 5.859/72 para configuração do empregado doméstico no tocante à prestação continuada dos serviços no âmbito familiar, já que o trabalho contínuo é aquele que se realiza sem interrupção.

A esse propósito vale também o registro de precedente do Tribunal Superior do Trabalho por sua 3ª Turma, cuja Relatora foi a Ministra Maria Cristina Irigoyen Peduzzi, publicado no DJU de 13.2.04, à p. 628 e reproduzido no Suplemento de Jurisprudência LTr n. 14/2004, p. 108, a saber:

"A Lei n. 5.859/72, que dispõe sobre a profissão de empregado doméstico, exige deste a prestação de serviços de natureza contínua, no âmbito residencial de pessoa ou família".

Assim, o serviço realizado, por exemplo, duas vezes por semana não atende ao requisito da continuidade exigido pela lei.

Doméstico. Diarista. Inexistência de vínculo empregatício

A ementa da decisão da 7ª Turma do TST sobre a matéria em destaque cinge-se ao critério legal de que o empregado doméstico está condicionado à continuidade da prestação de serviços.

No caso, a doméstica que trabalhava dois ou três dias por semana, conhecida como diarista, não cumpria o requisito legal da continuidade da prestação dos serviços.

Por isso foi negado o reconhecimento do vínculo empregatício pretendido.

Segue a transcrição da Ementa:

Recurso de Revista. Diarista que presta serviços, em residência, dois ou três dias na semana. Inexistência de vínculo empregatício. O reconhecimento do vínculo empregatício com o empregado doméstico está condicionado à continuidade na prestação dos serviços, o que não se aplica quando o trabalho é realizado durante alguns dias da semana. No caso, inicialmente, durante longo período, a reclamante laborava duas vezes por semana para a reclamada, passando, posteriormente, a três vezes. Assim, não há como reconhecer o vínculo de emprego postulado, porque, na hipótese, está configurada a prestação de serviços por trabalhadora diarista. Recurso de revista de que se conhece e a que se dá provimento, para julgar improcedente a reclamação. TST-RR-17676/2005-007-09-00.0 — (Ac. 7ª T.) — Rel. Min. Pedro Paulo Manus. DJe/TST n. 222/09, 30.4.09 (Div.), p. 406. (Suplemento de Jurisprudência LTr n. 20/2009, p. 155/156).

Doméstico. Jardineiro

Como se sabe, empregada doméstica é o que presta serviços de natureza contínua e de finalidade não lucrativa à pessoa ou à família no âmbito residencial destas, conforme prevê a Lei n. 5.859, de 11.12.72, que dispõe sobre a profissão de empregado doméstico, e dá outras providências.

A tais empregados foi facultada sua inclusão no regime do FGTS, pela Lei n. 10.208, de 23.3.01.

A configuração do empregado doméstico, na conformidade da previsão legal acima descrita, pressupõe a prestação de serviços de natureza contínua, de finalidade não lucrativa, no âmbito residencial de pessoa ou de família.

Doméstico, portanto, é aquele que reúne os requisitos citados, sendo, pois, aquele que cozinha, que passa roupa, que faz faxina no recesso de lares familiares.

Doméstico será também o que cuida dos jardins da casa, bem como o guarda contratado para o fim de zelar pela segurança da casa, e o motorista particular, para citar os mais comuns.

Dentre os requisitos legais para a configuração do doméstico, o que prepondera é, sem dúvida, a continuidade da prestação dos respectivos serviços, como decorrência da interpretação da lei tanto pela doutrina como pela jurisprudência.

Para exemplificar como se revela o princípio da continuidade dos serviços prestados, vale registrar recente decisão da 4ª Turma do TST, publicada no Suplemento de jurisprudência LTr n. 14/2005, como segue:

Jardineiro de emprego. Vínculo de emprego. Não reconhecimento. Eventualidade. 1. O caráter de eventualidade do qual se reverte o trabalho do diarista decorre da inexistência do requisito da continuidade na prestação dos serviços. 2. No caso, tendo o Reclamante laborado como jardineiro apenas duas ou três vezes por semana, e considerando que a relação empregatícia como doméstico caracteriza-se pela prestação de serviços em jornada normal que se estende durante a semana, de forma continuada, portanto, é patente a prestação de serviços de forma descontínua, com pagamento na própria semana, ainda que durante vários anos, não sendo possível reconhecer-lhe o vínculo empregatício. Recurso de revista conhecido e desprovido. TST-RR-1.321/2003-024-12-00.7 — (Ac. 4ª T.) — 12ª Reg. — Min. Ives Gandra Martins Filho. DJU 11.2.05, p. 750.

Vê-se pois, que a pessoa física que presta serviços de jardineiro na condição de diarista, por duas ou três vezes por semana, ainda que durante muitos anos, não é considerado empregado doméstico. Será apenas um trabalhador autônomo, e nessa qualidade deverá ser segurado da Previdência Social.

Essa decisão, específica para o caso de jardineiro, pode ser aplicada, pela identidade de suas características, a outros domésticos quanto à natureza não contínua da prestação dos serviços.

Empregado doméstico. Rescisão. Homologação

A dúvida que sempre surge principalmente às donas de casa (empregadoras) sobre a necessidade da homologação perante Sindicato da rescisão do contrato de trabalho com empregada(o) doméstico acaba de ser dirimida pela 3ª Turma do Tribunal Superior do trabalho.

O relator do acórdão respectivo, Ministro Carlos Alberto Reis de Paula, ofereceu razões técnico-jurídico da necessidade da mencionada rescisão contratual, como segue:

Artigo 477 §1º, da CLT. Empregado doméstico. Rescisão. Homologação. "A legislação que regulamentou a profissão do doméstico, consoante preleciona o art. 2º do Decreto n. 71.855/1973, ao aprovar o regulamento da Lei n. 5.859/1972, determina que excetuando o capítulo referente a férias, não se aplicam aos empregados as demais disposições da CLT. A Constituição Federal de 1988 estendeu aos domésticos os direitos trabalhistas que especifica em seu art. 7º, parágrafo único, dentre os quais não figura, todavia, a exigência de homologação perante o Sindicato do termo de rescisão do contrato de trabalho, mesmo tendo o empregado mais de um ano de casa. Não existe previsão expressa de aplicação aos trabalhadores domésticos do disposto no art. 477, § 1º, da CLT e, portanto, não há como se ter por inválido o termo rescisório apresentado no processo, pela ausência de homologação. Recurso de Revista provido. (TST RR 636.374/2000.8 — Ac. 3ª T., DJU 12.11.2004, p. 819). (Suplemento de Jurisprudência LTr n. 01/2005, p. 7).

Como se vê, o entendimento do Tribunal Superior do Trabalho, por uma de suas Turmas, a 3ª, é de que não existe previsão legal expressa de aplicação aos domésticos, do disposto no art. 477, § 1º, da CLT que obriga a homologação de rescisões contratuais com empregados dispensados, que tenham mais de um ano de casa.

Ação de consignação em pagamento. Requisito indispensável para o seu ajuizamento

Indaga-se sobre o objetivo da ação de consignação em pagamento no âmbito trabalhista.

A resposta é bastante simples, eis que ela visa a desonerar o empregador do cumprimento da obrigação de dar (em geral, pagamento de verbas rescisórias), com a finalidade de se desobrigar da mora de que trata o art. 477 da CLT e da multa prevista no § 8º do mesmo artigo.

No caso que nos está servindo de guia para estas considerações, a ação de consignação teve justificativa em dispensa por justa causa em que o empregado se recusou as verbas devidas.

O empregador, diante da recusa, efetuou o depósito do que entendeu ser devido ao empregado, utilizando-se da ação de consignação em pagamento.

Por outro lado, o depósito bancário previsto no art. 890 e seu 1º, do CPC, ao tratar desse tipo de ação, autorizam o devedor ou até mesmo terceiro de optar pelo depósito em estabelecimento bancário oficial, como faculdade e não como obrigação.

Nessa conformidade, o recurso ordinário interposto foi provido para absolver a empresa- recorrente da condenação que lhe havia sido imposta pelo Juízo de 1º grau, que havia julgado como de má-fé a empresa por ter se utilizado da consagração judicial. (TRT 4ª Região — RO 00630-2004-231-04-00-9 — Ac. 7ª T., Rel. Juíza Denise Maria de Barros, DJRS 9.11.2004). (Suplemento de Jurisprudência LTr 01/2005, p. 01).

Limpeza em escritório de empresa. Diarista. Não eventualidade

Uma questão muito discutida e controvertida é a da eventualidade da prestação de serviços por parte de trabalhador.

Com se sabe, o artigo 3º, da CLT, conceitua o empregado como sendo "toda pessoa física que prestar serviço de natureza não eventual a empregador, sob a dependência deste e mediante salário".

Assim, além dos demais requisitos legais para a caracterização do empregado, a que interessa, no particular, é a eventualidade da prestação dos serviços, ou seja, se não há constância ou se é ocasional etc.

Essa constância é a que se denomina de habitualidade, como sinônimo mais adequado em se tratando de relação de trabalho ou de emprego.

Daí porque na decisão do Tribunal Superior do Trabalho (SBDI-I) o requisito da eventualidade foi analisado tendo em vista a inserção do serviço no atendimento de necessidade normal e permanente do empreendimento e econômico da empresa ou empregador.

Assim, se o trabalho foi prestado, ainda que apenas uma vez por semana, mediante remuneração e subordinação, configurado está o empregado.

Veja-se, a seguir, a ementa da decisão citada:

Relação de emprego. Diarista. Limpeza em escritório de empresa. Não eventualidade. 1. A constante prestação de serviços de limpeza em escritório de empresa, ainda que em apenas um dia da semana, por anos a fio, caracteriza vínculo empregatício. O requisito legal da não-eventualidade na prestação do labor, para efeito de configuração da relação de emprego, afere-se precipuamente pela inserção do serviço no atendimento de necessidade normal e permanente do empreendimento econômico da empresa. Servente de limpeza, que realiza tarefas de asseio e conservação em prol de empresa, semanalmente, mediante remuneração e subordinação, é empregada, para todos os efeitos legais. A circunstância de também prestar serviços a terceiro, paralelamente, não exclui o vínculo empregatício, pois a lei não exige exclusividade, em regra, para tanto. 2. Acórdão turmário que se divorcia dos fatos expostos no acórdão regional contraria a Súmula n. 126 do Tribunal Superior do Trabalho. 3. Embargos da Reclamante conhecidos e providos para restabelecer o acórdão regional. TST-E-RR-593.730/1999.6 — (Ac. SBDI1) — 4ª Reg. — Rel. Min. João Oreste Dalazen. DJU 14.4.05, p. 880. (Suplemento de Jurisprudência LTr n. 22/2005, p. 173/174)

Vigia. Contratação por condomínio de fato. Empregado doméstico

Sabe-se que é comum, nas ruas das cidades, a contratação de vigia ou guarda por um conjunto de proprietários de residências, o qual no caso, se constitui como um autêntico condomínio de fato.

A dúvida que se estabelece é quanto à situação jurídica desse vigia ou guarda, ou seja, se ele ostenta a figura de empregado, nos termos do art. 3º da CLT, ou se ele se aplica o art. 1º da Lei n. 5.859/72, que o tipificaria como doméstico.

Embora o trabalho do vigia ou guarda não se realize, na hipótese, no âmbito das residências, o fato é que ele presta serviços às famílias, das residências que vigia, as quais não têm intuito de lucro.

De certa forma, esse trabalho é semelhante ao do motorista, ainda que de uma só família, é considerado doméstico pelo mesmo motivo, ou seja, se a família-empregadora não exerce atividade lucrativa.

A esse respeito, segue decisão da 1ª Turma do Colendo TST:

1. Nulidade da decisão do regional. Recurso desfundamentado. Revela-se desfundamentado o recurso de revista cujas razões não indicam preceito de lei ou da Constituição Federal tido por violado, nem trazem arestos para a comprovação de dissenso jurisprudencial. 2. Vigia. Contratação por condomínio de fato. Empregado doméstico. Apesar de a atividade do vigilante de rua se desenvolver topograficamente fora do âmbito das residências, o que o caracteriza como trabalhador doméstico, nos moldes do art. 1º da Lei n. 5.859/72, é o fato de a sua contratação pelas famílias integrantes do condomínio de fato não se vincular ao intuito de lucro. 3. Recurso de revista parcialmente conhecido e a que se nega provimento. TST-RR-56.394/2002-900-02-00.3 — (Ac. 1ª T.) — 2ª Reg. — Red. Desig. Min. Emmanoel Pereira. DJU 6.10.06, p. 1005. (Suplemento de Jurisprudência LTr n. 48/2006, p. 381)

TRABALHO RURAL

Contratação de trabalhador rural por pequeno prazo para atividades de natureza temporárias

Medida Provisória n. 410, de 28.12.07, publicada em edição extra do mesmo dia, acrescenta artigo à Lei n. 5.889, de 8.6.73, criando o contrato de trabalhador rural por pequeno prazo, estabelece normas transitórias sobre a aposentadoria do referido trabalhador e prorroga o prazo de contratação de financiamentos rurais de que trata o art. 1º, § 6º, da Lei n. 11.524, de setembro de 2007.

O art. 14-A acrescentado à Lei n. 5.889, de 8.6.73, que estatui normas reguladoras do trabalho rural e dá outras providências, dispõe sobre a possibilidade de se realizar contratação de trabalhador rural pelo prazo de até dois meses para o exercício de atividades de natureza temporária, observando-se o disposto em nove parágrafo, a saber:

1º) O contrato que superar dois meses dentro do período de um ano converter-se-á em contrato por prazo indeterminado;

2º) O trabalhador será filiado e inscrito na Previdência Social pelo empregador, automaticamente, na guia de Recolhimento do FGTS e nas informações àquele órgão previdenciário (GFIP), cabendo à Previdência Social instituir mecanismo que permita a sua identificação;

3º) Esse contrato por pequeno prazo não necessita ser anotado na CTPS ou em Livro ou Ficha de Registro de Empregados, sendo certo que senão houver outro registro documental, será obrigatória a existência de contrato escrito com fim específico de comprovação para a fiscalização trabalhista;

4º) A contribuição para o INSS para prestar serviços na forma deste artigo é de oito por cento sobre o salário de contribuição definido no inciso I, do art. 28, da Lei n. 8.212, de 24.7.91;

5º) A não inclusão de trabalhador na GFIP pressupõe a inexistência de contratação na forma deste artigo, sem prejuízo de comprovação, por qualquer meio admitido em direito, da existência de relação jurídica diversa.

6º) O recolhimento das contribuições previdenciárias será feita nos termos previstos na legislação da Previdência Social;

7º) São assegurados ao trabalhador rural contratado dessa forma, além da remuneração equivalente trabalhador permanente, os demais direitos de natureza trabalhista;

8º) Tudo o que for devido a esse trabalhador será calculado dia a dia e pago diretamente a ele mediante recibo;

9º) O FGTS será recolhido nos termos da Lei n. 8.036/90.

Por essa modalidade nova de contratação, tem-se a impressão de que ela está sendo implantada para colocar os trabalhadores rurais respectivos, na formalidade, com a finalidade de incluí-los no FGTS e na Previdência Social.

Por outro lado, será uma maneira de o empregador rural (pequeno, médio ou até de grande porte) fornecer serviços que não demandou mais que dois meses, com a obrigação de dar atendimento aos direitos presentes na MP n. 410, de 28.12.07, diretamente ou através da Justiça do Trabalho.

A mesma Medida Provisória no seu art. 2º, parágrafo único e três incisos trata da Previdência do Trabalhador Rural, e no seu art. 4º dá nova redação ao § 6º do art. 1º, da Lei n. 11.524, de 24.9.07, para estabelecer que o prazo para contratação das operações financeiras oriundas de crédito rural encerra-se em 30 de abril de 2008.

Rural. Habitação incompatível com a dignidade humana

A teor do disposto no art. 6º da CF/88, com a redação dada pela Emenda Constitucional n. 26, de 14.2.00, a moradia está capitulada entre os direitos e garantias fundamentais (Título II, da Constituição) por constituir um direito social tal como a educação, a saúde, o trabalho, o lazer, a segurança, a previdência social, a proteção à maternidade e à infância e a assistência aos desamparados.

A moradia é, pois, um direito humano fundamental para todo e qualquer cidadão, desde que apresentada com um mínimo de decência e comodidade.

A questão ora trazida refere-se a uma moradia rural, sem nenhuma condição de habitabilidade, tendo a Justiça do Trabalho entendido que essa situação deu ao empregado, que nela habitava, o ferimento moral enquanto ser humano, para ser indenizado.

Segue a Ementa da decisão do TRT/15ª Região, a saber:

Rural. Habitação incompatível com a dignidade humana. Dano moral caracterizado. É importante ressaltar a desumanidade com que é tratada a grande parte de nossos cortadores de cana, que trabalham em árdua tarefa de produção, expostos à temperaturas elevadas e, por vezes, no limite de suas forças. E, quando chegam no alojamento fornecido pelo empregador, ao invés de encontrar um lugar, pelo menos limpo e decente, não têm água para o banho e, quando esta existe, o banho é gelado. Não dispõem de um mínimo de higiene, nem comida suficiente e saudável. Infelizmente, a realidade dos trabalhadores rurais que moram em Estados menos desenvolvidos é pior ainda. Vêm para São Paulo em busca de empregos e melhores salários. E, essa busca angustiante por melhores condições de vida, às vezes não lhes permite avaliar as promessas irreais que lhes são feitas. É inegável, portanto, o ferimento moral do reclamante enquanto trabalhador e ser humano. E, nessas circunstâncias, entendo devida a indenização postulada e deferida. TRT 15ª Reg. (Campinas/SP) — RO 000348-18.2008.5.15.0156 — (Ac. 66156/09-PATR, 2ªC.) — Rel. Mariane Khayat. DEJT 15.10.09, p. 86. (Suplemento de Jurisprudência LTr n. 49/2009, p. 387)

Vendedor

Bônus de venda e remuneração por desempenho. Integração ao salário

Empresas há que, para melhorar o ganho de seus empregados-vendedores, pagam a eles, habitualmente, um bônus ou prêmio de venda, com base no melhor desempenho deles.

Trata-se, no caso, de retribuição à produtividade do empregado-vendedor, mercê do pagamento de bônus, com a intenção de retirá-los da incorporação ao salário, e, com isso, não incidir sobre eles a contribuição da Previdência Social e do FGTS.

Se esse bônus são pagos pelo maior esforço do empregado, gerando lucros para o empregador, terão natureza salarial.

É o que consta da decisão do TRT/4ª Região, cuja Ementa transcrevemos:

Bônus de venda e remuneração por desempenho. Integração ao salário. Os demonstrativos juntados comprovam o pagamento habitual de bônus de venda e remuneração por desempenho ao empregado. Logo, como as premiações ou bonificações são pagas em decorrência da produtividade, ou seja, em virtude da relação de emprego, é evidente que detêm natureza salarial, independentemente da terminologia usada, nos termos do art. 457, § 1º, da CLT. Ambas as parcelas, afinal, decorrem do trabalho prestado e, mesmo que instituídas por mera liberalidade do empregador, devem integrar o salário para todos os efeitos legais, servindo de base de cálculo para as horas extras e os repousos semanais remunerados. Recurso da empresa a que se nega provimento. TRT 4ª Reg. RO 00355-2008-021-04-00-3 — (Ac. 9ª T.) — Rel. Juiz Convocado *Marçal Henri Figueiredo.* DJe/TRT 4ª Reg. 8.9.09 (publ.) (Suplemento de Jurisprudência LTr n. 49/2009, p. 392).